Para Rocío

con mucho cariño

de los Vio González

julio 2003

STGO. BIZARRO

EL MERCURIO
AGUILAR

Dr. Aníbal Ariztía 1444, Providencia,
Santiago de Chile.
Empresa El Mercurio S.A.P.
Avda. Santa María 5542, Vitacura,
Santiago de Chile.

- **Aguilar, Altea, Taurus, Alfaguara S.A. de Ediciones**
  Beazley 3860, 1437 Buenos Aires, Argentina.
- **Santillana de Ediciones S.A.**
  Avda. Arce 2333, entre Rosendo Gutiérrez
  y Belisario Salinas, La Paz, Bolivia.
- **Distribuidora y Editora Aguilar, Altea, Taurus, Alfaguara S.A.**
  Calle 80 Núm. 10-23, Santafé de Bogotá, Colombia.
- **Santillana, S.A.**
  Avda. Eloy Alfaro 2277, y 6 de Diciembre, Quito, Ecuador.
- **Santillana Ediciones Generales S.L.**
  Torrelaguna 60, 28043 Madrid, España.
- **Santillana Publishing Company Inc.**
  2043 N.W. 87 th Avenue, 33172, Miami, Fl., EE.UU.
- **Aguilar, Altea, Taurus, Alfaguara S.A. de C.V.**
  Avda. Universidad 767, Colonia del Valle, México D.F. 03100.
- **Santillana S.A.**
  Avda. Venezuela Nº 276 e/ Mcal. López y España,
  Asunción, Paraguay
- **Santillana S.A.**
  Avda. San Felipe 731, Jesús María, Lima, Perú.
- **Ediciones Santillana S.A.**
  Constitución 1889, 11800 Montevideo, Uruguay.
- **Editorial Santillana S.A.**
  Avda. Rómulo Gallegos, Edif. Zulia 1er piso
  Boleita Nte., 1071, Caracas, Venezuela.

ISBN: 956-239-254-6
Inscripción N° 130.696
Impreso en Chile/Printed in Chile
Primera edición: abril 2003

Diseño y diagramación:
Iván Villalobos G.

Portada:
Iván Villalobos G.

Fotografías:
El Mercurio.

SERGIO PAZ

STGO. BIZARRO

EL MERCURIO
AGUILAR

"Dale en tu corazón un lugar a Santiago/ quiérelo como se quiere a un ser amado".

Jingle campaña publicitaria
Ilustre Municipalidad de Santiago, años ochenta.

"A toda hora hierve el afán, la amargura, la precipitación y el desdén. Pero antes del alba, un trasnochador solitario suele silbar algún trozo vago y lento. Las notas suben con melancolía, y parece que se llevan hacia el fondo de la noche el desconsuelo de las vidas anónimas. Es el único suspiro de la calle. Después todo queda en silencio y empieza pálidamente a amanecer."

Joaquín Edwards Bello. *Calumnias*, 1925.

PAZ EN LA CIUDAD

Se sabe: la gente quiere Paz y Paz quiere a la gente. Pero, sobre todo, Paz ama la ciudad (en rigor, las ciudades, todas las ciudades) y ama los viajes.

Paz cree que si no se viaja, no vale.

Paz cree que es mejor perder al lado de los amigos que ganar en el bando contrario.

Paz cree que primero se vive y luego se cuenta.

Paz se embala y después, mucho después, piensa en las consecuencias.

Paz es Paz, Sergio Paz, una institución dentro del periodismo nacional (entiendo que en una universidad estudian el inimitable y ultrareconocible "estilo Paz"), el responsable de la imparable e indestructible Zoo-Zona de la *Zona de Contacto* de *El Mercurio* (bizarra fusión de diario de vida y datos para vivir el carrete) y una suerte de mito viviente/leyenda urbana de las letras nacionales por ser uno de los pocos tipos que hace exactamente lo que quiere.

Paz, como todos los grandes, hizo que la vida se adecuara a él antes que él se adecuara a la vida.

A Paz no le interesan todas las cosas ni toda la gente. Le obsesionan aquellos que no se detienen, los sin casa, los que recorren este globo solitario a pie, en bote o en moto. Le gustan los sitios con historias, los lugares donde se ha creado algo bello o han matado a alguien que se lo merecía.

Sergio Paz no es de Santiago sino de San BK, alias San Bernardo, otrora "primer pueblo del sur", hoy el último suburbio del valle antes que el río Maipo zanje lo metropolitano de lo rural. De ahí, quizás, derive su fascinación con la capital. Todos los días, Paz tomaba su colectivo desde la plaza de San Bernardo; en el camino, rumbo a la Escuela de Periodismo, veía los rascacielos del centro agrandarse. De noche, después de farras interminables, mientras todos volvían a sus casas, Paz partía a la Plaza Bulnes para iniciar su propio regreso.

Como buen extranjero, Paz es capaz de ver cosas que los locales no ven y, como buen inmigrante, aprecia lo que nosotros somos incapaces de apreciar. Sergio se emociona y fascina cor Santiago porque Santiago le dio algo que ninguna otra ciudad del mundo le ha dado: lo convirtió en el gran Sergio Paz de Chile.

Así las cosas, *Santiago Bizarro* es el libro (¿novela gótica urbana?, ¿crónica de no-ficción con un poco de ficción?) que tenía que escribir. No podía evitarlo, era su destino. Es algo así como el pisc que tenía que pagar para continuar su viaje. Además, desde que lo dijo, en una fiesta, quizás, o algo tomado, y por escrito, no sé, ha pasado mucho tiempo. Uno veía a Paz y la pregunta lógica era: ¿Cómo va "Bizarro"?, a lo que él respondía "puta, muy bizarro".

Después de años de trabajo, este excéntrico, divertido y energético libro está finalmente listo. Es el primer paso que lleva a Paz desde el ACÁ (el periodismo) hasta el ALLÁ (la literatura). Porque Paz es, ante todo, un escritor. Paz transforma todo lo que ve a través de su particular prisma. De una manera casi vampiresca, transforma esa realidad, o a ese otro ser, en algo propio. No lo puede evitar: el mundo se vuelve Paz y los personajes que entrevista se transforman en sus aliados, en sus hermanos, en las huestes que conforman el gran ejército de liberación por la paz.

Al terminar de leer *Santiago Bizarro* uno se queda con la sensación de que esta ciudad es bizarra pero, ¿de verdad es Santiago? ¿Existe todo esto? ¿O es que Paz se volvió loco? ¿De verdad ha ido a estos sitios? ¿Los vio con sus ojos o los inventó?

Dicen que uno ve lo que quiere ver y Paz eligió ver estas cosas en Santiago porque, y aquí viene lo genial y lo más respetable de todo, la insólita y mágica y friqueada ciudad que se articula en estas páginas no es otra que la ciudad que Paz quiere, la ciudad en la que él –y sus lectores– deseamos vivir.

Todos estos sitios existen. Eso no es lo genial del libro. Lo verdaderamente apabullante es que también existen miles de otros que simplemente no alcanzan a iluminar el imaginario de Paz. Así las cosas, y en un abrir y cerrar de ojos, desaparecen. Queda lo raro, lo insólito. Queda lo que le interesa a Paz.

No preguntes lo que tu ciudad puede hacer por ti, pregunta qué puedes hacer por tu ciudad. Paz hizo este libro. Patricio Mekis le regaló a Santiago el Paseo Ahumada y, ahora, Joaquín Lavín hasta construyó una playa. Paz, que no ha sido elegido por nadie y, sin embargo, es quizás una de los pocas personas que de verdad se puede tildar de elegido, le regala a Santiago este libro. Sus habitantes debemos estar agradecidos porque al cerrar *Santiago Bizarro* de inmediato uno siente que vive en una gran ciudad. Uno siente que aquí se puede ser feliz y divertirse. Que a esta ciudad, y a nosotros, no nos falta tanto. Pedro de Valdivia quizás fundó la ciudad, pero Sergio Paz la hizo bizarra. La historia, es de esperar, no olvidará este suceso.

Alberto Fuguet
Santiago de Chile
Abril 2003

ADVERTENCIA

Santiago Bizarro –la única guía hecha para perderse– es un clon del desquiciado libro *L.A Bizarro,* editado por Jim Fitzgerald y publicado por Saint Martin Press en 1997.

"Deberías hacer algo así, pero sobre Santiago", me había dicho el propio Fitzgerald cuando lo entrevisté para el programa *Revólver* de TVN, en su oficina de Manhattan, siempre atiborrada de papeles amarillos, banderines sucios y vasos de polipropileno agujereados con lápiz mina.

Sin saber en lo que me estaba metiendo, fue ese mismo día –hace ya más de cinco años– cuando acepté el desafío. Sabía que tenía un trecho avanzado. En ese entonces ya escribía la Zoo-Zona, una guía-columna publicada en la *Zona de Contacto* de *El Mercurio,* que todos los viernes da cuenta del zoológico humano que puebla Santiago. Y, durante años, había despedazado las Páginas Amarillas buscando datos para la Guía de Pecadores de la extinta revista *Apsi* y otro tanto para la insomne revista *La Noche*.

Así, entre cierre y cierre, ya delineaba en mi cabeza el insólito mapa de una ciudad que merecía ser redescubierta. Sin embargo, a poco de rumiar el proyecto, la idea de hacer una "guía-completa" no me quedaba tan clara. A diferencia del libro de Jim, nada en Santiago parecía tan raro. Aquí no había clubes de hombres con penes gigantes. Tampoco un museo del sexo, propiedad de una prostituta recién jubilada. Claro que si bien en la guía de Fitzgerald Los Ángeles se revelaba como una loquísima ciudad, repleta de locaciones bizarras, Santiago –el Gran Santiago– era en sí mismo un set demencial. Un escenario cuatro veces más grande que Manhattan, cuatro veces más grande que París, aun cuando de sus cincuenta mil hectáreas quinientas no sean más que sitios eriazos.

Ya en campaña, como si se tratara de un imán que atrae mugre y virutas en una pieza vacía, los datos comenzaron a acumularse vertiginosamente. "Tienes que ir" –me decía alguien– "a un restaurante egipcio donde los mozos visten como en El Nilo, y el propio dueño parece un descendiente de Tutankamon". "¿Conoces el Museo de Extraños Objetos Anales?". "Es la colección privada" –explicaba otro– "de un doctor que guarda cosas que se han metido hombres por el trasero. El doctor tiene lápices y botellas. También una bomba lacrimógena y una muñeca Barbie que le metieron a un tipo cuando se casó simbólicamente: se veían tan lindos, pero les faltaba la guagua, dijeron los amigos cuando llegaron con el desdichado en una ambulancia".

Ahora bien, lo cierto es que las cosas realmente extrañas de Santiago no duran mucho. Lo que una vez estuvo ahí, a la vuelta de la esquina, puede que días, horas después, simplemente no esté. No me extrañaría, de hecho, que algunos datos que figuran en este libro ya ni siquiera existan. Ojo con eso.

En Santiago nada es para siempre. Todo desaparece. Todo cambia, especialmente las cosas más raras. Así ha ocurrido con verdaderas joyas de la proto-antropología urbana como el Estudio Gigante y el Drag Queen (un restaurante donde los mozos eran travestis que después se encargaban del show), y hace no muchos años con El Cabildo: una fuente de soda que creíamos eterna. Y cómo no, si esta schopería ubicada frente a la Casa Central de la Universidad Católica era, en realidad, un cine porno clandestino, administrado por un ex piloto de la Real Fuerza Aérea Británica.

Si Santiago tiene alguna identidad, no es otra que la vertiginosa dinámica del cambio; característica que afecta, vaya a saber uno por qué, precisamente a estos lugares más raros. Creo que lo sospechaba Benjamín Subercaseaux cuando, en su libro *Chile o una loca geografía*, escribió que "Santiago, dentro de su aparente simplicidad, es un caos de sensaciones y visiones diversas. Ciudad contradictoria, por excelencia, posee una personalidad difícil que suele desalentar a los que pretenden fijarla, haciéndoles renunciar a la empresa. Es así como Santiago suele ser un obstáculo para los escritores, en la misma medida en que ciertos paisajes simples y descoloridos lo son para los pintores. Santiago existe en la medida en que muere, y su encanto está precisamente ahí; en esa fragilidad inconstante que encontramos en cada calle, en cada barrio".

Ciertamente, cuando se fija la atención en las callejuelas más mínimas, aparece esa ciudad insólita que realmente sorprende porque nadie esperaba encontrar "algo así" en "un lugar como ese".

Un ejemplo. El 15 de junio de 1950, la revista *Manos Arriba* –especializada en los sucesos policiales que sacudían a la metrópolis– titulaba con grandes caracteres una noticia que no tardaría en transformarse en escándalo. La Brigada Móvil de Santiago había descubierto un fumadero de opio en el sector conocido como barrio Ultra Mapocho, operación en la que fueron decomisados cuarenta y un kilos del poderoso alcaloide. "Once chinos y dos pipas de opio movilizan a la policía chilena", titulaba el provocativo magazine, e informaba profusamente del sitio en que se consumía y comercializaba la droga: droga que, según *Manos Arriba*, registraba un "creciente consumo en la sociedad chilena".

Créanlo: si Santiago tiene alguna gracia no es otra que lo normalmente extraño que es. Es cierto que es una ciudad plana, difícil de digerir (y de tragar), pero sin duda está llena de lugares curiosos que quizás de tanto verlos han ido perdiendo su encanto. Aunque la película cambia cuando aparecen todos juntos, uno al lado del otro, y entonces se vislumbra el insólito paisaje al que los santiaguinos nos hemos acostumbrado.

Por lo mismo, gran parte de los lugares aquí compilados –discos, sucuchos, bares, tiendas, restaurantes, en fin– no son, en verdad, gran novedad. Están ahí. Son conocidos. La gente, seguro, podrá reconocerlos o al menos haber escuchado de ellos. Como en pocas otros ciudades, aquí lo más *under*, lo más soterrado, siempre ha sido de lo más normal. Cualquier lustrabotas sabe donde está la oficina de correos, pero también las coordenadas de esas tiendas de la plaza de Armas donde venden cruces de Cuernavaca para combatir el vudú.

Pasan los años, pasan los siglos y la ciudad sigue intrigando. Ya John Byron –abuelo del célebre vate inglés– escribió en sus memorias que, tras haberse pasado unos días en Santiago, vio cómo todas las mujeres salían de sus casas con un velo arreglado de tal modo que solo se les veía un ojo. Y, lean esto: "tenían los pies muy chicos y en eso se parecían a las chinas".

Jorge Anfruns –el ovniólogo– siempre ha dicho que el día en que se fundó Santiago un ovni sobrevoló el cerro Santa Lucía: "de lo cual hay pruebas". Claro que para creer otros cuentos solo se necesita fe. Según Pedro Mariño de Lobera, autor de la *Crónica del reino de Chile*, encomendada por el padre Bartolomé de Escobar, tras el ataque de Michimalonco a la naciente metrópolis, los conquistadores habrían invocado la protección del Apóstol Santiago y de ahí para adelante todo fue conmoción y locura. Según Mariño de Lobera, en el momento de mayor desesperación los hidalgos vieron "una señora que les echaba tierra en los ojos, cegándolos (*a los mapuches*), de suerte que no veían a los cristianos obligándolos a volver las espaldas, sin ver en qué lugar ponían los pies, ni saber si estaban en cielo o tierra". Nacía el mito de Nuestra Señora del Socorro: la patrona de Santiago. Una patrona, por cierto, bizarra.

No es casualidad que Santiago tenga un archivo de lo paranormal tan abundante. Ya en 1671 se hablaba del culto "del dulce nombre", en homenaje a Úrsula Suárez, una enfermiza monja que platicaba con el cielo y conjuraba con el diablo, a quien veía sentado en un columpio frente a su espejo.

Años después se consigna el caso del médium y abogado de la Contraloría, Jaime Galté Carré, quien aseguraba poder curar enfermos cada vez que era poseído por el espíritu del médico suizo-alemán, Eric Halfanne. Los registros tampoco olvidan a Julia Lara –"*Madame* Michaud"–, la mentalista que durante décadas atendió al presidente Arturo Alessandri; tradición –esta de conectar la presidencia con lo esotérico– que después continuaría Eugenia Pirzio Biroli –"la Bruja de Pinochet"–, fina dama que después de sus augurios para el plebiscito de 1980 fue premiada con la alcaldía de Puerto Cisnes.

Más reciente es el caso de Sabina Vélez Hurtado –"la gurú de la clase alta"–, una colombiana que se ganó un lugar en la sociedad santiaguina tras asegurar que, luego de escuchar la voz de Dios, había dejado para siempre la prostitución y las drogas. Claro que de ella son pocos los que se acuerdan. Así también, nadie recuerda el Laboratorio Paranormal de la Escuela de Psiquiatría de la Universidad de Chile, el cual cesó sus actividades en 1967, tras investigar con éxito a santiaguinos que tenían la capacidad de descomponer con la mente elementos radioactivos.

Santiago –¿quién lo podría dudar?– es una ciudad rara. Qué mejor prueba de ello que la tarea de consignar gente y sitios extraños tardara varios años más de la cuenta. Más aún, no pocas veces parecía un inútil ejercicio destinado al fracaso.

Gran enemigo de llevar este buque a puerto fue, precisamente, esto de lo "bizarro". Durante un buen tiempo ni siquiera estaba muy claro qué clasificaba para esta guía y qué no. Y en aquella época de dudas, el autor de este libro se topó frente a frente –ante la siempre burbujeante fuente de *El Mercurio*– con Enrique Lafourcade, uno de los pocos cronistas que ha tenido Santiago.

–Usted debe conocer muchos lugares raros de la capital, ¿no? –le pregunté entonces, sin mayores rodeos, pese a que nunca antes había cruzado una palabra con él.

–¿Perdón? ¿Para qué quiere saber eso? –respondió Lafourcade, visiblemente intrigado.

–Bueno, porque estoy haciendo una guía Silber alternativa, con lo más *freak* de la capital. Se llamará "Santiago Bizarro".

–¿Bizarro? –porfió Lafourcade–. Esa es una palabra que siempre la usan mal. Bizarro viene del francés *bizarre*. Y su real significado es caballero, hidalgo.

–Okey, okey. ¿Pero conoce algún lugar raro o no?

–No –dijo secamente. Y entonces siguió su camino ensimismado, como solo él suele hacerlo.

Lafourcade, cómo no, acertaba y erraba al mismo tiempo. Si bien en español la palabra tiene la acepción señalada, lo cierto es que la cultura pop le ha dado otra que significa "lo *freak* de lo *freak*".

Fruto de esta doble acepción, para que algo sea bizarro no basta con que sea curioso. Debe existir, además, autoconciencia. Me refiero al orgullo de ser atípico. Distinto. A fin de cuentas, el único criterio (o descriterio) que se usó para realizar esta guía. Cosa que explica que, al final de algunos capítulos, aparezcan breves entrevistas a quienes, al menos en Santiago, bien podrían ser emblemas de lo bizarro.

¿Por qué tanto? Creo que porque todos ellos saben que hacen algo tan distinto, tan fuera de lo común, que su propia obsesión les ha significado convertirse en ideólogos del margen moral.

Esto me quedó más que claro el día que entrevisté a "Lobo", el único tipo en el mundo que hace armaduras para luego venderlas en la calle, sobre el techo de un viejo Mercedes Benz que está a punto de desarmarse.

Recuerdo que me probé algunos de sus trajes de lata. Y al verme tieso, bizarro, extraño frente al espejo, recordé que los guardias suizos se hicieron invencibles el día en que descubrieron que podían derribar a cualquier caballero con unas lanzas larguísimas, gracias a las cuales dejaban a los hidalgos convertidos en ridículas cucarachas.

–¿Cómo te sientes? –preguntó Lobo, mientras me ajustaba yelmo y gorjera.

–Nunca me había sentido tan duro.

–Ese es el punto –apuntó Lobo–. Para ser un caballero no basta con parecerlo. Tienes, además, que creerlo. Sentirlo.

Última advertencia: esta guía no es otra cosa que un insólito y detallado directorio en el que solo aparecen aquellos que se han creído su cuento, sabiendo que para el resto bien podrían ser considerados absurdos. Eso es lo que hace grande a cada uno de los que aparecen aquí. Gracias a ellos. A ti, lector, que lo disfrutes. Quizás sea un buen pretexto para volver a querer a Santiago.

Sergio Paz
Las Violetas, Santiago
Otoño 2003

ALIENÍGENAS EN LA DISCO. Monstruos afuera. Monstruos adentro.

NOCHE

DISCOS Y CLUBES

THE MUMMY

Luxor

Departamental 4400, al lado del ex Parque Hollywood. Tel. 2931719. $5.000, viernes con cover. $6.000, sábados con cover. De 23 hrs. a 5 AM.

A diferencia de la pirámide de Cheops, que demoró veinte años en ser construida, la pirámide de la Luxor solo tardó uno, claro que el resultado no es menos espectacular. Vista de lejos, esta disco-esfinge-pirámide, propiedad de la famosa Cuca, la reina de las entrañas y los chunchules, es algo más que un trozo de Las Vegas en la capital. Es derechamente Egipto en Santiago.

Ya en la entrada siete leones de cinco metros de altura, rodeados de verdilocuentes palmeras, esperan a las visitas y a tres camellos que nunca acaban de llegar, mientras que la puerta figura decorada con la imagen de Ra. Y, a solo unos metros, se alzan las estatuas de dos faraones.

En el interior –incluidos los sanitizados baños– hay sarcófagos, momias y muros con jeroglíficos y frescos, todo adornado con una infinidad de grecas color oro.

La Luxor es una megadisco de tres niveles. Y solo en la pista de baile, que está justo debajo del cenit (47 metros), caben dos mil personas. El punto más alto, eso sí, es el show en el que un ballet egipcio, vestido a la usanza del Nilo, despliega legamosas coreografías con clásicos de ayer y de hoy.

CISNES Y EMPANADAS

Las Brujas

Príncipe de Gales 9040. Tel. 2731072. www.lasbrujas.cl $11.000, la pareja. $2.000, tragos nacionales. $2.500, tragos importados.

Dos son las grandes atracciones de Las Brujas: el domo geodésico que originalmente iba a ser una réplica de la pelota de Epcotcenter. Y el Salón Tradicional, donde los enamorados se acurrucan frente a un vidrio gigantesco, al otro lado del cual van y vienen cisnes africanos de colección.

Las Brujas fue primero un restaurante y, a comienzos de los sesenta, las damas llegaban allí con chaperona. Hoy, en cambio, llega la familia entera ya que, si bien es una taquillera disco, sigue siendo un restaurante, lo que explica que siempre haya más gordos que curados.

Tras un incendio en plena dictadura militar, se inició la construcción de la actual pista de baile ubicada bajo una gran pelota que tardó siete años en ser construida. Claro que, como en Chile no existían los sofisticados materiales requeridos, al final la hicieron de hormigón.

La disco cuenta, además, con un mini tranque de dos metros de profundidad en el que anidan aves migratorias. Por eso –y por todo– Las Brujas bien merece el título de ser la disco más tradicional de Santiago; un lugar donde se puede bailar, comer empanadas fritas y alimentar a las aves. Todo en medio de un histórico recinto que alguna vez recibió a honorables dignatarios como la mismísima reina Isabel; no la que cantaba rancheras, sino la que hablaba con los patos.

EL RESPLANDOR

Excalibur

Panamericana Sur, kilómetro 28. Tel. 8573611. $4.000, viernes; $5.000, sábados con cover. De 23 hrs. a 5 AM.

A medianoche la disco Excalibur refulge a la distancia como si se tratara del castillo de Magic Kingdom. Y de cerca la impresión no es menor. En las alturas una demoníaca gárgola parece estar a punto de saltar sobre los cogotes de las visitas.

Una vez adentro, sobrecogen unos

resplandecientes escudos familiares, a lo que se suman vivaces óleos que semejan los retratos de la nobleza de algún castillo olvidado. Desde que se inauguró hasta ahora, en todo caso, las cosas han cambiado en la Excalibur. De ser una disco familiar y tradicional, con parrillada incluida, ha derivado en una suerte de proto-club-house no pocas veces animado por el machaqueante *beat* tecno. A ello se suma la eliminación del contingente de extras que antaño andaban disfrazados como pajes de corte, aunque aún queda la esperada visita del Rey y la Reina hacia las dos o tres de la madrugada. Ella con sus joyas. Él con su espada: la espada Excalibur, por supuesto.

¿Su público? Arlequines de Buin. Elfos de Calera de Tango. Y, con suerte, gnomos de las medianas tierras de Alto Jahuel.

BAÑA A TU VEDETTO

Queen

Coronel Santiago Bueras 128. Tel. 6398703. Entrada liberada hasta las 00.30 hrs. Después $1.500, de lunes a viernes. $3.000, fines de semana. Cover incluido.

A unas cuadras de la Plaza Italia, en un sector conocido como "el Triángulo de las Bermudas" del barrio Lastarria, existe una casa de dos pisos pintada de rojo, sin ningún cartel a la vista, a excepción de la característica placa municipal que autoriza al local a vender bebidas alcohólicas.

Se trata de la Queen, una alocada disco en la que se ofrecen distintos espectáculos para la comunidad gay de Santiago. Números que incluyen, por ejemplo, la "Noche del humor", la "Noche busca talentos", la "Noche del transformismo", más la espumosa "Noche de striptease de vedettos", en la que nunca falla

LUXOR. Santiago no es El Cairo, pero tiene una disco-esfinge-pirámide.

el burbujeante concurso "Baña a tu vedetto", al que no se necesita llevar jabón.

Por otra parte, la teleserie gay *Tres caminos y un destino* –una parodia al culebrón mexicano *Lazos de amor*, que se graba en VHS y luego circula por la ciudad–, a veces es exhibida como parte del show de los viernes a las 03 AM. Entonces, las responsables de presentar cada capítulo son las propias protagonistas/transformistas: Paullete Fabres, Bianca Rinaldi y Titi Bernales, las mismas que encarnan a las tres trillizas –una rica y mala, otra coja y ciega, más la buena– que recorren la ciudad en pos de desenfadadas y locas aventuras.

EL BAILE DEL PÍO-PÍO

El Rodeo

San Antonio 541. Tel. 6385931. Jueves, de 20 hrs. a 3 AM. Viernes y sábados, hasta las 5 AM. $1.000, entrada general.

Donde estaba la Taberna Capri ahora funciona El Rodeo, una disco peruana enclavada en los márgenes del centro-centro. El bullado local comparte un subterráneo con un resbaloso topless, y quienes lo visiten encontrarán muchas mesas con manteles de plástico, más una barra brava cuya especialidad son las cervezas a mil pesos. En todo caso, el gran atractivo de El Rodeo son las bandas en vivo que durante la noche rebotan sobre el escenario. En las bullangueras fiestas caben hasta ciento veinte personas, las que la revuelven al ritmo del chimbote, el valsecito peruano y la tecnocumbia, para lo cual El Rodeo cuenta con un diyei peruano, más dos orquestas chilenas –Los Bravos y Los Náyades–, aunque la que la lleva es la Sonora Armonía, traída directamente de Perú. Por lo mismo, el baile preferido en El Rodeo es el pío-pío, una cumbia saltadita que hacía furor en las discos limeñas y que ahora hace lo suyo en las acaloradas noches de este corcoveante y sudado local.

MEFISTÓFELES ESCUCHA A THALÍA

Fausto

Avda. Santa María 0832. Tel. 7771041. $2.000, días de semana. $3.000 y $4.000, fines de semana. Promociones 2x1 por cumpleaños.

El Fausto debería aparecer en la Turistel. Ya es un clásico de Santiago. Un lugar que figura en el disco duro de todos los capitalinos, aunque pocos sean los que han traspasado su penumbrosa puerta, siempre a medio esconder detrás de un cerco de ligustrinas. Claro que es por lo mismo que el Fausto se ha consolidado como el YPF de la comunidad gay; un reconocido punto de encuentro, en el que no es difícil escuchar dos veces seguidas la misma canción de Thalía o Paulina Rubio, eso luego que desapareciera Mauricio Terraza, el dejota que marcó con su delicado *beat* la historia del no menos delicado Fausto.

Destaca en su decoración una cierta elegancia rococó modernizada por acrílicos retroiluminados y, por supuesto, el célebre show de travestis de las tres de la mañana a cargo de Maurine Yunot, Almendra y Katiuska. Este espectáculo se ha mantenido a través del tiempo (el Fausto ya cumplió veintidós años), y es ciertamente uno de los shows que ha logrado mayor tradición en la capital. En definitiva, un lugar tranquilo

El Mercurio

ARTE MATTA. Un ex club de bochas es la actual capital del hip-hop metropolitano.

y con historia, donde bebió y bailó Grace Jones después de comerse el gomero de Raúl Matas, y que hoy sigue ofreciendo lo mejor de su piano bar, ahora disfrutado por románticos muchachotes de no más de 20 o 18 años.

NO HAY SALIDA DE EMERGENCIA

El Túnel

Santo Domingo 439. Tel. 6394914.
$3.000, miércoles, jueves, viernes y sábados.

Cuando estuvo de moda asistieron tenistas y actores top. Lo que es bastante decir, considerando que antes solo iban taxistas y sus insomnes pasajeros, aunque también –según narra *El libro negro de la justicia chilena,* de Alejandra Matus– más de un desvelado juez de la Corte Suprema.

Es que donde estaba la cumbianchera Catacumbas 2000 ahora opera El Túnel, un lugar no menos oscuro al que se desciende por una reptilínea escalera que comunica la calle con un foso repleto de espejuelos y tubos de bailarina de topless. Nada alternativo. Todo original.

Por lo mismo, El Túnel mantiene un cierto aire de boîte, aunque ahora el principal show es el de una señora del tercer piso que, indignada con el ruido que sale de la discoteca, tiene la costumbre de voltear un balde con agua fría a los que se agolpan de madrugada en la puerta del edificio.

NOCHES SALVAJES

Bokhara

Pío Nono 430, Bellavista. Tel. 7321050. Ingreso liberado hasta las 22 hrs. $4.000, después de la medianoche. Universitarios, $0.

Es fácil perderse antes de dar con este oscuro lugar, ubicado a unos pasos de la subida al Parque Metropolitano, el cual toma su nombre de un imaginario territorio de África donde los prejuicios no existirían. Así, en esta tierra del deseo sin deseo, donde es más fácil perderse antes que después de entrar, quienes traspasen su escondido portón de lata se hallarán en medio de un oscuro laberinto poblado con las más sorprendentes formas de la flora y fauna local; de hecho, en el limitado argot capitalino, se ha dado en llamar "hacer un safari" a cualquier visita que no tenga más objeto que un vitrineo turístico.

En cuanto a la programación, todos los lunes la disco se anima con la actuación de Los Tigres de Bokhara, mientras que los martes la cosa no es menos intensa gracias a los cada vez más salvajes y populares *Sex Live Shows* (sexo en vivo). A eso se agrega la *Noche busca talentos* de los miércoles y, al día siguiente, el show de *Viva el jueves*. Viernes y sábados hay transformistas y vedettos. Y por último los "fomingos", a la vieja usanza de las *pop-corn parties*, se ofrecen fiestas *dark*, sin luces ni flashes.

MATTA MATA

Arte Matta

Avda. Matta 814. S/T. Avda. Matta con Santa Rosa.
$3.000, promedio.

Matta 715 es una dirección que no existe. Surrealismo puro. Es como Morandé 80, la puerta de La Moneda que hicieron añicos en 1973, aunque después todo el mundo siguió hablando de ella como si existiera.

Del mismo modo, Matta 715 fue alguna vez la puerta de entrada de las parrilladas La Pérgola, claro que hoy el chirriante tinglado no es más que la puerta de escape de Arte Matta, la CasaPiedra de la nación alternativa.

Donde antaño brillaron estrellas de la fría, brumosa y decadente noche ochentera –como la alicaída Pitica Ubilla y el entonces

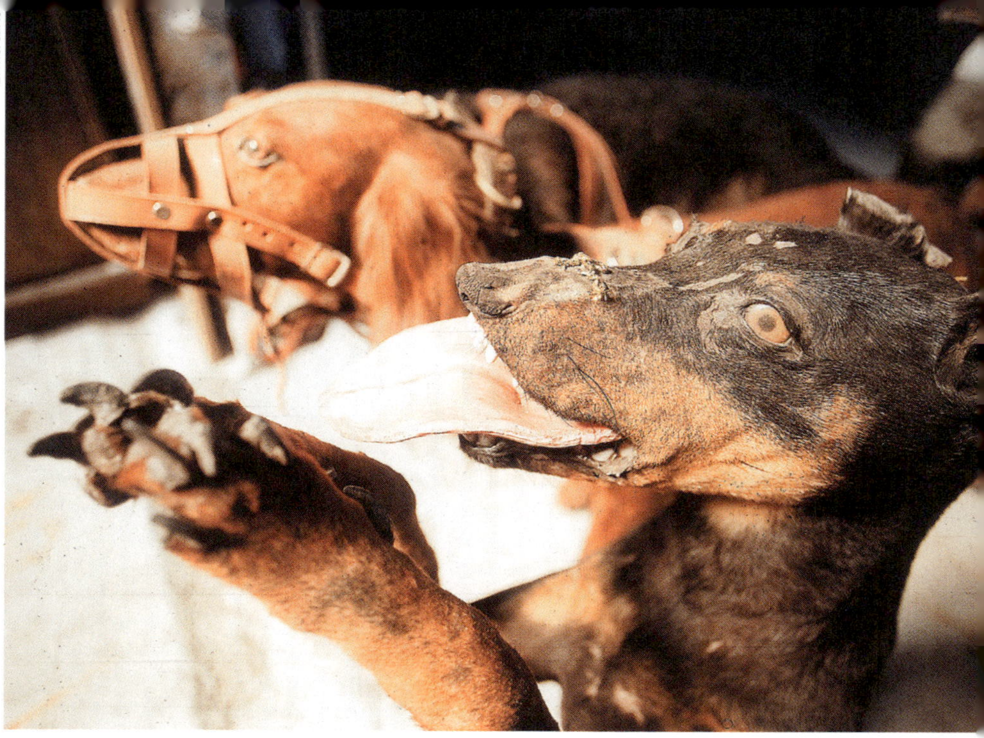
El Mercurio

LA PERRERA. Canes embalsamados y gente que ladra es lo único que sobra en este club de aperrados.

no tan sonoro Tommy Rey– ya no hay prietas a las brasas, pero sí un jugoso y heterogéneo público que todos los fines de semana repleta los vericuetos de este viejo local que en todo Santiago es lo más parecido al Viejo Almacén, claro que en versión cybergrunge.

En Arte Matta la noche gira en torno a un viejo bar, atiborrado con polvorientas botellas de vino, legado de una época en que antes de la parrillada funcionaba ahí mismo un club italiano de bochas.

¿QUIERES BAILAR CONMIGO POR DOS LUCAS?

Aníbal Troilo Tango Club

Ricardo Cumming 795, Piso 2. Tel. 6969607l. Viernes, de 22.30 hrs. a 4.30 AM. Sábados, de 22.30 a 3.30 AM. Domingos, de 21 a 1 AM. $2.500, general. Martes y jueves, clases de tango por $12.000.

Dicen que el bolero es el baile de los pajeros y el tango el de los cornudos. De ser cierto, cada wikén el Aníbal Troilo Tango Club vendría a ser una verdadera convención de nucas de fierro. Sin embargo, para Erika, la presidenta del engominado círculo, esto no es tan así. Por el contrario, la gran gracia del club es que hasta allí llegan "muchas mujeres solas, mujeres de todas las edades y muy respetables". Eso aunque "de todas las edades" quiera decir de cuarenta para arriba. Pero ojo que, como en el cielo, la puerta está bien cuidada y existen al menos tres restricciones que vale la pena considerar antes de tocar el timbre: no se puede entrar en jeans, ni en zapatillas, ni en estado de ebriedad. En compensación, allí –como en ningún otro lugar de Santiago– es posible arrendar una pareja de baile por módicos dos mil pesos.

BUFFET FRÍO BUFFET CALIENTE

Golden Music

Irarrázaval 1951. S/T. $12.000, buffet por persona.

A Germán Casas se le sindica como el artista más exitoso de la Nueva Ola, aquel terrible tsunami musical que afectó al país, y del que aún queda una pegajosa resaca. Casas, sin ir más lejos, es el autor de célebres temas como el "Rock del Mundial", y de otros hits que van desde "El twist del recluta", hasta "Eres exquisita" ("como un gran asado con papas fritas").

Casas estudió en el Liceo 7 de varones, ubicado en una vieja casona de Ñuñoa. Y, en lo que bien podría ser un cuento fitzgeraldiano a la chilena, compró el lugar donde estaba el colegio (y donde cantó por primera vez en público) para construir un club con cena incluida, en el que las veladas son animadas por los grupos Milenio y Punto Seis, bajo cuyo embrujo la revuelve un heterogéneo público en el que jamás faltan contadores, secretarias y juniors. Además, en Golden Music se presenta regularmente el Elvis Presley chileno (que no se parece en nada al original pero canta igual), y el nunca bien ponderado Claudio Escobar de Chile. Eso sí, todos los 10 de agosto (el Día del Minero), Casas no actúa porque junto a amigotes como Danny Chilean y Larry Wilson parte a recorrer las minas de su querida patria.

¡GUAU!

La Perrera

Parque de los Reyes s/n, entre Bulnes y Cueto. S/T. $3.000, promedio.

En medio del moderno y señorial Parque de los Reyes, desentona una mole en ruinas que tiene en su techo un estilizado perro metálico a modo de veleta. Se trata de la ex Perrera Municipal, alguna vez un sucio y maloliente sucucho, ahora transformado en Centro de Arte Experimental en el que diversos artistas/cachorros presentan sus obras durante el año. Aunque en un principio el sitio fue administrado por un colectivo autodenominado Los Mecenas, La Perrera es dirigida actualmente por el artista visual Antonio Becerro, un experto en taxidermia, bajo cuyo liderazgo la mole de concreto se ha transformado en un metálico y extraño club en el que nunca faltan grandilocuentes fiestas en medio de un ambiente tétrico y fantasmal, incluidos perros y fetos pop. Un club Scooby Doo.

BARES Y PUBS

KITSCH ALTERNATIVO

Pobre Diablo

Loreto 460. Tel. 7370679.
Restaurante abierto de lunes a viernes, de 12 a 17 hrs. Pub: Piscola, $1.000. Cervezas, $500.

Kitsch. Así define Patricio Munita su local. Y lo hace con orgullo, ya que con sus manos ha sobrecargado el recinto de ángeles, candelabros y cajas de huevos. De ahí el nombre. Pobre diablo.

Este alternativo pub pertenece al emergente circuito cerrado de locales nocturnos y, por lo mismo, opera de boca en boca. Durante el día, en todo caso, funciona como centro de colaciones para los alumnos de la Escuela de Teatro de Gustavo Meza ($990). Y son los mismos aprendices de teatreros los que de noche ofrecen diferentes shows, incluidos los de transformismo.

Además, el Pobre Diablo se arrienda por unos sesenta mil pesos para fiestas o eventos. Y, en los últimos meses, se inauguró ahí mismo una sala de teatro llamada Omonia, que en griego significa "paz", "encuentro". Claro que si no os gusta, os podéis virar.

FALDAS Y COLORINES

Flannery´s Pub

Encomenderos 83. Tel. 2336675. Finta de medio litro Guiness, $2.800. Otras, $2.200 y $1.800.

En el Flannery´s no es difícil ver hombres con faldas. Eso porque Martin Flannery, el dueño, es un simpático irlandés de Galwey que llegó a Chile cuando se dedicaba al negocio de la fruta de exportación. Claro que Flannery trabaja ahora en el negocio de la cerveza. Y él mismo trae de Irlanda e Inglaterra sabrosas infusiones como Beamish Red, Newcastle Brown Ale y Old Speckled Hen.

El pub funciona donde antes estaba el Geo Pub, pero desde hace dos años ya no hay grampones a punto de caer sobre las cabezas de los clientes. Ahora, en cambio, hay un cálido y excéntrico ambiente irlandés. De hecho de un muro cuelga una copia del Weekly Irish Times, correspondiente al día en que Sinn Fein lideró la revuelta que condujo a la independencia de Irlanda. Por lo mismo, en una viga del pub, se lee: "No hay chimenea como la chimenea de uno".

El primer y tercer viernes de cada mes, el grupo Viento Celta hace sonar violines y tamborcillos al son de esos endemoniados *riffs* que enervaban a los ingleses. Ahí no faltan las gaitas, los colorines pecosos y los colorines con faldas.

MUCHA LATA

Entre Latas

Matucana 27-C. Estación Central. Tel. 6817895.
$1.000, cervezas.

Entre dimes y diretes, el dueño del Entre Latas estima que gastó siete mil latas de bebida y cerveza para dar vida a lo que él llama su "carretería, cahuinoteca y copetería". Así las cosas, esta bullanguera fuente de soda está empapelada de arriba a abajo con los metálicos desechos corrugados que se observan en la puerta, en el techo, en el piso, en los muros, en el baño, e incluso sobre la cocina, donde no flamea pero sí emociona una gran bandera chilena hecha con latas tricolores.

Cada noche, en el Entre Latas, la estrella es "La Pirilacha": una citroneta pintada con los colores del arco iris, en la que de tanto en tanto se realiza un animado concurso que consiste en meter al máximo de parroquianos. Así, los de la mesa ganadora se hacen acreedores a un schop gratis por cabeza, aunque la cosa no es nada de fácil ya que el récord va en veintisiete fakires ultra compactados.

El Entre Latas se reconoce porque tiene pintado en su frontis diversos íconos de la cultura pop, desde John Lennon a Condorito. Y su público está constituido, fundamentalmente, por estudiantes universitarios a los que les da lo mismo latearse entre tanta lata.

GARDEL AMABA LOS CHORIPANES

Schopería La Plaza

Plaza Egaña 76. S/T. De 10.30 a 4.30 AM.
$800, schop y cerveza. $1.000, choripán uruguayo.

Donde ahora está la Schopería La Plaza antes funcionaba el restaurante chino Kinsunlun. Sin embargo, pese a que ahora es imposible agenciarse un pato Pekín, de aquella época quedan las clásicas sillas de felpa, las lámparas rojas y los cuadros de palacios-pagodas perdidos en la bruma oriental.

Actualmente, los habitués de la bulliciosa schopería, en la que un letrero advierte que "vaso roto, es vaso pagado", son los hípicos del sertón, quienes ven ahí mismo, gracias a Sky, las carreras de Santiago, Viña, Antofagasta y Concepción, para luego de la cuádruple función seguir bebiendo y comiendo.

Compulsivos jugadores, eso sí, los bohemios turfistas continúan después con el dominó y la brisca, no sin exigir la especialidad de la casa: los choripanes uruguayos, de pollo o vacuno, fabricados por el dueño del local.

Chiches de la schopería son una foto de la selección de fútbol de La Reina en 1994 y un

Wurlitzer que tiene en su centro una pelota de espejos rodeada de multicolores arcos de neón, en el que se pueden seleccionar temas de Los Llaneros de la Frontera, Douglas y Zalo Reyes, entre otros grandes del romanticismo pop.

PRISIONEROS DEL ALCOHOL

La Fuga

Departamental 914. Tel. 5214113. $1.500, todos los tragos "mix". $1.500, todos los sándwiches.

Para quienes han pensado en ser dueños de un pub temático, un pub de chicas en jumper que se llame El Liceo por ejemplo, La Fuga viene a ser el paroxismo de aquel delirio.

La Fuga es una cárcel (originalmente se iba a llamar Alcatraz) con celdas y barrotes, que opera en un minicastillo dentro del cual los clientes pueden incluso pedir que les echen llave, tarea de la que se encargan los meseros–gendarmes.

En La Fuga las celdas tienen capacidad para seis presos, aunque también hay un "maxi" para quince reclusos. En cuanto a la oferta gastronómica, hay tragos de sugerentes nombres como el "Cinco años y un día", mientras que el rancho ofrece interminables sándwiches como el "Reclusión nocturna".

El público, eso sí, desentona con la imaginería del local. Y, en vez de haber un ambiente auténticamente delictivo, sobran *nerds* de Gran Avenida y San Miguel.

HEAVY METAL

Psicosis

Gran Avenida 4368. Tel. 5566960. $1.000, cervezas.

"Ven y conviértete en el próximo sicótico" es el llamado del Psicosis, un pub de Gran Avenida donde se la pasan como si Halloween durara todo el año.

De entrada, una o dos cabezas degolladas que cuelgan del techo reciben a los sicóticos habitués. Además hay telarañas por

LA FUGA. Hasta quince presos caben en el "maxi" de este pub–cárcel, siempre atendido por mozos–gendarmes.

El Mercurio

LA TRIFULKA. La acción no para en este pub–antro, un clásico del *heavy metal* local.

Aprox. Caben todos mis amigos. Y los tuyos también. Las paredes amarillas y el cielo azul se encargan de crear el ambiente cálido y ardiente, necesario para que diversas bandas se desenfrenen en sus tocatas. Y aquí ya han reventado el micrófono grupos como La Gorda y Syndie.

También el desenfreno se ha apoderado de shows transformistas y sesiones de jazz, folclor y rock. Las bandas que quieran debutar en el escenario pueden dejar un demo con su música para que los dueños las conozcan, más cuarenta mil pesos de garantía y, de ahí, un paso a la fama. Si todo resulta, la entrada se cobra con un cover y el dinero recaudado se reparte entre la banda y el local. Pero aquí no estafan, ya que los cuarenta mil de garantía los devuelven si hay ganancias. Sin duda, un lugar que busca hacer el bien social, ofreciendo un espacio para el desarrollo de la diversidad cultural y musical. O ninguna de las dos.

todas partes. Y unos terroríficos monos sentados en las mesas hacen creer que uno está en medio de la Casa Embrujada de Fantasilandia. Por lo mismo, en el Psicosis la gente no grita sino que aúlla. Especialmente en medio de los recitales de heavy metal, la especialidad del pub, los cuales se realizan sobre un escenario del que cuelgan por lo menos dos cabezas ensangrentadas más.

TOCA Y SALTA A LA FAMA

La Trifulka

Av. Irarrázaval 2188. Tel. 2694051. De lunes a miércoles, de 10 a 19 hrs., funciona como restaurante. Colación $980.

Para entrar a La Trifulka no hay que temer los espacios oscuros. Traspasando un minicallejón en la esquina de Antonio Varas, se llega a un lugar pequeño y sencillo, con capacidad para ciento treinta personas.

MÁS TRADICIÓN QUE CARÁCTER

Liguria (de Manuel Montt)

Providencia 1373. Tel. 2357914. De lunes a jueves, hasta las 5 AM. Viernes y sábados, hasta las 6 AM.

Las fotos añosas y los muebles teñidos le dan carácter de antiguo a este local que en verdad nada tiene de antiguo. Eso porque todo ahí es escenográfico, incluido su público. ¿Qué onda? Nada de onda. Mucha onda. Depende de cómo se mire.

El Liguria de Manuel Montt –que nace después del Liguria de Tobalaba, ambos por inspiración de los hermanos Cicali, cuyo abuelito venía de Italia– no tiene más de nueve años. Y, aunque podría ser el bar más bonaerense de Santiago (luego de que un oxidado escritor trasandino, de pocos dientes y mucha labia, se instalara a vivir allí), lo cierto es que de porteño el local tiene el humo, las peleas con combos y la filosofía del maní con cáscara. También las chicas progresistas, los mojitos bien hechos y los exclusivos sándwiches de mechada. Otro intento por hacer de este bar de utilería, favorito de la *mass media* inteligente, un bar con tradición y carácter. Aunque en verdad tiene más tradición que carácter.

CAZUELA FOLK

La Chimenea

Príncipe de Gales 90, por Moneda antes de llegar a San Martín. Tel. 6970131. Lunes a sábado, de 9 a 3 AM. Fines de semana, hasta las 5 AM.

La Chimenea está en Príncipe de Gales, pero no en La Reina, sino en el centro. El bar–pub ocupa un viejo caserón de tres pisos de un añoso pasaje, y por lo mismo su suelo es de parquet, cercado por muros altos, con dos chimeneas que ya nadie enciende ni a palos.

Alguna vez corrió el rumor de que allí se juntaban los *skinheads* locales a tomar de pie frente a una bandera nazi. Huele a mito urbano, cierto, pero quién sabe. La verdad es que se trata de un apacible lugar en el que a toda hora se puede saborear la especialidad de la casa: la rica cazuela hirviendo ($1.500).

Tal vez por lo mismo, La Chimenea tiene varios salones *folk*, todos decorados con una incomprensible falta de pudor en medio del neoclasicismo imperante. De ellos uno es en homenaje a Neruda y ostenta un mascarón de proa estilo Isla Negra; otro está totalmente recubierto en piedra; y hay un tercero enchapado con tablas de pino insigne, tipo casa de Chiloé.

A mediados de septiembre, en La Chimenea se realiza el clásico Campeonato de Cacho, en el que se ofrece como primer premio una apetitosa cabeza de chancho humeante.

AZULINANTE

La Casa de la Luna Azul

Llano Subercaseaux 4017, San Miguel. S/T. $1.500, promedio por tragos.

Este pub es como cualquier otro, salvo que fue construido con piedra reconstituida traída de Estados Unidos. En todo caso, hay otro detalle no menor. Todas las sillas fueron fabricadas por los presos de la Cárcel de Colina. Eso sí, el pan de lo sanguchotes es de panadería normal, y no del que hacen en Colina para las cárceles de Santiago.

En la carta, llama la atención la tabla de carne de ciervo para picar, y el trago llamado LSD: una mezcla que a más de alguno podría alucinar. De hecho, en La Casa de la Luna Azul, todo es azul. Azulinante.

UN CRUCERO SIN LUJO

El Crucero

Irarrázaval 1053. S/T. $1.000, entrada general. Cerveza de litro, $1.500.

Un letrero luminoso con tipografía de los años cincuenta, justo al lado de los Baños Turcos Ñuñoa, es la seña para dar con el único bar punk de todo Santiago.

Antes había también un romántico transatlántico tipo Titanic pintado en un muro, pero como la muralla desapareció ahora lo único que avisa que se ha llegado al Crucero es su bullanguera tripulación, la que todos los fines de semana está a punto de naufragar frente a la puerta de este larguirucho sucucho, desde cuyo descascarado techo un viejo ventilador echa aire sin que nadie lo note.

Si bien El Crucero fue uno de los epicentros de la movida *under* de comienzos de los noventa, luego decayó y ahora vuelve a la vida de la mano de una *troupe cyberpunk*. Por lo mismo, amén de insólitos *piercings* y tatuajes extremos, en El Crucero se ve mucho mohicano verde, mucha polera

Adidas y mucha mochila Winnie The Pooh.

Pocas veces, eso sí, el local se ve tan animado como cuando suena a través de los parlantes "Agüita amarilla", la canción de Los Toreros Muertos; allí todo un himno que se canta a viva voz, en homenaje al placer de beber una cerveza tras otra, para más tarde seguir navegando en los urinarios.

DELIRIO TOTAL

Boulevard

Llano Subercaseaux 2917, altura del paradero 7 de Gran Avenida. Tel. 5442246. Tragos, desde $1.000 a $2.500. Sándwiches, $1.500. Abierto viernes y sábados, de 18 hrs. a 3 AM.

Mardi-Gras es una fiesta de tintes carnavalescos y origen francés que año a año se realiza en Nueva Orleans, Estados Unidos. Aunque nadie sabe muy bien qué se celebra, durante el evento la ciudad se repleta de desenfadadas muchachas que sin más llegan y muestran sus pechos mientras beben y beben cerveza. Ésa es su gran y única gracia.

Algo parecido es lo que ocurre cada viernes y sábado en el pub Boulevard del Llano Subercaseaux. Allí nada sucede antes de las dos o tres de la mañana, pero de pronto las chicas empiezan a subirse arriba de las mesas y, entusiasmadas por un animador que promete tragos gratis, muchas tiran a la chuña sus chalecos. Y luego sus blusas y sostenes. Delirio total. Gracias que se agradecen.

ROMANTICISMO URBANO

Bar de Willy

Avda. 11 de Septiembre 2214, Local 19, esquina paseo Las Palmas.

El Bar de Willy estaba originalmente en el subterráneo del Caracol Los Leones, el primer caracol que se construyó en Chile. El Bar de Willy era un bar gay, oscuro, caluroso y de estrechos pasillos, donde era común ver desenfadados conscriptos entusiasmados en sus propias campañas. El local funcionaba solo después de las diez de la noche y con la música muy fuerte, lo que explica que hasta hoy estén quebrados los vidrios de la cúpula debido a las protestas de los vecinos. Claro que las fiestas no cesaron sino hasta que Willy murió de sida. Sin embargo, ese no fue el fin del Bar de Willy, ya que opera actualmente en el Foxy Bar del paseo Las Palmas. ¿Cómo así? Así. Todas las noches el Foxy cambia de nombre a modo de secreto homenaje, y entonces detrás de los pesados cortinajes que envuelven el lugar se encuentran los rudos vaqueros que aplanan Providencia. En cuanto a la decoración, el Foxy–Willy Bar es un sitio de pocas mesas y taburetes, todo a medio iluminar por unas tulipas de cristal opaco tirado a negro. Puro romanticismo urbano.

CLUBES NOCTURNOS

VEDETTES ACUÁTICAS

Nautilus

Ramón Carnicer 41. Tel. 6345150. Consumo mínimo, $4.000. Shows a las 23 hrs., 1.30 y 3 AM.

Los autores de *La casa de vidrio* –la mini DFL2 en que se bañaba desnuda Daniela Tobar y que más tarde comprara el fotógrafo y empresario Roberto Edwards– llamaban genérica e irónicamente a su proyecto Nautilus, en homenaje al célebre topless que hasta hoy ostenta un gran acuario donde las niñas hacen apnea en medio de cochayuyos de plástico.

El Nautilus, fundado en junio de 1986, fue copiado de un *night club* de Estados Unidos, y desde allá se trajo el vidrio que permite contener los cinco mil litros de agua de su

NAUTILUS. Cinco mil litros de agua y cochayuyos de plástico son el escenario de este mítico puticlub.

pecera, repleta con agua clorificada sin calentar, que se renueva una vez al mes.

El Nautilus ha sido locación de varias películas nacionales, y también de un comercial argentino de champú anticaspa. En toda su historia la gran estrella ha sido Claudia, una acuática vedette (ya retirada) que lideró el montaje de *La Sirenita, el musical*, más o menos en los mismos días en que la película de Disney se estrenaba en Santiago.

VILLAGE PEOPLE STYLE

Puzzle

Irarrázaval 027. Tel. 6354612. $3.000, lunes a jueves hasta las 3 AM. $4.000, viernes. $3.000, sábados, con derecho a entrada a la disco Grammy. Tragos, desde $2.500. Shows entre 23 hrs. y 2 AM.

Coke Patricio es el señor Corales del Puzzle, un *night club* de Irarrázaval con Vicuña Mackenna –especializado en martes, miércoles, jueves, viernes y sábados masculinos– donde las principales atracciones son el propio Coke Patricio y un ramillete de bailarinas disfrazadas como obreras o indígenas al mejor estilo Village People.

Coke Patricio siempre luce traje y corbata. Y, premunido de un micrófono inalámbrico, anima a los más de cincuenta hombres que llegan cada noche al recinto, repletando las mesas y pasillos del humeante *night club*. Así, con Coke no hay quien no cante clásicos como el "Ula, Ula, ven a bailar el ritmo...", "Puto, Puto...", o "Yo... mataría al maricón", tras lo cual la velada queda a cargo del DJ Mapache.

En cuanto a las bailarinas, destacan la egipcia, la guerrillera y la obrera, más la provocativa muchacha que hace su primera comunión sobre el escenario, luciendo un sensual corte estilo Shakira.

FIORELLA. Lujuria y champán mientras se da la vuelta a Santiago en limusina.

CABARET TRIPLE X

Champagne

Vitacura 9607. Tel. 2430208. $10.000, con derecho a un trago y a nada más. www. champagneclub.cl

No es el cabaret Voltaire, es el cabaret Champagne. Una suerte de pub triple X que se enorgullece de tener las azafatas más lindas del país. En efecto, dentro del cúbico edificio de Vitacura –que en una primera mirada más parece club *lounge* por sus tapices rojos y cojines imitación cebra–, se pasean al menos un par de señoritas que bien merecerían unas lustrosas páginas en *Playboy*.

El local tiene dos pisos, un privado y una casa para alojados vecina al inmueble. En el primer nivel reciben a las visitas unas meseras (que no son las mismas que bailan en el local), vestidas de provocativas monjas o colegialas, dependiendo del evento que se celebre. En el segundo piso, al que se accede por una escalera iluminada como si se tratara de una pista del aeropuerto Merino Benítez, las improvisadas parejas se sientan en torno a la especialidad de la casa: la botella de champán.

Fanáticas del aerobox y de las siliconas del doctor San Pietro (médico bonaerense especializado en implantes mamarios), algunas chicas improvisan a la hora del show unos combates imaginarios. Además, se realizan fiestas temáticas; entre ellas las Hot School. "¿Qué nota le pondrías a las chicas más atrevidas de la clase?", dicen entonces los folletos promocionales.

Nota aparte es el sitio web del cabaret, en el que destaca el concurso Miss Colaless con fotos de Paula Mesquita. Para rezar.

DESPEDIDAS DE SOLTEROS

PARA FIESTEROS EN TRÁNSITO

La Vie N´Rose

Américo Vespucio 415, entre Gran Avenida y Santa Rosa. Tel. 5581033. $14.000 por persona, con serpentinas, globos y tragos.

La Vie N´Rose es un animado condominio cuya gran atracción es una formidable casa comunitaria dotada con un megajacuzzi para más de diez fiesteros en tránsito.

Allí se realizan despedidas de solteros y, por lo mismo, cuenta con un cómodo living alfombrado con capacidad para veinticinco invitados, en el que destaca un miniescenario con iluminación robótica. Además hay un bar donde las visitas son agasajadas con un vaso plástico de champán Valdivieso. Y una pieza calefaccionada con televisor de veintisiete pulgadas, más un baño privado para uso exclusivo del festejado.

NOCHES FEMENINAS

Centro de Eventos Kayman

Vicuña Mackenna 1463. http://elpanal.com/discokaiman/ Tel. 5566017. $5.000, con cover. Las novias entran gratis.

Julio Celis es el dueño del Centro de Eventos Kayman, y el dueño del registro comercial de las marcas Martes, Miércoles, Jueves, Viernes, Sábados, y Domingos Femeninos.

Julio Celis es, por lo mismo, el patriarca de las despedidas de solteras. Y en su local de Vicuña Mackenna no faltan los auténticos vedettos y los globos multicolores.

Las fiestas incluyen animación en *off*, luces y concursos para encontrar a la bailarina más ardiente. Y por supuesto a la mejor *performance* cuando suena el clásico hit "la boquita en la botella... La boquita en la botella".

NO CULPES A LA PLAYA

Babble Club

General Holley 2337 y Suecia 0130. Tel. 2338433. De martes a sábados, de 18.30 hrs. a 5 AM. $5.000, consumo incluido. La novia no paga y se le regala un trago de la casa, un picoteo y un golpeadito.

La fiesta comienza cerca de las diez de la noche. Las novias pueden ser más de diez y, junto a las amigas, las mujeres repletan los dos locales que tiene el Babble Club en Suecia. Minutos después las damiselas entran explosivamente en confianza y, tras variados concursos, incursiones frente al karaoke y la inevitable rutina de chistes del animador, arrojadas y trastocadas féminas ponen en sus cabezas unos cintillos de cartulina tipo cumpleaños infantil que, en vez de plumas, llevan impresa la imagen del dicharachero órgano masculino. Después siguen tomando y tomando y, cuando les da hambre, con pícaras sonrisas parten a cuchillazos la torta-monumento. El punto álgido de la noche, hay que advertirlo, es cuando salen al escenario los dobles de Ricky Martin, Chayanne y Luis Miguel. De ahí para adelante las mujeres enloquecen y cualquier cosa puede pasar. Cualquiera.

FANTASÍA EN LIMUSINA

Fiorella

www.fiorellachile.cl

$180.000, la vuelta de una hora y media por Santiago.

El amigo se casa y los buenos amigos deciden homenajearlo con una sorpresa. Días después se juntan en algún bar, preferentemente de un buen hotel y, cuando ya han bebido lo suficiente, le avisan al novio que la sorpresa ha llegado.

El novio sale. ¡Sorpresa! Afuera hay una limo blanca y un chofer correctamente engominado lo invita a subir. Entonces el novio se monta y sonríe. Dentro de la limusina hay una flaca vestida con camisón transparente, sosteniendo en sus manos una fría botella de champán francés. Brrr. Ella también sonríe. La limo inicia una larga vuelta por Santiago. La siguen los amigos que saludan con bocinazos desde sus autos.

Tal es el servicio más exclusivo de Fiorella, un servicio de damas de compañía que cuenta con un sitio web que registra más de doscientas cincuenta mil visitas al mes.

En un programa de Tati Penna (*Línea de fuego*) se dijo que Fiorella, aparte del servicio en limusina, ofrecía sobrevuelos en helicóptero por Santiago. Pero eso es lo único, en todo esto, que es fantasía. Todo el resto por supuesto que no lo es.

EL VEDETTO MÁS AFAMADO

Cover

Avenida Matta 533. Tel. 2227500. Viernes y sábados, $4.000 mujeres y $5.000 hombres.

La eterna fila de autos que se estaciona frente a la puerta es elocuente. Las fiestas de despedida de soltera de la Cover tienen buen rating. Alto rating. Y principal responsable de tal éxito es Hinley Churchill, el vedetto más afamado de Chile, un negro doble ancho –su nombre artístico es Maslas– al que le sobran músculo y fibra, como si se tratara de un paquete de Kellogg's.

Extrañamente, Churchill no es bailarín sino boxeador. Llegó a Chile desde Nigeria, engañado por un promotor que le ofreció llevarlo a pelear a Osorno. Pero claro, ¿con quién iba a pelear este gigantón en el sur? Y, cuento corto, como ya no podía volver, decidió aprender español y se vino a Santiago en busca de trabajo, hasta que le ofrecieron mover la colita en la Cover. Pese a ello, sigue entrenando en la Federación de Boxeo. Y si alguien desea contratarlo para funciones privadas de baile o box puede llamarlo al 09-7701187.

MOTELES

NIDO DE AMOR

Motel Las Palmeras

Km. 21,5, camino a Melipilla. Padre Hurtado. Frente a La Carreta y Disco Dangerous. Tel. 8111013. $10.000, con trago incluido.

Las Palmeras es lo más parecido en Santiago a Bagdad. Sobre un auto destartalado y entero oxidado, un letrero luminoso que ya no se enciende dice motel Las Palmeras. Y es fácil adivinar por qué. En medio de una gran casa quinta, donde la reseca maleza ha reemplazado a la verde chépica, se yerguen ocho larguiruchas palmeras que se mecen con sus lánguidas barbas al viento.

Las piezas más modernas están en el primer piso del caserón. Y cuando alguien pide una pieza en el segundo piso, la respuesta es siempre la misma: "No se puede porque la casa está terremoteada". En efecto, la casa del motel Las Palmeras –blanca con grecas color rojo colonial– tiene gran parte de sus vidrios quebrados y está llena de palomas revoloteando por todos lados. Lo curioso es que los amantes insisten en darse cita allí. Y cómo no, si esto sí que es un nido de amor. Cucu-rrucu-cú.

EL MUNDO AL INSTANTE

Hotel Valdivia

García Valenzuela 045. Habitaciones entre $23.500 y $48.500. Tel. 2226644. De acuerdo a la hora de llegada, incluye desayuno continental, almuerzo, once o cena. www.hotelvaldivia.cl

El Valdivia tiene mundo. Partiendo por su dueño –Abelardo Mella–, un reconocido arquitecto que todos los años viaja al extranjero para pensar en nuevos diseños y traer antigüedades y objetos de decoración de lejanos y exóticos países como Indonesia, India o Turquía.

Es así como el Valdivia se ha convertido en lo que es. Un mito, un aleph digno de enfebrecidos tramoyas, que ya en 1972 motivó una nota curiosa en la revista *Time*. De ahí para adelante todo es historia. Fantasía. Y cuento.

Hay cuarenta y ocho habitaciones distintas para jugar y soñar. Destacan las cuatro árabes, especialmente el Palacio Moro y el Palacio Marroquí. Muy bien lograda está, además, la cabaña polinésica, con cielo curvo pintado con nubes que inspirarían al propio Elvis. Tal mini resort cuenta además con una cascada de seis metros en el hall, y otra de diez metros en el interior. Y no es la única pieza con juego de aguas. De hecho, la habitación Iguazú tiene doce cascadas.

Eso sí, en el Valdivia solo tienen devedés con shows en vivo de clásicos como Sinatra o Madonna. Nada de películas pornos. En compensación todas las suites –incluida la pieza caracol que tiene un carrusel– cuentan con desayuno, almuerzo o comida para dos personas, menú que es preparado por un chef internacional.

–El objetivo –dice el propietario del hotel– es transportar a los huéspedes a cualquier parte del mundo sin que tengan que salir de Chile.

Ni de la cama, habría que agregar.

MOTEL AVIÓN

Ensueño

Brisas del Maipo 0365, paradero 23 de Vicuña Mackenna. Tel. 5586195. Cabañas entre $8.000 y $18.000. Avión con jacuzzi, días de semana, con dos tragos a elección, $12.000.

El motel Ensueño, de Brisas del Maipo, es lejos el motel más extraño de la capital. Allí, de hecho, una cabaña no es simplemente

HOTEL VALDIVIA.
La vuelta al mundo en ochenta camas.

MOTEL NIÁGARA.
Solo para salvajes.

una cabaña, sino un formidable avión que fue transformado en lujosa suite. Jacuzzi incluido. Aparte, tienen un adorable coche dormitorio, el cual fue especialmente acondicionado para recibir a las parejas en tránsito.

El motel Ensueño es propiedad de la familia Margas, siendo el actual timonel del negocio Javier Margas: uno de los grandes ídolos que ha dado el lastimero fútbol chileno.

Margas, pese a haber desaparecido de los medios tras su alejamiento de las canchas, volvió a la primera plana de los diarios luego de que comprara –en exactos tres millones de pesos– el Mercedes Benz blindado, modelo 500 SEL, año 86, en el que viajaba Pinochet cuando recibió el rocketazo del FPMR. "Tiene un valor impagable y a veces en la vida hay que darse ciertos gustos", dice Margas, casi a modo de justificación. Claro que no son pocos los que justifican el lujo suponiendo que, más temprano que tarde, el ex defensa del West Ham pondrá el potente acorazado al servicio de la cadena motelera. Espacio, por cierto, no faltará.

MOTEL CASTILLO

Hotel Apolo

Vicuña Mackenna 328, entre Marín y Santa Isabel. Tel. 2222602. Piezas entre $8.500 y $16.800.

El Apolo es un imponente castillo que ostenta lagartijas y chanchos diabólicos esculpidos en su frontis, amén de una pareja de militares sicóticos que intentan escapar de unos hoyos en la pared.

Al motel se accede por un gótico pasillo en

el que lucen afiches de Thalía, Lucerito, Luis Miguel y Álvaro Henríquez cuando era flaco.

Luego de traspasar una pesada puerta de hierro, recibe a los visitantes un gran hall en extremo pulcro y bien cuidado en el que destaca una chimenea con dos ciervos de yeso en alto relieve. Los muros, por su parte, están adornados con impresiones offset de paisajes suizos en los que sugerentes cascadas son un repetitivo leitmotiv, mientras que una inscripción en letras de inspiración medieval aconseja: "Pida jacuzzi y cuide su estética".

Alguna vez fue la sede de la Inspección del Trabajo, pero hace más de treinta años es un laberíntico hotel parejero repleto de arcos y señoriales habitaciones, dos de las cuales tienen cama doble para el amor cuádruple. O más.

EL VALDIVIA DE LOS POBRES

Motel Niágara

Vicuña Mackenna 8022. Tel. 2853383. www.niagara.cl. Habitaciones entre $15.300 y $23.500. Incluye dos tragos y cóctel.

Niágara Falls Chile, "una excitante aventura que usted merece vivir", según asegura su publicidad en las Páginas Amarillas, tiene por lo menos un bizarrismo que vale la pena explorar. Se trata de la pieza treinta, una habitación repleta de espejos, ante los cuales es imposible no destornillarse de la risa tal como ocurría frente a los espejos sicodélicos de los Entretenimientos Diana.

El Niágara, que se reconoce por una pequeña catarata ornamental de poco más de un metro y medio en la entrada, viene a ser el hotel Valdivia de La Florida. En todo caso sus treinta y dos suites, dotadas con piscina o jacuzzi, más las correspondientes terrazas para airearse, están ambientadas en los más diversos estilos; como una que simula un terminal de tren con línea férrea incluida. A eso se suma la pieza barco, la Far-West, la India y la Luis XV, más la tumba de Cleopatra: una habitación enchapada en cartón piedra, digna de Mundo Mágico.

Por último, el motel Niágara ("veintiún años sirviendo a Santiago") tiene una casa vip con piscina, jacuzzi y sauna, todo finamente amoblado en un cierto estilo Enrique VIII.

MOTEL COLONIAL

Motel Las Luciérnagas

Avda. La Florida 8220, paradero 16. Tel. 2851031. Habitaciones entre $14.800 y $21.700, con jacuzzi.

El motel Las Luciérnagas –"un oasis para su intimidad"– se puso de moda luego que autoridades comunales iniciaran en la Contraloría los trámites para convertir el añoso inmueble en un "sitio de conservación histórica".

En la gran casona –de cuarenta habitaciones, veinticinco de ellas en *suite*– vivió Vicente Valdés Bascuñán, quien fuera el primer alcalde de La Florida, la comuna que hoy ostenta la segunda concentración de moteles de todo el país.

Según el actual alcalde de La Florida, la idea es transformar el sitio en un tour "histórico". Sin embargo, en defensa del populoso motel, los propietarios aseguran que la antigua construcción ya había sido modificada en más de un setenta por ciento, e incluso todo el techo se había venido abajo con el último terremoto.

Sea como sea, el motel Las Luciérnagas –popularmente conocido como el 8220– mantiene un discreto encanto chic-terrateniente. Y, aun cuando en el pasillo central se observa una fría fila de calefonts bastante pobretones, tiene en su patio interior una sugerente piscina y numerosas habitaciones dignas de una resbalosa noche a lo Martín Rivas.

FIESTAS

FIESTAS AEROPUERTO

Lechera abandonada

Frente a la Línea de Tráfico Aéreo del aeropuerto Arturo Merino Benítez. S/T. $300.000, aprox.

La obsesión por encontrar lugares bizarros para realizar fiestas bizarras no conoce fronteras. Qué mejor prueba de ello que las Fiestas Aeropuerto: alocados carretes que en poco tiempo han ganado más adeptos.

Como bien lo dice su nombre, se realizan en una polvorienta parcela contigua al sector conocido como Línea de Tráfico Aéreo, del gran aeropuerto santiaguino. Los fiesteros se dan el gusto de bailar y bailar mientras aterrizan aviones que no superan el promedio de tres cada noche. Eso sí, la cifra se dispara hacia las seis de la mañana, hora en que los jets comienzan a hacer cola y dar vueltas por los aires para posarse sobre Santiago. Para qué decir las madrugadas de invierno con neblina. Esa neblina que no deja ver ni los zapatos de tu pareja de baile.

Las fiestas, en todo caso, nada tienen que ver con la loza asfaltada donde ponen sus gomas los aviones. La diversión ocurre en una lechera abandonada. Un sitio medianamente bien mantenido por unos señores que viven ahí mismo (pero sin vacas), en una mediagua: el Club House del sector. ¿Valor? Cosa de negociar.

FIESTAS GÓTICAS

Blondie

Alameda 2879. Tel. 6817793. www.blondie.cl.
Precio de entrada varía según el evento.

Las Fiestas Vampiro empezaron a principios de los noventa, con motivo del cumpleaños de Eduardo Álvarez, alias "Marino", quien hasta hoy ha sido su principal impulsor, al punto que el genérico *Fiestas Vampiro* está registrado a su nombre.

Desde entonces Marino ha organizado más de setenta de estas plasmáticas fiestas, gran parte de las cuales se ha realizado en la Blondie, una disco subterránea que funciona en el ex teatro Alessandri. Sin embargo estas fiestas también se realizan en lugares como la CasaClub y el Bal–Le–Duc, este último el sitio elegido por un vampiro local para morder a una niña y mandarla infectada al hospital.

Las Fiestas Vampiro se realizan casi todos los meses. Pero la más esperada es la del 5 de mayo, el día que Bram Stocker –miembro de la secta Golden Dawn– dio vida a su célebre *Drácula*.

FIESTAS LUNA LLENA

Todo Santiago

Aúllan los lobos y comienza la fiesta. Algún rincón del camino a Farellones, un descampado de La Reina o los roqueríos del Cajón del Maipo, son los sitios elegidos por quienes enloquecen con la luna llena.

Varía el público dependiendo de si es invierno o verano, pero nunca son menos de ciento cincuenta los hipnóticos feligreses que llegan a estos encuentros que suelen empezar con la cadenciosa letanía de un tambor en la inmensidad de la noche y a los que solo se llega por dato.

Luego, escondidos como sea, los equipos de sonido se encargan de dar energía a un ambiente muy electrónico, tan electrónico que no es difícil llegar a sentirse entre gnomos y duendes.

En las Fiestas de la Luna Llena sobran los mandalas gigantes, las velas y el incienso. A veces hay también humeantes *tipis* (carpas indígenas) que le dan un toque grácil y étnico a la volátil atmósfera.

Héctor Yáñez

DOMINICA 54.
Si estás insomne podrías encontrarte en el baño con Luizo Vega teletransportado.

FIESTAS K-Mil

Contactos y contratos con Marino. Tel. 09-7578166.

DJ K-Mil es el único diyei travesti de Santiago; el único que, aparte de poner discos, se pone tetas. K-Mil es arquitecto y se inició en el mundo del espectáculo luego de modelar para su novio –un reputado costurero que trabajó con Rubén Campos– en una fiesta en la disco Bunker. Esa noche, K-Mil se lució con un mitológico traje plateado que incluía cuernos de carnero y, como le fue tan bien, siguió trabajando como *drag* en las fiestas de la disco Laberinto, donde llegó a vestir impresionantes trajes de ángel y de medusa.

Posteriormente, K-Mil hizo de Madonna, Rafaella Carra y Björk en las fiestas "Noche de divas de la Blondie", donde impuso su particular estilo. Luego, en una fiesta de cumpleaños, empezó a disyoquear transformándose en VJ. Actualmente, su fuerte son los discos de vinilo y el house-pop. Para cada presentación, K-Mil utiliza un sorprendente look: ropa ajustada, zapatos con terraplenes y simpsonianas pelucas, artilugios con los que fácilmente sobrepasa los dos metros de altura.

FIESTAS 5 AM

Dominica 54

www.dominica54.cl. Solo para socios y amigos de socios que pagan $8.000, con un whisky y buffet desayuno. Tel. 7377566. Abierto viernes y sábados, desde las 5 AM.

La costumbre se inició en un amplio departamento de Plaza Italia, vecino al Cine Arte Alameda. Hasta allí llegaban, hacia las 5 AM, quienes estaban listos para iniciar la fiesta, aun cuando el sentido común indicaba que era la hora de irse a acostar. Sin embargo, por no tener patente, el entretenido y madrugador "clandestino" cesó sus funciones, aunque a esas alturas la idea recién comenzaba a prender.

El epicentro de las fiestas 5 AM está en Domínica 54, un divertido lugar conocido como Studio 54. Nada más que una casa con fiestas "privadas", en la que mediante un pequeño estímulo no es difícil ser invitado. Una óptima visita requiere acostarse temprano y poner el despertador tipo cuatro.

GASTRONOMÍA

WONDERBAR. Si no vino al mundo a tomar chicha... entonces, ¿a qué chicha vino?

Raúl Bravo

RESTAURANTES

MINIGOLF Y FIDEOS BLANCOS

Ah Seo Won

Santa Filomena 170. Tel. 7357219. $3.000, promedio por persona. Abierto de lunes a sábados, de 11 a 23 hrs. Cancha de minigolf, $1.000, los diez minutos.

Por fuera es un moderno edificio de ladrillos princesa y vidrios polarizados. Por dentro una jungla repleta de plantas de plástico, que atiborran un pasillo donde están los privados en los que la costumbre obliga a comer sin zapatos.

Mal informados, muchos llegan allí pidiendo la parrillada coreana. Error. El Ah Seo Won es un restaurante chino–coreano, pero en su carta –de la que se exhiben los platos tiesos en una ácida vitrina– solo se encuentran recetas tradicionales y medianamente bien preparadas.

Lo que no es tradicional es el segundo piso. Allí los clientes pueden relajarse tras el banquete oriental en una cancha de minigolf computarizado que a veces funciona y a veces no. El señor Park, dueño del boliche, nunca es capaz de explicar muy bien la razón, mientras grita y maldice entre las humeantes ollas del restaurante más *kitsch* de Santiago.

LA MONTAÑA DEL ALMA

Jardín Chino

Enrique Olivares 1358, esquina Honduras. La Florida, altura paradero 19. Tel. 2971768.

Es grandilocuente. Sobrecogedor. No por nada ostenta el récord de ser el restaurante chino más grande de Santiago. Y de Chile. Se trata de un verdadero palacio con una laguna al medio repleta de ranas, tortugas y carpas, en la que uno hasta se podría meter a bucear. O bien bajar la comida, ya que hay senderos e incluso un puente que cruza frente a una cascada que escurre entre hongos resplandecientes.

El gran orgullo del Jardín Chino es el llamado Árbol de la Abundancia ("un árbol carísimo" aseguran ahí), del cual cuelgan unas grandes pelotas acrílicas semejantes a las de cualquier pino navideño de mall.

El Jardín Chino tiene, además, un hall de recepción, un bar y tres salones; uno de ellos para no fumadores. Todos rodeados de muros de vidrio. Y de vidrio también es el hábitat de una pareja de catitas que revolotean en una inmensa jaula del tamaño del muro.

En cuanto a la comida, destaca la parrillada china hecha en sartén chino ($4.200 para dos), y la profusión de originales caldos como las sopas *wantanmin* y *yifumin* ($1.300).

SANTUARIO COLÉRICO

Sarita Colonia

Dardignac 50, Bellavista. Tel. 7370242. Entre $7.000 y $12.000, promedio por persona.

Sarita nació en el Callao, el corazón del Perú africano y motudo. Desde pequeña dedicó su vida a ayudar a la gente. Pero los caminos de los santos no tienen solaz y un día aciago tres hombres la siguieron para violarla. Sin embargo, en el momento de asaltarla, los malhechores buscaron su sexo y con espanto se dieron cuenta que no tenía. Entonces la mataron a golpes. Desde ese momento la niña se transformó en la santa de los travestis, prostitutas y lanzas de Perú. Y el 20 de diciembre es la celebración oficial de su día.

Pero en Santiago Sarita también tiene devotos. El centro de peregrinación es un colérico restaurante de Bellavista, en cuyas puertas está grabada la imagen de la santa. Recibe a los feligreses una decoración de capilla, con muchas velas e iconografía

AH SEO WON. Fideos extrablancos y minigolf: nada menos asegura el menú.

Sebastián Sepúlveda

TEKERI. No hay mentita por cuenta de la casa. Solo karaoke.

religiosa, a la que se suman intervenciones plásticas por todos lados, incluidas las mesas, como una que ostenta, bajo un grueso vidrio digno de telescopio, singulares rosas y ácido pasto sintético.

En el Sarita Colonia se puede comer muy buen cebiche y los clásicos de la comida peruana. Todo servido por acólitos de la santa, que lucen pelucas y maquillajes de catedral.

QUE-CAN-TE-QUE-CAN-TE

Tekeri

Antonio López de Bello 197, Recoleta.. Tel. 7371472. Karaoke: $10.000 la hora. Consumo: $5.000, promedio.

Un gigantesca puerta de lata, que siempre está bajo llave, flanque la entrada al que debe ser el restaurante más bizarro de todo Santiago. Se trata del Tekeri, un bar-comedor-karaoke en el que no es difícil creer que se está en Manila o Hong-Kong.

El lugar ocupa una vieja casona de Bellavista *Off*. Y, por lo mismo, los distintos ambientes corresponden a las distintas piezas de este laberítico caserón, todas las cuales han sido pintadas lila, instalándose sillones y mesas de centro para comodidad de las bulliciosas veladas.

El Tekeri es propiedad de Richard y Sonia Lee, un matrimonio coreano que llegó a Chile -desde Pusán- en 1986. Luego de dedicarse a las importaciones varias, la pareja abrió hace tres años este restaurante karaoke, claro que la cocina la tienen en la acera del frente y desde ella salen no solo especializades coreanas sino también clásicos japoneses; aunque es un *must* de la casa pedir el tekeri ("lo mejor", en coreano) que por $9.000 ofrece un sutido de rolls, sushi y sashimi. En cuanto a la oferta artística, el Tekeri ofrece música en siete idiomas. Y por ello el lugar suele estar repleto de coreanos, japoneses, chinos, malayos, vietnamitas y, por cierto, chilenos, todos los cuales tienen su propia orgía de comida, música y alcohol.

TIENES UNA LLAMADA

Capricho Español
Purísima 65, Bellavista. Tel. 7777674.
Abierto de lunes a domingos, de 19.30 hrs. a 2 AM.

Hace unos años, los propietarios del restaurante Capricho Español pusieron unos barrocos teléfonos junto a las mesas para que los comensales hicieran ring/ring de un lado a otro. Sin embargo, a poco andar, el mismo público hizo añicos las líneas. Y no hace mucho, en su reemplazo, instalaron unos teléfonos más discretos con forma de angelitos.

Como bien lo dice su nombre, el Capricho Español es un capricho. Y, junto a la barra, al lado de una muñeca que baila flamenco, hay dos banderitas con el arco iris de la fraternidad gay. Mientras que en los muros hay tantos cuadros de calas blancas que Frida Kahlo se pondría a llorar ahí mismo.

La carta, variada y de precios razonables, es un poco más sofisticada que la que ofrecían sus antiguos dueños, pero ahora destacan la *paella* ($4.800 p/p), el *filete carpaccio* ($5.500), y el *osobuco al oporto* ($2.900). Ojo que los mozos, en rigor aeromozos, siempre saludan de beso.

TERCIOPELO AZUL

Donde Pepe
Santo Domingo 2096, esquina Baquedano. Tel. 6983019.
Abierto de lunes a sábados de 12 a 16 hrs., y de 19 a 24 hrs.

Donde Pepe fue alguna vez Le Trianon, el restaurante de Candy Dubois –una misteriosa mujer, femenina y sensual, pero de dedos gordos como los de un carpintero–, que a unas cuadras de plaza Brasil montó un restaurante muy chic, repleto de espejos y sillas de terciopelo azul, en medio del cual un ballet de lentejuelas ofrecía sabrosos espectáculos de *varieté*.

Si bien ya no hay *performances* con plumas, el lugar –ahora administrado por Monique, socia original de Candy– mantiene el halo de intriga (Candy nunca reveló la verdad sobre su sexo), aunque también un colorinche Wurlitzer como el que se puede encontrar en cualquier fuente de soda. Claro que el espíritu de Candy aún flota en el aire. Sobre la barra se observa una foto de la loca/sirena de la caleta El Membrillo que, luego de trabajar en el Ballet Azul del Bim–Bam–Bum, partió a Europa y desde allá volvió casada con un francés, para convertirse al regreso en la más insólita musa del perturbado *glam* ochentero. Actualmente Donde Pepe hay pizzas y poco más. Una desgracia porque allí, en la época de Candy, nunca faltaron los buenos toques de *nouvelle cuisine*. Y los toques, toques.

MALABARISMO JAPONÉS

Mikado
Bilbao 1933. Tel. 2252947.
Teppanyaki, $12.000 por persona.

Lo mejor en el Mikado es ponerse unos baberos que facilitan las chilenísimas geishas que atienden cuando uno llega. Y dos son las razones. Por una parte, no es difícil que durante la comida le salte a algún comensal un trocito de pollo, bife o camarón. La otra es que Shigenobu Mukae, dueño y chef del restaurante, es un experto karateca que no solo acostumbra mostrar sus habilidades con los cuchillos, sino que también sus dotes malabarísticos que le permiten tirar, de espaldas al público, cosas desde su plancha móvil a los platillos de los clientes. Truco que a veces logra. Pero a veces no.

Mukae es originario de Tokio y llegó por primera vez a Chile hace más de veinte años, tras un fallido intento por arribar a Paraguay, donde le habían ofrecido colonizar unas húmedas tierras. Ya en Santiago hizo de todo, desde sacar a pasear a turistas japoneses hasta hacer clases de karate a la policía. Eso hasta que se instaló con su restaurante, uno de los primeros exponentes de la gastronomía japonesa en Santiago. Entre sus encantos estaba la preparación del fugu, un pescado venenoso, carísimo, muy apreciado por los orientales, que si queda mal preparado produce la muerte instantánea. Quizás la razón de la ausencia de uno de los pocos chefs del mundo que conocía la receta.

A LA MODA DEL CHEF

Osadía

Tobalaba 477. Tel 2314738. Abierto de lunes a sábado. Almuerzo de 13 a 16 hrs. Cena de 20 hrs a 24 hrs. $15.000, cena promedio por persona.

Es como un restaurante de Berlín en plena Segunda Guerra Mundial. Acaba de caer un rocket de los aliados. Los muros están repletos de hoyos y las tuberías de cobre caen del techo, recortándose sobre los ladrillos humeantes. Pese a ello, todo el mundo lo sigue pasando bomba. Aquí todo es escenográfico. *Design*. Carlos von Mühlenbrock, chef y dueño del Osadía, lo quiso así. Y el resultado es un distinguido restaurante en el que se come demasiado bien sobre manteles tan limpios que a veces huelen a cloro.

Distinto huele en la cocina, donde radica el gran bizarrismo de este lugar. Allí, Von Mühlenbrock –ex modelo y actual rostro del matinal de Megavisión– dispuso una mesa en la que se come entre el personal que se mueve como si estuvieran protagonizando una escena de *2001, odisea del espacio*. O como si estuvieran en una nave de *Star Wars*, ya que mientras los cocineros decoran los platos con sus sopletes, el aceite explota y las berenjenas caen cual zeppelins.

El único pero de la "mesa en la cocina" es que allí no se puede fumar, y es de preferencia para clientes que ya conozcan el restaurante. En el último tiempo, por lo mismo, la mesa se ha convertido en el lugar más elegante de todo Santiago para regalar "la roca", vulgo anillo de compromiso.

ANDAR EN TREN

El Expreso Imaginario

Comunidad Ecológica de Peñalolén. Subida por Antupirén hasta llegar al 9400. Tel. 2922588. Solo abierto para eventos o grupos con reservas. $10.000, promedio por persona.

El argentino Alejandro Garrós es dueño de un insólito restaurante que opera dentro de un viejo vagón de madera que alguna vez corrió en la vía Islón–Rivadavia, ruta que unía La Serena con Argentina a través del valle de Elqui.

No sin hercúleos esfuerzos, el coche –un Linke-Hoffman que data de comienzos del siglo pasado– fue transportado a Santiago y restaurado en un proceso que, según Garrós, "aún no termina".

El Expreso Imaginario, eso sí, debe buena parte de su fama al trabajo que allí desarrolló Bernard Leroy–Pawloff, quien rebautizó al restaurante como Le Voyage. Bernard, por cierto, es un alternativo y exótico chef francés avecindado en Santiago, que le preparó manjares a la propia lady Di y a Los Rolling Stones en Nueva York. Pero si bien Bernard ya no está, el Expreso sigue ofreciendo sabrosas y románticas cenas en un ecléctico ambiente que invita a la aventura. En medio del coche cuelga una lámpara de lágrimas y en los muros sobran descoloridas fotos que hablan de borrosas historias férreas. En cuanto a la comida –servida en mesas cachureadas

en distintos mercados persas–, El Expreso ofrece una sólida cocina mediterránea y especialidades del sudeste asiático.

Claro que lo mejor es lo que allí se llama una conversación a "escala humana"; una conversación tipo coche-comedor.

LAS VUELTAS DE LA VIDA

Giratorio

Avda. 11 de Septiembre 2250, piso 16. Tel. 2321827. Abierto de lunes a domingos, de 12 a 16 hrs. y de 19.30 a 24 hrs. $7.500, almuerzo. $9.500, cena.

Aunque muchas ciudades tienen su propio Giratorio, no por eso el de Santiago no ha de ser extraño. Lo es. Sin duda que lo es. Al menos desde que llegó a la capital en 1981, gracias a la adquisición de una licencia francesa. Desde entonces, el Giratorio funciona con un motor eléctrico, el cual se controla desde un switch al que tienen acceso los garzones. Ellos pueden bajar la velocidad en caso de mareos. O, por el contrario, aumentarla si se quiere más emoción. El restaurante –decorado como los sets de Raúl Matas en *Vamos a ver*– puede girar muy rápido o muy lento. Y es el cliente el que elige, aunque lo normal es que la velocidad sea estándar, pero lo suficientemente rápida como para terminar con vértigo luego de una vuelta completa alrededor de la ciudad en una hora con quince minutos exactos.

Fanática del Giratorio, cuando no había nada mejor en Santiago, fue Lucía Hiriart de Pinochet, la que acostumbraba tomar té con las damas de Cema.

OSADÍA. Nadie lo duda. Donde mejor se come es en la cocina.

José Alvújar

COMO AGUA
PARA CHOCOLATE.
¿Pasemos a la cama?

COCINA MÁGICA

Como Agua para Chocolate

Constitución 88. Tel. 7778740. Abierto de lunes a domingos, de 12.30 a 16 hrs. y de 19.30 a 24 hrs. Reserva de la mesa-cama con un día de anticipación.

En su best-seller *Como agua para chocolate*, Laura Esquivel impactó a medio mundo con unas codornices finamente preparadas con pétalos de rosa. Claro que deglutir flores no es propiedad de la ficción. Se pueden comer. Así al menos lo han imaginado en un restaurante llamado precisamente Como Agua para Chocolate, donde un cartel invita a deleitarse con la "cocina mágica"; léase ingredientes y especias aromáticas, sales afrodisíacas y verduras vinculadas al recetario amoroso (apio, berenjenas, callampas, alcachofas), que dan vida a platos especiales –por decir lo menos–, y entre los cuales no figura el de las famosas codornices, pero sí una ensalada denominada *huerto del amor* ($3.600), que contempla los fragantes pétalos, más apio, manzana, repollo dorado y sésamo. Idealmente, lo mejor es degustar semejantes manjares en una cama-mesa que tienen montada sobre una vieja marquesa de bronce, con ruedas y todo, en la que caben seis personas sentadas. Nunca acostadas. Imperdibles, por cierto, son los pétalos de rosa azucarados que sirven para picar.

FUSIÓN CHILOTA-PERUANA

Los Puentes de Bórquez

Miraflores 443. Abierto de lunes a jueves, de 13 a 24 hrs. Fines de semana, de 13 hrs. a 4 AM. $7.000 promedio por persona.

La mezcla suena extraña. Y es extraña. Pero es la especialidad de Los Puentes de Bórquez, un restaurante de muros rojos y altos donde se sirve comida fusión chilota-peruana.

El dueño es Enrique Bórquez, un chilote nacido en Melinka que vivió varios años en Perú y, a su regreso, trabajó como concesionario del Club Peruano que funcionaba ahí mismo hasta que se cambió a la calle Brasil.

Pese a ello, Bórquez sigue ofreciendo *ají de gallina*, *seco de pollo* y *papas a la huancaína*, claro que también *curanto*, *choritos a la guaiteca* y *cancato*; este último plato, un pescado horneado relleno con queso, tocino y longaniza, acompañado de verduras varias.

Bórquez arrienda su local para celebrar cumpleaños. Y por sesenta mil pesos se tiene derecho al uso del restaurante, más cuarenta tragos que se canjean con fichas de madera, ya que, según Enrique, "los maderos son más difíciles de falsificar".

GASTROBAILABLES

HASTA LAS 5 AM

Los Braseros de Lucifer

Cóndor 1123. S/T. Abierto de martes a sábados, de 11 a 5 AM. Conjuntos desde las 21 hrs. Domingos, tres orquestas. $9.900, la parrillada para dos. www.bracerosdelucifer.cl.

Donde antaño funcionaba la boîte Lucifer, se erige el que hasta ahora es el punto *jot* de la tardía movida de San Diego abajo: Los Braseros de Lucifer, un restaurante para oficinistas sin oficina, con pachanga incluida, cuyo actual dueño es Héctor Olivares, quien compró el local al famoso "Padrino" Aravena.

En los duros años del toque de queda, el lugar se hizo famoso por sus azafatas y cortinas oscuras, detrás de las cuales se daba curso a las más abyectas fantasías sexuales. Sin embargo, hoy es bastante más luminoso. Y más animado, al punto que tiene un cautivo público que se retuerce al ritmo de Fiesta Latina, Altura Máxima y Santa Bárbara, las orquestas cumbiancheras de este ultra sazonado local.

Complementan la carta los "Martes cochinos" en los que se practica un humor de quemante calibre, y en los que ahora las estrellas son Pipo Arancibia y Claudio Showman, quien alguna vez triunfó en Viña del Mar. A veces, nunca se sabe cuándo, reaparecen Les Rotheques, aunque de los cuatro originales del paseo Ahumada solo van quedando dos.

CERVEZA Y ASERRÍN

Imperio

San Pablo 1070. S/T. $1.000, cervezas.

Decenas, cientos, miles de jabas de cerveza se apilan junto a la pista de baile en la que flamea una bandera peruana. Por aquí y por allá hay aserrín, mucho aserrín, tanto aserrín que el galpón más parece un aserradero.

La razón es sencilla. El Imperio es un restaurante bailable en el que cada vez que alguien termina su vaso de cerveza debe, por tradición, arrojar el concho al piso. Y, bueno, si no hubiera aserrín, todos andarían con la cabeza rota, aunque a juzgar por las caras muchos parece que sí se han caído.

Anima las noches el grupo Armonía 2000, y un chef trasplantado que prepara estupendos y clásicos platos peruanos. Para beber hay cerveza. Nada más que cerveza.

HASTA QUE LAS VELAS NO ARDAN

Yanka´s

Avenida Matta con Lord Cochrane. Tel. 5556360. Abierto de lunes a jueves, de 11 a 22 hrs. Bailables, viernes y sábados, de 21 a 5 AM. $5.950, consumo mínimo con derecho a una botella de vino.

El Yanka´s es el templo del "heidi-metal". O sea que métale cumbia, merengue y chachachá, pero fundamentalmente pachanga y sound. Mucho sound.

Animan el jolgorio bandas como Carnaval y Sonora Tigales, las que se van turnando hasta la madrugada. Todo obra y gracia del presentador y encargado de los chistes, el señor Lucho Salvatierra, un zorzal criollo que se presenta con traje rojo y humita negra.

El dueño es Miguel Zaldaña, el "Miguelo"

de avenida Matta, creador del otrora famoso Donde Miguel que se quemó por eso de "hasta que las velas no ardan".

El Yanka´s tiene mucho de quinta de recreo, pero también es una parrillada bailable donde se pueden devorar con tranquilidad unos buenos chunchules que después se digieren danzando, o bien con una "linterna con cuatro pilas": la popular botella de pisco con cuatro "graciosas" ($9.900).

AZÚCARRR, RITMO Y SENSUALIDAD

Havana Salsa

Dominica 142. Tel. 7371737. Jueves: $3.500, con derecho a buffet cubano, de 20 a 22.30 hrs.. Viernes y sábados: $7.500, con buffet de 20.30 a 23.30 hrs. Repeticiones sin fin.

Todos los que han ido a Cuba terminan enloqueciendo en este lugar, porque el show del Havana Salsa es tan bueno o mejor que el del Tropicana. Y vale, fácil, diez veces menos.

Cada noche, mientras el salsero público devora lechoncitos, piñas y *ropa vieja*, sorprende a los comensales un colorido y espectacular show en el que sobra música, ritmo y sensualidad. Y trajes de lentejuelas. Y eróticos pasos que facilitan la digestión.

La gran estrella es Mailin, una bailarina que, efectivamente, fue parte del Tropicana. En cada una de sus actuaciones, ella es acompañada por un fino surtido de bailarines, los cuales en un espectáculo de cuarenta y cinco minutos confirman que este show bien podría estar en La Habana. O en Santiago de Cuba. Pero no. Está aquí. En Santiago de Chile.

Complementan la oferta Kenia, una cantante que no es de Nairobi; maquetas a escala natural de La Habana; y unos *mojitos* de antología. Si aún no conoce Cuba, tal vez debería partir por aquí. En una de esas le basta. Y le sobra.

PICADAS Y CHICHERÍAS

CHICHA PARA LAS GUAGUAS

Wonderbar

General Mackenna 1165. Tel. 6732545. Abierto de 7 a 22 hrs. $500, medio litro de chicha.

Es una de las chicherías más tradicionales del sector Estación Mapocho, y toma su nombre de su maravillosa y exclusiva chicha de Malloa. De hecho, en medio del local, hay un barril con trescientos litros de este precioso jarabe que ahí nunca dura más de dos días. Poco duran también las *guaguas*, unos gigantescos jarros en los que el elixir se sirve sobre las mesas. Ahora bien, para los más mañosos, hay alternativas como la pastosa *chupilca* (malta con harina, a $760). Y, por supuesto, la comida barata tipo Ejército de Salvación (a $1.000 el plato).

El Wonderbar fue locación del telefilme *Magallanes*, de TVN. Aunque debe su fama a los dispensadores de jugo tipo fuente de soda que ahí se usan para helar bien el pipeño.

FANÁTICOS DEL TURF

Donde Carlitos

Altamirano 2157, casi esquina Vivaceta. Cerca del Hipódromo Chile. S/T.

Esta es una tradicional picada de los fanáticos más "profesionales" del turf. Por lo mismo, todos los platos tienen nombres en homenaje a la hípica. Así, *el dato* es el jugoso osobuco al vino. *Tierra derecha*, la plateada con agregados. Y el *gran premio*, los callos a la española con papitas fritas o arroz. El único plato que se sale de la norma es la *carne a la chilota*, que es res a la olla con longanizas, tocino, cebollas y zanahorias glaseadas. Se trata de un lugar simple pero bien atendido, en el que nunca faltan buenos datos y marraquetas maravillosas. ¡Partieron!

HAVANA SALSA. De no creerlo. Para ver al Tropicana no se necesita viajar a Cuba.

ESTA MESA ESTÁ RESERVADA

En Santiago hay algunos restaurantes que tienen mesas con personalidad propia. Uno de ellos es el **Ibis** de BordeRío (Escrivá de Balaguer 6400, local 4, Vitacura. Tel. 2180111), donde está la "Mesa de los generales", llamada así luego de que en mayo de 2000, a la hora de almuerzo, los comandantes en jefe de las Fuerzas Armadas realizaran un publicitado encuentro en apoyo de Augusto Pinochet cuando estaba preso. Lo curioso es que esa mesa, que enfrenta unos grandes ventanales, se sigue pidiendo con el mismo nombre, aunque hoy no es solo la favorita de uniformados, sino también de ejecutivos de grandes empresas como Coca-Cola o Delta, y de políticos como Andrés Zaldívar y Andrés Allamand. El consejo es, entonces, reservarla con tiempo ya que tiene alta demanda.

Quien nunca se hace problemas para reservar una mesa es Enzo Bolocco, el papá de Cecilia, quien tiene en el restaurante **Le Due Torri** (Isidora Goyenechea 2908, Vitacura. Tel. 2313427) una mesa reservada permanentemente para él. Se trata de la "Mesa 10", donde el empresario almuerza casi todos los días. Aunque a veces también se deja caer de noche. De cualquier modo, Bolocco siempre tiene la preferencia y si alguien más osa pedirla, la respuesta siempre será la misma: "Esta mesa está reservada".

PÓKER, BRISCA Y PUÑETAZOS

La Clínica

General Mackenna 1169. Tel. 6981188. Abierto de 12.30 a 22 hrs. Caña de pipeño Cerro Negro de Quellón, $400.

La Clínica es una nonagenaria chichería que inició sus actividades en 1928, en un edificio cercano al Mercado Central, propiedad de la Unión de Detallistas de Chile. En aquellos años se necesitaba un casino y fue Pedro Dinamarca (el padre del actual dueño) quien instaló una cocinería en el segundo piso. Desde un principio, el lugar fue conocido como La Clínica debido a una placa de loza en la entrada del edificio que decía Clínica Dental, y que pertenecía al taller de muelas y gutaperchas del Dr. Fontecilla.

Décadas después, La Clínica se cambió a su actual ubicación, alguna vez epicentro de la bohemia local ya que, debido a su proximidad con la Estación Mapocho, el barrio se fue repletando de bullangueros y "porteños" locales como el Gibraltar, el Bristol, el Café Suizo, el Hércules, El Ciclista y El Dragón Rojo.

La Clínica ya no es lo que fue. Pero aún conserva un señorial estilo en el que destaca la mampara de vidrio italiano y las mesas de lingue de diez pulgadas, hechas así de gruesas para poder jugar cacho sin tener que estar cambiándolas a cada rato.

En sus años de gloria llegaban los caballeros con polainas. Pero con el paso del tiempo se convirtió en uno de los bares favoritos del pugilismo punga nacional, contándose entre sus clientes al propio Arturo Godoy (quien a su regreso a Chile puso un local de Polla Gol justo al frente), más una larga lista de boxeadores como Carlos Rendic, "Motorcito" Miranda y Martín Vargas.

Actualmente, en La Clínica se juega póker y mucha brisca (juego de la Colonia en el que se utiliza naipe español) mientras se bebe chicha y vino litreado. Y ojo que no faltan los boxeadores improvisados ni los cornetes varios.

J. F. Somalo

ITALO MONTEVERDE. En su boliche, el Rey de los Tallarines ya no hace tallarines.

BUENA TELA

El Rey de los Tallarines

Franklin 96. S/T. Caña de chicha o pipeño, $350. Tallarines con mechada, $1.200 (cuando hay).

Italo Monteverde es el primogénito de un inmigrante italiano que, a mediados del siglo pasado, inició el reinado de los tallarines en Franklin. Claro que, como nobleza obliga, con los años Monteverde hijo se erigió en el sucesor de la monarquía. Y es el rey de un etílico feudo atiborrado con más de doscientos cuadros de anónimos desconocidos, pero también de algunos pinceles famosos como Vicente Pérez Rosales y Pedro Lira, aunque ni siquiera Italo está seguro de que sean originales.

El origen de la curiosa pinacoteca tiene que ver con que, hacia 1982, Monteverde comenzó a aceptar cuadros a cambio de comida y vino. Práctica que sigue realizando, lo que no deja de ser una provocación considerando que el rey ya no prepara

J. E. López

SR. CHEN. Wantangs callejeros a chen pesos.

tallarines en su reino. En todo caso, Monteverde anuncia que ya luego, algún día, volverá a hacer la buena pasta de siempre.

COMIDA CASERA SIN PENA

El Quitapenas

Recoleta 1480. Tel. 7378199. Abierto todos los días del año, a excepción del 11 de septiembre, hasta las 23 hrs.

Según Miguel Mendoza, su actual dueño, el Quita Penas tiene más de ochenta años de historia. Y su insólito nombre, siempre asociado a deudos con los ojos llorosos mientras devoran grandes platos de comida mortal, está también relacionado con su estratégica ubicación, a solo unos pasos de los dos cementerios más importantes de Santiago: el General y el Católico. Por eso, la idea es que los familiares puedan hacer un "tentempié" cuando van a enterrar a sus muertos, aunque ahora los sepelios van por avenida La Paz.

La historia más gloriosa que se cuenta sobre esta "picada" insiste en que en una de sus mesas surgió Colo-Colo. En efecto, una tarde de 1925, tras haberse alejado para siempre de su ex club Magallanes y mientras comían con pena un arrollado de huaso, David Arellano y Clemente Acuña se armaron de valor y se comprometieron a formar un nuevo club, club que finalmente sería el que llevara el nombre del cacique.

Con estética de fuente de soda, el Quita Penas se destaca por su esmerada limpieza, comida casera y un Wurlitzer que pocas veces quita la pena.

POR DATO

WANTANGS A CHEN PESOS

Carro de los Chinos

Alameda esquina Matucana.
Wantangs y arrollados primavera, $100.

A unos pasos de la Universidad de Santiago, casi justo frente a la Estación Central, una pareja de inmigrantes chinos vende *arrollados primavera* y *wantangs* a solo cien pesos.

La pareja, bastante huraña y poco dada a conversar con extraños, tuvo alguna vez un restaurante chino pero se les incendió. Para resurgir debutaron con un carrito enclenque, aunque hace un tiempo lo cambiaron por uno mucho más grande y con techo, que tiene escrito en grandes caracteres la palabra "chen", que nada significa en chino pues solo quiere decir "chen" pesos.

EMPANADAS HARE KRISHNA

Vegetarian

Vidaurre 1503. S/T. Empanadas vegetarianas, $250.

Willy Iberlucea y Pamela, su mujer, son devotos Hare-Krishna y tienen una macrobiótica picada frente a la UTEM, donde cada vez son más los estudiantes que se alimentan con hamburguesas de soya y empanadas integrales.

En el Vegetarian se respira incienso. La gente trabaja con túnicas. Y por los parlantes suena Vaysaki o Ravi Shankar. En cuanto a la comida, deliciosas son las empanadas vegetarianas y los jugos naturales a insólitos cien pesos. "Es que nosotros no somos materialistas", justifica Willy.

CAFETERÍA-BARCO

Tetanic

Panamericana Sur, en la rotonda que conduce hacia el paradero 28 de Gran Avenida.
Sándwiches, $1.000. Vaso de café, $500.

No es una maqueta. Es un barco de verdad, un barco que llevaba anclado más de diez años hasta que alguien lo puso a navegar nuevamente. Por eso ahora el barco –entero pintado de blanco– se ha transformado en una insólita cafetería en la que venden sándwiches, pasteles y las correspondientes infusiones bien navegadas.

MOTE CON HUESILLOS MÓVIL

El Tío Neo

Se encuentra en distintas bombas de servicio y esquinas. Tel. 2750814. Vaso de mote con huesillos $300.

"El Tío Neo" es Luis Arias Miranda, un hombre en extremo bonachón que se pasó toda la vida acarreando niños en su busecito de transporte escolar. Un buen día cambió de giro y entonces debutó con un "mote-con-huesillos-móvil" que instaló en un viejo Fiat 600. Al gracioso auto, le volaron el techo en una cerrajería y le instalaron un tambor con capacidad para setenta litros de esta dulce bebida.

Al menos en verano, el "mote-con-huesillos-móvil" –con todas sus calcamonías Pac Man– tiene el siguiente y refrescante itinerario: 13.30 hrs., Copec de Simón Bolívar con avenida Ossa. De 14.15 a 15.30, Copec de Bilbao con Vespucio. Después, en el paradero de taxis del Parque Intercomunal. Y, finalmente, en la YPF de Príncipe de Gales con la Cañada.

SOPAS BIZARRAS

CALDO GALLO: ORGULLO NACIONAL

Bar Nacional

Bandera 317. Tel. 6953368. Abierto hasta las 23 hrs. $1.700.

El Bar Nacional es el bar de los gallos bien gallos. Por eso la sopa de la casa es el *caldo gallo*, una delicia que es preparada con caldo de carne, huevos, especias y algunos ingredientes secretos. Los que saben aseguran que no hay nada mejor que degustar el caldo con un tinto terciopelo Cauquenes. Otro caldo. No menos bizarro.

SOPA DE TIBURÓN: PURA FIBRA

Gran Shangai

Providencia 1383. Tel. 2356082. $7.500.

Este delicado y exquisito platillo solo se puede conseguir en Santiago en el Gran

VEGETARIAN. Pizzas e masa integral y mpanadas rellenas on tofu. Dos números segurados. O casi.

Jaime Bascur

Shangai. Allí siempre se las ingenian para faenar alguna carísima aleta de tiburón (vale entre 150 y 200 dólares el kilo), la que se procesa sacándole el hueso y enseguida hirviéndola durante dos días. El resultado es una finísima fibra que se congela y con la que luego se prepara la sopa. Para hacerla, se vuelve a hervir la pulpa extraída con un poco de sal y ajinomoto y, al momento de llevarla a la mesa, se agregan unas rodajas de callampas, jamás champiñones.

La *sopa de tiburón* es de un color amarillento transparentoso. Y su sabor es una bizarra delicia que pocos conocen.

JUGO MORO: LEVANTA MUERTOS

Casa de Cena
Almirante Simpson 20. Tel. 2228900. $4.500.

Es el clásico de clásicos de La Casa de Cena, el finísimo restaurante de la Plaza Italia donde van a morir los valientes. Y punto de encuentro de prostitutas, periodistas AM, policías encubiertos, policías no encubiertos, zapateros, plomeros, pintores, en fin.

Ideado para desenchufar a los sonámbulos, el *jugo moro* se prepara exprimiendo un pedazo de posta caliente en un ortopédico aparato que fue diseñado especialmente para tal fin.

Montados sobre una palanca que activa el resorte, los operarios obtienen un viscoso zumo que debe ser servido en el acto con los aliños correspondientes.

CALDO TRONCO: PARA LA MONA

Ciro's
Bandera 220. Tel. 6960135.
Abierto de lunes a viernes, de 8.30 a 23 hrs. $1.610.

El Ciro´s abre a las ocho y media de la mañana, cuando muchos piensan en el café express o el café con leche. Pero a este lugar los habitués llegan a pedir la especialidad de la casa: los caldos para pasar la mona.

Hay dos recetas. Una es el *caldo Ciro´s*, hecho con pierna de cerdo asada, vino, huevos, ají y una gorda picada. La otra es el *caldo tronco*, en el que la gorda es reemplazada por carne de pavo. Bbbb.

TRAGOS Y CÓCTELES

CHILEAN MANHATTAN: BUENO CON AGUARDIENTE

Hotel City
Compañía 1063. Tel. 6954526. $1.400.

Matías Vicuña, el protagonista de *Mala onda* (de Alberto Fuguet), tiene que haberlo probado. Es una de las especialidades del misterioso Hotel City, el único hotel de novela negra del oscuro *down town* capitalino.

¿Qué es? Mientras el *Manhatan* tradicional es whisky con cinzano, el *Chilean Manhattan* reemplaza al whisky por aguardiente de Chillán de 50 grados. En todo caso, tal como el primero, también se sirve en un vaso corto junto a unos mililitros de inmejorable Cinzano. Eso sí, antes de beberlo, hay que exigir que en una caña hielen bien el brebaje.

TERREMOTO: VINO PARA TEMBLAR

El Hoyo
San Vicente 375, esquina Gorbea. Estación Central.
Tel. 6890339. $950, la caña. $4.800, el jarro.

El 3 de marzo de 1985 un violento terremoto terminó por echar abajo la mitad de Santiago. Pocos días después llegó a El Hoyo un gringo curioso quien, al sentir que su vino estaba demasiado caliente, exigió

José Alvújar

TERREMOTO. Helado de piña y vino le revuelven el cuerpo a cualquiera.

que le chantaran encima un copo de helado de piña. Entonces ¡¡prum!!, éxito rotundo. Se derrumban los prejuicios. Y desde entonces la caña de vino con helado se llama *terremoto*, mientras que la versión pequeña terminó siendo una *réplica*.

Aunque todas las comparaciones son odiosas, conviene decir que no es lo mismo El Hoyo de arriba que El Hoyo de abajo. El primero en Franklin y el segundo cerca de la Estación Central.

NAGASAKI SOUR: CON WASABI

Zen

Dardignac 0175, Bellavista. Tel.7379520. $1.800.

Todos sabían que en cualquier segundo iba a suceder. Y sucedió. Los japoneses asentados en Santiago desarrollaron su propio *pisco sour*, el cual se prepara –más o menos– con la misma receta original. Eso sí, en el restaurante Zen lo modificaron agregándole un toque de *wasabi*; esa pasta verde y pegajosa que acompaña al *sushi* y que otorga al cóctel un sabor áspero, aunque habría que reconocer que refrescante. Un *harakiri* al esófago.

PONCHE DE CULÉN: FROM LA VEGA

La Piojera

Aillavilú 1030. $450, la caña. $850, medio litro.

Dicen que se acaba. Que no se acaba. Que ahí van a hacer un mall, un estacionamiento, una juguetería. Quién sabe. Lo cierto es que La Piojera, mientras siga funcionando, es el único lugar en Santiago donde se puede saborear el *ponche de culén*, una misteriosa infusión que se prepara con palitos de culén comprados en La Vega. Éstos se rompen y se hacen hervir, tras lo cual se mezcla el colado con aguardiente y azúcar. El resultado es una bebida agradable, delicada, parecida a la mistela, que recuerda los años en que Carlos Benedetti Pini se instaló en la calle Aillavilú con su chilenísimo boliche, siempre engalanado con tricolores de plástico, en el que alguna vez encallaron presidentes y senadores de la nación.

Sírvase con el clásico pan con huevo, que nada tiene que ver con el pan con huevo de la playa. No, no. Éste es pan con huevo–huevo. Simple. Simple como las cuecas de Los Chileneros que animan el pesar.

BITTER: ARAUCANO DIGESTIVO

Bar Nacional

Bandera 317. Tel. 6953368. $1.100, el corto doble.

Nada mejor, después de unas contundentes

José Alvújar

JUGO MORO. En una máquina diseñada en la Casa de Cena hacen esta sopa levanta muertos. Hecho en Chile. Bien hecho.

empanadas fritas rellenas con queso y colesterol, que el *bitter araucano* que con seguridad se consigue en el Bar Nacional.

Se trata de un digestivo licor de yerbas, de veintiocho grados alcohólicos (y veintiocho yerbas maceradas), que es fabricado por la empresa Virgilio Brusco e hijos de Valparaíso, cuya principal característica es su amargo sabor: "Garantía de vigor y salud".

De los mismos fabricantes, en el Bar Nacional se consigue el *licor de bruja*, fabricado en base a una maceración de yerbas y semillas que después se toma solo o con hielo picado.

Otros imperdibles, del mismo bar, son el vaso de jugo de limón para la presión ($500); el *serena libre* (néctar de papaya con pisco, a $1.800); y el *fernet branca italiano*, también digestivo, que recomiendan tomar con Coca-Cola ($2.400).

SAN CHUNG WHA: LA NUEVA CHINA

Los Chinos Ricos

Avenida Brasil 373. Tel. 6963778.
Abierto de lunes a jueves de 11 a 23.30 hrs.
Fines de semana de 11 a 1.30 hrs. $2.350.

El aperitivo *san chung wha* ("la nueva china") es un invento del señor Yau, un chino avecindado en Santiago, quien fuera el creador del célebre y magnánimo restaurante Los Chinos Pobres, eso cuando funcionaban en la sede de la colonia china de Maturana 535. Unos años después se cambiaron al ex teatro Alcázar, en la plaza Brasil, donde se hicieron famosos con el nombre que recientemente trocaron por el de Chinos Ricos.

El brebaje lleva pisco, granadina, cherry y jugo de lychee, más un marrasquino y por supuesto lychee. ¿Cómo es? Es sabroso y dulce. El inmejorable compañero para contemplar los gordos peces blancos del tradicional acuario del restaurante. O la fuente de los deseos en la que todo el mundo tira monedas después de devorar el que sigue siendo un muy económico banquete.

MEDIO METRO: UN TRAGO LARGO

1/2 Metro

Departamental 765. Tel. 5262811. $2.000 y $3.500. $4.000 sábados. Viernes $3.000, todos los tragos normales; $1.000, el rellenado.

Servidos en vasos de medio metro conocidos como "yardas", los tragos del pub y discoteque Medio Metro se expenden bajo una gran barra en la que cuelga la cabeza de un alien de ojos enrojecidos que ya parece haberse tomado lo suyo.

Los vasos, que tienen la forma de un reloj de arena, son de distintos colores y vienen con las inscripciones "para empezar" o "para carburar". En cuanto a la coctelería, son los mismos tragos de todos lados, aunque lo cierto es que ahí se pueden consumir en alguno de los dos bizarros pubs interiores. Uno de ellos, El Chocolate, cuenta con una cama con sábanas, más una mesa de pool y un *putchinball*. El otro, El Almodóvar, es lo suficientemente pretencioso como para llamarse como se llama.

PALOMO: PARA DEGLUTIR MERLUZAS

El Rey del Pescado Frito

Bandera 848. S/T. $1.200.

El *palomo* es una refrescante mezcla de anís con agua mineral que, cómo no, se sirve con mucho hielo, acompañado de una botella de agua mineral. Es una de las especialidades de El Rey del Pescado Frito, una antigua marisquería de Bandera al llegar a Mapocho, cuyo primer dueño fue Luis Vera, el Rey, quien dejó en el trono a su Reina, la coquetísima Nelly Rodríguez.

En este lugar venden los pescados enteros (solo los abren por el medio, les sacan las espinas y los tiran a la fritanga). Y, justamente, el *palomo* es la mejor compañía para zamparse por lo menos un par de merluzas.

El Rey del Pescado Frito es, además, uno de los pocos boliches donde aún se puede saborear el clásico *pichuncho*: pisco con martini ($1.400), un injusto exiliado de los bares capitalinos.

DESTILADOS: BETARRAGA Y MENTA BLANCA

Fábrica Videla Bastías Mery y Otros
León Weistein 4831. Tel. 09-8963407.
$5.200, botella de 700 cc.

Humberto Videla fabrica en su casa de Ñuñoa unos tragos ultra exóticos, ultra caseros y ultra naturales.

Preparados en base a alcohol de melaza, Videla –gracias a sus alquímicos conocimientos– logra destilados de miel, ulmo, menta blanca, limón y betarraga, siendo uno de los más solicitados el de betarraga, el cual tiene diecisiete grados alcohólicos nada de despreciables. No menos significativo es el hecho que Videla distribuye personalmente sus tragos a domicilio, siempre y cuando el pedido sea de más de dos botellas.

DELICIAS DEL CHEF

HELADO DE POROTOS

Assimarket
Antonia López de Bello 326, Patronato.
Tel. 7775254. $500.

Un minuto en el Assimarket equivale a un día en Corea. O en toda Asia. Se trata de un muy bien surtido supermercado en el que venden exquisiteces de Japón, China o Tailandia. Por eso aquí se encuentran desde hongos deshidratados hasta *wasabi* en distintos colores. Incluso en el Assimarket –propiedad de la familia Kim– hay un club de video donde arriendan películas y exitosas series de televisión.

Sea como sea, el verdadero encanto del Assimarket es que siempre hay productos que realmente sorprenden. Como el *helado de porotos* Lia Big (*"Binggrae Big B-B-B-Big is an ice bar with lots of Big Red Bean"*, según dice en el envase), el cual no resiste más de tres mascadas. En rigor solo dos.

RATONES FRITOS

Barandarián
Manuel Montt 315. Tel. 2366854.
$4.200, ración de cuyes.

"Se ha producido un aumento en la demanda", confiesa Marco Barandarián, chef y propietario del único restaurante en Santiago que ofrece un auténtico trance gastronómico: la degustación de cuyes fritos.

Tal demanda ha significado que el mismo Barandarián tenga un criadero en la comuna de El Bosque, desde el cual cada mes saca una producción de estos ratones de campo que van directo a las mesas de sus exigentes clientes. Aun más, el dueño –cual genetista– está desarrollando su propia raza de roedores capitalinos, resultado de la cruza entre cuyes melipillanos y otros que trajo del Altiplano. "Es que los cuyes chilenos son muy flacos al lado de los peruanos", explica.

Estos roedores se sirven acompañados con una *salsa de achiote* ($4.200), que es algo así como ají en polvo. También se pueden pedir *chactados,* para lo cual se le pone una plancha encima al ratón a la hora

ARAUCANO DIGESTIVO. Con más de siete yerbas fabrican este trago lubricante, exclusivo del Bar Nacional.

de freírlo, singular técnica que permite que el animal no se encoja.

CARNE DE CABALLO

Carnes Karen

Local 88, pasaje El Roble. Barrio chino, Franklin.

En pleno Franklin está el famoso Barrio Chino, un retorcido mercado en el que se ofrecen excelentes frutas y verduras. Claro que entre medio hay también muchas carnicerías que antiguamente se reconocían por unas cabezas de caballo pintadas en sus muros. Eso porque antaño el equino se consumía tanto o más que el vacuno. Sin embargo la práctica continúa. Luis Hume, carnicero de Carnes Karen, asegura que la gente busca lo más barato y lo que rinda más. Por eso vende carne de caballo. "Usted no se había dado cuenta, pero esta cazuela, que está más barata que en cualquier otra parte, es de caballo", aclara Hume.

Los hinchas del caballo aseguran que se trata de una carne más sana, más tierna, con menos grasa y más rendidora. "El caballo –dice Luis Hume sin relinchar– es un animal mucho más limpio que la vaca. Y el kilo de posta vale por lo menos $300 menos". Para considerar.

HUEVOS DE AVESTRUZ

Ostrich Park

Aldunate 985. $5.000, el huevo. $2.500, el cascarón.

Junto al *boom* de los bifes de avestruz, que ya no solo se consiguen en los restaurantes más sofisticados de Santiago, se ha comenzado a popularizar otro producto de estos acromegálicos pajarracos. Se trata de los huevos de avestruz, auténticas delicias cuya única restricción es que no se pueden hacer fritos. Para consumirlos, hay que previamente taladrarlos. Y son tan duros que incluso un adulto podría subirse arriba sin siquiera trizarlos. Eso sí, los huevos de avestruz son tremendamente alimenticios, y se calcula que uno de ellos equivale a veinticuatro huevos de gallina, aunque tiene en proporción un veinticinco por ciento menos de yema.

¿Dónde conseguirlos? El criadero Ostrich Park (Km. 42, Panamericana Norte) ofrece, entre agosto y marzo, huevos para comer o tallar. Además se consiguen en la tienda que para estos menesteres opera en la capital.

CHARQUI DE CÓNDOR

Plaza de Armas, San José de Maipo.

Lo venden en unas bolsitas plásticas y, a simple vista, es igual al charqui de caballo. Pero no lo es. Esto es charqui de cóndor, una de las más bizarras especialidades gastronómicas de nuestros Andes centrales. ¿De dónde lo sacan? Nadie sabe. ¿Quién lo prepara? Menos. Lo único cierto es que las bolsitas están ahí. No siempre, pero están ahí. Tal como los cóndores, que se ven y no se ven de tan extinguidos que están.

CHOCOLATE SALADO

L' Atelier del Chocolato

Burgos 293, El Golf. Tel. 2088233, 09-3332178.

Chocolates con gusto a cebolla, pimienta y pimentón son algunas de las delicias que se pueden encontrar en este depósito de fábrica en el que expenden unas inusuales delicateces producidas en Curacaví.

Los dueños son Luis Arias y Cristóbal Camino, el primero de ellos con más de diez años de experiencia en la producción de chocolate artesanal. Sin embargo, no fue hasta que Luis y Cristóbal se toparon con un chamán peruano que decidieron dar vida a L' Atelier del Chocolato. El chamán les reveló que el chocolate, lejos de ser un invento europeo, era en verdad un producto americano, tan valorado por los mayas que incluso lo consideraban una moneda. Y, de hecho, nuestros antepasados lo comían mezclado con quesos, yerbas y flores. Sí: flores.

Fue así como estos entusiastas empresarios se convirtieron en evangelizadores de una cultura perdida. Y desde entonces se lanzaron a producir chocolates frescos, sin grasas naturales y de extraños sabores. Según ellos, comerlos es un verdadero ritual, en el que "no solo ves el chocolate sino que también lo hueles e incluso lo escuchas". ¿Aló?

PAJARITOS

Restaurante Ana María

Club Hípico 476. Tel. 6984064.

El Ana María es célebre porque allí se pueden comer suculentas aves como codornices (escabechadas o con salsa de ají, $5.050), tórtolas (asadas con puré de manzana, $5.050) o perdices (a la cacerola, $4.800). También ofrecen otros pajarracos más difíciles de conseguir, como los patos corta corriente que en el restaurante se agencian a través de cazadores furtivos ($5.250).

El ritual de comer "pajaritos" implica ponerse un babero blanco sujeto al cuello, única manera de protegerse de toda la grasa que salta a borbotones cada vez que el comensal se las ve con su plumífero. De la amplia oferta, óptimo es el fibroso faisán, que ensucia menos y es más rico que la sobrevaluada, dura e insípida perdiz, aunque hay quienes solo van al restaurante a comer zorzales. Así, como suena. Los mismos zorzales que están en los árboles ($4.150).

Víctor Painemal, chef mapuche

"TODOS SOMOS CANALLAS"

Cuando el bando quinto prohibió las reuniones de más de tres personas después de las diez de la noche, Víctor Painemal Martínez –temucano, oriundo de Ragintuleumu– se obstinó en mantener operativa una picada clandestina a la cual solo se entraba si se conocía la clave. Hoy el lugar aún existe y sus puertas se siguen abriendo con contraseña. Pese a ello la picada es insólitamente popular, aun cuando todos los que traspasan su puerta aceptan ser llamados "canallas". O, en el caso de las mujeres, "satánicas".

LOS CANALLAS.
¿Quién vive canalla?
Chile libre, canalla.

Víctor Painemal fue vendedor de imprenta, luego relojero y después mozo del Club de la Unión. Justamente, al dejar este último trabajo, se inició en la "alta gastronomía", al punto que arrendó una schopería llamada El Pollo Asado, tan asado que se incendió en julio de 1983.

Intentó que le renovaran la patente, pero como le fue negada, Painemal, testarudo, arrendó una casa vecina que transformó en chichería clandestina. Tan clandestina que la única manera de entrar era conociendo la contraseña que el mismo Painemal se encargaba de difundir en un programa nocturno de radio Colo-Colo.

Así nació El Rincón de los Canallas, con solo una mesa y siete sillas. Ahora, en cambio, todos los fines de semanas se atiborra de gente. "Es que los canallas –asegura Painemal– somos millones".

–Pasa el tiempo y en Los Canallas se sigue pidiendo un santo y seña.

–Sí, pero ahora luego que pregunto "¿Quién vive canalla?", basta con responder "Chile libre canalla". Antes, en cambio, había una contraseña para cada día, la cual se mencionaba en el programa de Tito Arévalo en la Colo-Colo.

–¿Siempre pedía la contraseña?

–Yo preguntaba ¿quién vive canalla? Entonces la persona respondía la clave, y solo ahí abría la puerta. Claro que muchas veces preguntaba la contraseña, respondían, pero eran los pacos y nos llevaban a todos presos. Me acusaban de organizar reuniones clandestinas y por eso estuve más de sesenta veces detenido. Hay que pensar que en esos años éramos los únicos que funcionábamos a cuatro cuadras de La

Moneda. Por lo mismo, en el restaurante no usábamos nombres para comunicarnos. Era peligroso. Adentro te encontrabas con Juan Canalla, Jorge Canalla, Andrés Canalla.

–¿De adónde salió eso de "canalla"?

–Del tiempo en que trabajaba en el Club de la Unión a fines de los años cincuenta. Entonces era garzón, y fue el maître quien nos bautizó a todos como "canallas". Nos puso así porque éramos jóvenes y buenos para la farra. Salíamos todos juntos, quince, dieciocho garzones, y partíamos a jugar pool a los "bajos" York, para después ir en busca de las chiquillas. En San Camilo estaba la Nena del Banjo. En Vivaceta la Tía Carlina.

–¿Y cómo era la Tía Carlina?

–La mejor casa de putas de Santiago. Ahí trabajaban la Perla, la Rosalía, la Rebeca, en fin. Se vendía la ponchera y la *guagua*, una botella de pisco con cuatro bebidas, con lo que tenías derecho al bailongo, a chamullar con las niñas, y a pololear con la que más te gustara.

–¿Qué otros lugares canallescos conoció?

–En Serrano estaba la Lechuguina. Y en San Camilo la Nena del Banjo, a la que llamaban así porque el local tenía una orquestita en la que ella misma tocaba el banjo. Ahí estaba también el Chico Lucho, el Gitano, no sé, la pila de prostíbulos. ¡Si era una calle entera! En todo caso yo nunca los conocí todos. Para solventar eso habría que haber tenido un billete muy largo.

–Los platos en su restaurante tienen nombres bastante curiosos.

–Según lo que iba sucediendo en el país yo le iba poniendo nombre a los platos. El Vietnamita, por ejemplo, lo hice luego de que una bomba, llamada precisamente *vietnamita*, fuera arrojada a una micro de Carabineros en el paso Santa Lucía; ese plato tiene un pernil entero, más cuatro porciones de arrollado, cuatro prietas, cuatro porciones de costillar, cuatro porciones de papas cocidas y cuatro de ensalada surtida. Tiempo después, con el atentado a Pinochet, hice *el atentado*. Más tarde ganó el No, el hombre dijo "son unos barrabases los que votaron por el No", e hice *el barrabases*. Después salió el *amongelatina*, el *Punta Peuco* y el *vitalicio*, que es el último que tengo. Ahora estoy listo para hacer el *cesante*.

–Entiendo que, aparte de crear el restaurante, usted fundó el Club Canalla Internacional.

–Lo hice pensando en que todos somos canallas. De hecho ahora vienen canallas de todo el mundo.

Los Canallas.
San Diego 379–B. Tel. 6991309.
Abierto de lunes a jueves, desde las 12 hrs. hasta las 2 AM. Viernes y sábados, hasta las 7 AM.

Héctor Yáñez

STGO.

BUTHOTERAPIA. Una grotesca técnica para expulsar lo peor de nosotros mismos.

X

José Alvujar

HENRY TAROT. No es una agencia de empleos, pero en su oficina "se hacen trabajos".

BRUJERÍA/ESOTERÍA

LIMPIEZA DE CASAS Y PERSONAS

Henry Tarot
Carmen 1437. Tel. 5511849.

Frente a un tapiz rojo en el que resplandece la figura de Cristo, Henry Tarot –César Enrique Retamal, 72 años– se balancea sobre la silla de su escritorio hasta que se detiene en seco, se sube el pantalón, y muestra la pierna derecha repleta de cicatrices a la altura de la rodilla.

"La última vez que limpié una casa estuve a punto de morir. Se me abrían heridas que no cerraban desde la rodilla hasta el pie", asegura Tarot, según él, fundador de la Asociación de Parasicología de Chile, la única con personalidad jurídica en el país.

La casa a la que se refiere Tarot estaría en Maipú. Y en ella, explica Henry con los ojos enrojecidos, un matrimonio sintió durante meses que oscuras fuerzas agarraban a patadas los electrodomésticos, tras lo cual dos televisores fueron despedazados y entonces sangrientos cuchillos comenzaron a caer a ambos lados del box-spring.

De acuerdo a Tarot –quien vivió en Brasil para conocer personalmente los secretos de la macumba–, tal descalabro Poltergeist tendría su origen en "El Elemento": "La fuerza negativa que está dentro de todos, y que se desata como energía cada vez que sufrimos miedo o angustia".

Este singular ciudadano se especializa en limpiar gente "trabajada", o sea personas que, por ejemplo, han encontrado monos atravesados con alfileres en el living o bajo el colchón. Fruto de ello, Tarot guarda en los cajones de su escritorio una sorprendente colección de horrorosos imbunches que le han llevado clientes, quienes aparte de los consejos del profesor, pueden encontrar en la consulta velas y talismanes para protegerse en los vericuetos más sombríos de la ciudad.

MAGIA NEGRA Y DESCARGAS

7+1
Tel. 09-5359649.

El encuentro es a mediodía en la plaza de armas de Puente Alto. Es verano y una sudada muchedumbre atiborra las congestionadas arterias de la que promete ser pronto la comuna más poblada de Santiago. Sin embargo, viejos almacenes donde los chocolates se derriten en vitrinas de madera, revelan aquel Puente Alto plúmbeo e inmemorial, célebre por sus cuentos de brujería y pactos con el diablo.

–Me va a reconocer porque llevo un pañuelo en la cabeza y anillos en los dedos –había dicho uno de los miembros de 7+1.

A la hora acordada, en un banco de la plaza, está sentado un hombre que viste mocasines negros, calcetines blancos y una camisa floreada que hace juego con el pañuelo que lleva a modo de turbante. Le acompaña un hombre con aspecto de fakir: flaco, barbón y melena ensortijada.

–¿Conoce la mesa voladora de Putre? –pregunta el flaco, refiriéndose a la leyenda que habla de una mesa embrujada en Putre, la cual permanecería sujeta por cadenas en una iglesia abandonada.

–La gente de 7+1 es la única que podría sentarse a comer en ella –dice el tipo de los anillos.

Pero es bastante más lo que aseguran poder hacer. Una vez, sin ir más lejos, fueron grabados por un equipo de *24 horas* mientras combatían, protegidos por unos ponchos plásticos color verde, a tres entes de estómagos transparentes que abusaban sexualmente de una mujer que vivía con su marido en la rotonda Grecia.

–Esos enanos estaban en la cabeza de la mujer. Y eran tan fuertes que uno me pegó una patada y estuvo a punto de hacerme caer –cuenta el hombre de las joyas en los dedos.

7+1 estaría compuesto por siete personas, más el "1", al cual los informantes llaman "el Líder".

–Nosotros al mal lo combatimos con el mal. Hacemos magia negra. De mis manos puede salir fuego. En un espejo puedo ver qué está haciendo cada uno de los miembros de tu familia –asegura el fakir, enmudeciendo en el acto.

El hombre de turbante se muestra contrariado. Se lleva las manos a las sienes, las que se sacuden como la pantalla de un computador cuando suena el celular.

–¿Aló? Sí. Comprendido.

Cuelga.

–El Líder dice que no podemos seguir hablando.

LECTURA DE MANOS

Mama Pazca
Pedro Fontoba 4862, Conchalí. Tel. 7348147.
$5.000, todo tipo de consultas.

Cuando se grabó *Romané*, la teleserie, una de las gitanas contratadas por la producción para que enseñara a guionistas y actores las costumbres de "la raza" fue María Pantich, conocida como "la Mama Pazca".

Curiosamente, fue tanto el cariño que generó entre el equipo que uno de los personajes terminó llamándose como ella, e incluso Branco –uno de sus hijos– fue encarnado por Juan Falcone, quien no solo tomó prestado el nombre sino también su marcado estilo.

Mama Pazca rondea los ochenta años, nació en Europa no sabe dónde, y llegó a Chile muy pequeña cruzando la cordillera a caballo. Ya más grande recorrió Centro y Sudamérica, y tuvo catorce hijos, incluido Branco, quien nació en Guatemala.

Actualmente vive con algunas de sus hijas en Conchalí, en una casa que se reconoce fácilmente por la decena de autos y camionetas que se estacionan frente al portón. Adentro todo es naturalmente gitano y, en su pieza, frente a un televisor chamuscado que se salvó de un incendio, se apilan esos cojines lustrosos que los gitanos siempre llevan cuando están de viaje. Y, justamente, en viajes y adivinación Mama Pazca es una experta. Según una hija porque "ella dice las cosas como son". Según Mama Pazca por el poder de un talismán mágico y antiquísimo que guarda entre sus ropas. Pero sea lo que sea, quienes la consulten se podrán llevar más de una sorpresa. También piedra imán, sahumerios y yerbas varias.

LIMPIEZA DE AURA

Maud Ferrés

Nevería 4697, Las Condes. Tel. 09-3234519. $40.000, la sesión.

A los dieciséis años, espontáneamente, Maud Ferrés empezó a ver el aura de las personas. En ese tiempo no sabía lo que pasaba, pero entonces comenzó a jugar con su propia luz, al punto que inventó un juego que consistía en arrojar bolitas electrizadas a sus amigas.

Con los años comprendió que tenía un poder, un don, la extraña capacidad de poder ver, a simple vista, unos huevos de luz que supuestamente tendríamos todos los humanoides. Tal es, de hecho, la base sobre la que mujeres como Taisha Abelar –discípula de Carlos Castaneda– han construido un complejo sistema de ejercicios (Tensegridad), que no busca otra cosa que despertar la conciencia; larga y penosa escalera cuyo primer y único peldaño es ver el famoso huevo.

Hija de un funcionario diplomático que trabajó durante años en el consulado chileno en Guayaquil (conocido por sus dotes de vidente), Maud no necesitó ninguna técnica para lograr ver el huevo. Al contrario, como para ella era algo natural, desarrolló lo que ella misma llama "bioenergía" o "masajes al aura".

Según Maud, los traumas serían severos abollones en el mencionado huevo. Y, en vez de óxido, ahí se criarían unas "larvas astrales" que como hongos en un refrigerador mal aseado al final se lo devoran todo.

REGRESIONES Y CONTACTOS CON ESPÍRITUS

Gina Nanetti

Keller 1270, Providencia. Tel. 3431013. $25.000, regresiones. $30.000, trabajos mayores. $60.000, Taller Círculo de la Diosa. $50.000, Taller de Ángeles. ginananetti@uol.cl

Difícil de definir, difícil de resumir, lo de Gina Nanetti es un compendio de técnicas y habilidades que buscan el contacto directo con lo que ella llama "energía", pese a que eso pueda significar el regreso a vidas pasadas o el brutal encuentro con almas perdidas. Por lo mismo, quienes visiten su consulta en la enigmática calle Keller (ver Ciudad), podrán acceder a una variada oferta que incluye regresiones al inconsciente o más, limpieza de auras, visualizaciones de ángeles e invocaciones a espíritus.

Por lo general, las consultas duran dos horas, tiempo que Gina considera suficiente para detectar un trauma usando la intuición ("la videncia"), y luego trabajar el inconsciente ("se hace una lectura del alma") ya que el gran objetivo es que las visitas

Leo Vidal

mejoren sus vidas actuales.

Paralelamente, Gina Nanetti realiza talleres. Uno de ellos es el llamado Círculo de la Diosa, en el cual se despertaría a la sacerdotisa que hay dentro de cada fémina. El otro es el Taller de Ángeles, en el cual la idea es aprender a dejarse llevar por la intuición, delicado proceso que podría conducir a cualquiera a ver espíritus en el living, tal como se ven gorriones en el jardín.

PARASICÓLOGA VIDENTE

Sra. Saravela

María Eugenia 3216, Recoleta altura del 3200.
$10.000, la consulta.

La casa y consulta de la Sra. Saravela está a un costado del Cementerio Israelita, a solo unos metros de un taller de lápidas que dice "Se hacen trabajos" en hebreo. Se trata de una pequeña vivienda, chata y pareada, que tiene en su pequeño living un improvisado vestíbulo para recibir a las visitas, mientras que en una de las piezas –la consulta– se derriten multicolores velas bajo un colérico altar.

Esta señora nació en Goaiana, cerca de Brasilia y, según unos volantes amarillos que ella misma reparte en botillerías y tiendas de Recoleta, es capaz de mejorar a todos quienes sufren de males de origen desconocido. "Venga a verme –asegura en la publicidad– y le diré cómo curarse de la envidia y la maldad".

La Sra. Saravela, en todo caso, no es la típica bruja, vieja, sin dientes y nariz chueca como un guisante. Por el contrario, se trata de una mujer joven de sonrisa clara y mirada dulce; probablemente su gran secreto para enfrentarse a diario con las más poderosas y oscuras fuerzas del mal.

"Y no es fácil", dice ella. "A quienes han sido trabajados debes ponerlos en un círculo de velas rojas, azules y amarillas. Y luego hacer con pólvora cuatro cruces y prenderles fuego".

Pero hay más. Como brasileña que es, Saravela sacrifica pollos (Ariztía, Superpollo, lo que sea), siempre con un puro en su boca

SARAVELA.
La bruja del vudú.

mientras hace la descarga. Si la situación es grave el tabaco no se prende fácilmente. Entonces debe seguir intentándolo hasta que el cigarro comienza a "abrirse" y en ese momento "algo frío comienza a dar vueltas".

Saravela cuenta que una vez atendió a una mujer que vomitaba y le salían pelos de la boca. Dice también que no es poca la gente que en Santiago practica ritos sangrientos. El peor de ellos, el vudú.

"El vudú –según Saravela– levanta muertos, mueve zombis, hace que empieces a sentir terribles dolores en el cuerpo como si alguien te estuviera metiendo agujas". Y para todo ese mal ella asegura tener la más potente medicina.

TIENDAS

ARTÍCULOS DE BRUJERÍA

Profesor Monmar

Arturo Prat 1619. S/T.

El profesor Monmar está muerto. Pero la tienda que creó hace sesenta años –un auténtico Home Depot de la brujería–, se mantiene en operaciones gracias a las atenciones de la viuda del académico.

Ramón Monmar se inició en las ciencias ocultas vendiendo libros esotéricos allá por los años cincuenta, pero después él mismo escribió un tratado llamado *Alcoholismo, veneno líquido, sus causas y tratamiento*; un amarillento manual –prefacio de su interés por lo inexplicable– que hasta hoy se puede conseguir en el mismo hipermercado. Eso junto a obras de no menor peso como *Investigaciones sobre las señales de la virginidad en las mujeres,* de Alberto el Grande.

Quienes conocieron a Monmar aseguran que tenía extraños poderes, y fue tras años de estudiar libros de alquimia que habría desarrollado la fórmula de su propio conjuro. Una sustancia conocida como *sahumerio egipciano negro* que hasta ahora se sigue produciendo en la misma tienda. Aparte, ahí venden libros para hacer magia negra, e imágenes de yeso de la Difunta Correa (cuyo hijo estaría vivo en Santiago) junto a las de duendes y ekekos. Eso más bizarros productos como pata de vaca para la diabetes.

–Es que el poder de la mente –asegura la viuda Monmar– es muy, pero muy grande.

TRATADOS Y ENCICLOPEDIAS

Karma Libros

Huérfanos 786, local 19. Galería El Ángel. Tel. 6338430. Nueva de Lyon 025. Tel. 3348692.

Una tienda en Providencia y otra en el centro convierten a Karma en la única cadena especializada en todo lo que tenga que ver con astrología, alquimia, cábala, cartomancia, I Ching, masonería, meditación, numerología, quiromancia, parasicología, naturismo, artes marciales, yoga, zen, el cuarto camino, uf. Todo eso y más. Mucho más.

Las dos tiendas tienen más de diez años de vida, y en ellas se ofrecen algunas de las obras más clásicas de magia, esoterismo y temas afines, como el célebre *Libro de Thot* ($20.430), de Alister Crowley, un mago blanco perteneciente a la secta Golden Dawn que, tras ser expulsado, abrazó la magia negra de la cual no tardó en revelar sus secretos.

Pero la lista de lo que allí se puede encontrar es agotadoramente extensa, y va desde los populares libros de Brian Weiss (*El mensaje de los sabios*, $5.000) o Deepak Chopra (*Conocer a Dios*, $8.240) hasta clásicos como *El Caballero de la Armadura Oxidada*, de Robert Fisher, del cual tienen ahí la edición número cuarenta y cinco de Obelisco. Claro que hay cosas para todos los gustos. Como los libros de Osho de editorial Mutar (*La alquimia suprema*, $18.585), o *El gran libro práctico de los amuletos y talismanes*, de De Vecchi, o *Los ritos masónicos* de editorial Kompas ($30.010), siendo lo más caro de todo la *Enciclopedia de Acupuntura,* de Nogueira, en cuatro tomos, cada uno de los cuales vale más de cincuenta mil pesos.

PASTILLAS CURALOTODO

Naturismo Varela

Blanco Viel 1110. Salida del Metro Lo Vial, San Miguel. Tel. 3122035.

Patricio Varela, el conocido locutor radial y experto en temas paranormales, que se hizo famoso en radio Portales y ahora hace lo suyo en radio Nacional, tiene su propia tienda en la que vende ungüentos naturales y esotéricos, siendo el producto estrella el frasco con pastillas Don Patricio que, según el mismo Varela, sirven para cosas tan disímiles como el reumatismo y el dolor de estómago.

En el pequeño negocio, donde también expenden velas de descargas, lecitina para bajar el colesterol y concentrado de zanahoria para el acné, se puede acceder a la consulta de una irióloga que tiene su oficina al fondo del minilocal.

Todos los productos se caracterizan por sus bajos precios. Y, aunque las pastillas Don Patricio cuestan la no despreciable suma de $3.500, por solo $300 se puede llevar un paquetito con yerbas que, según dicen ahí, sirven "igual que si se tomara la pastillas". A fin de cuentas, ¿qué importan los nombres? De hecho el verdadero nombre de Patricio Varela no es Patricio, sino Osvaldo. Osvaldo Varela. Se lo cambió porque Patricio significa "servidor".

TERAPIAS

BUTOHTERAPIA

Carla Lobos

Tel. 2738470. $30.000 el mes. Dos veces a la semana, dos horas.

Butoh es una mezcla de danza y teatro –nacida en Japón tras el holocausto atómico– que explora el inconsciente, por lo que quienes lo practican se pintan enteros de blanco y con las cabezas rapadas buscan con sus cuerpos extrañas posiciones mientras piensan en las cosas más horrorosas que sea posible imaginar. Por eso el butoh también opera como terapia, ya que sirve para trabajar los temores existenciales y así sacar fuera las angustias que quedan plasmadas en oligomonstruosas formas.

En Santiago realiza estas prácticas Carla Lobos, quien estudió cinco años la técnica antes de comenzar a enseñarla. Ella, además, dirige la compañía Auca Butoh (El vuelo del Butoh), cuyo último montaje fue *La torre de riesgo*, en la que desde torres de seis metros los practicantes bailaban, hacían acrobacias y, finalmente, se tiraban guarda abajo.

En cuanto a la sicoclínica teatral, se trata de terapias recomendadas para practicarlas por mínimo un mes. Y las inscripciones ya están abiertas para un encuentro con lo más espantoso de la dura realidad.

ORINOTERAPIA

Programa de desintoxicación y rejuvenecimiento de Prem Niyaz

Kilómetro 7 del Camino a Farellones. Tel. 2152738. $150.000, aprox.

Prem Niyaz es Juan Quintana y, en su apacible casa ubicada en el Camino a Farellones, realizó durante un buen tiempo orinoterapias que duraban cinco días y costaban ciento cincuenta mil pesos.

En todo caso, Juan Quintana ahora está en otra, pero pronto planea reanudar sus enseñanzas. Y, si todo funciona, repetirá con aquellos que deseen imitarlo el saludable rito de beber un buen taco de orina antes de cada comida.

Se sabe que los mapuches preferían lavarse el pelo con orina. Y que Greta Garbo, poco antes de morir, confesó que gracias a su consumo se mantenía joven y hermosa. Además, se sabe que la orina fue utilizada como clarificador de la conciencia. Los tártaros, por ejemplo, recurrían a ella cada vez que no conseguían los apetecidos hongos agáricos. Los vedas, en la India, también consumieron orina y, de hecho, en *Rig Veda* VIII 4.10, está escrito: "Como un ciervo ven aquí a beber. Bebe Soma cuanto quieras. Orinándola día a día, oh generoso, tú has capturado tu poderosa fuerza". Salud.

SAHUMERIOTERAPIA

Ceremonia del Fuego o Temazcal

Tel. 2125971.

El lugar varía. La humareda no. A veces es en el Santuario de la Naturaleza de Yerba Loca (Camino a Farellones); otras en La Reina Alta; o al final de la calle Álvaro Casanova.

Pero sea donde sea, el Temazcal reúne entre veinte y cincuenta personas que se apretujan dentro de una carpa gigante, tipo Pocahontas, para vérselas en un sauna natural ("la ruca del sudor") que al final genera estados alterados aún más poderosos que los que produciría un frasco de Zipreprol.

Los preparativos comienzan en la mañana. En el lugar elegido se han levantado algunos *tipis*: esas carpas indígenas como las que aparecen en los monitos animados. Pero el centro de todo es el *iripi*, o *tipi* gigante –en inglés *sweet lodge*–, la carpa comunitaria donde se realizará el Temazcal: una ceremonia que algo tiene que ver con lo que hemos convenido en llamar un "sahumerio".

Luego se calientan piedras, se cocina en ellas, y enseguida los peñascos humeantes se meten, progresivamente, dentro de la carpa. Como resultado, en el medio de la tienda está más caliente que dentro de un guatero. En la oscuridad chisporrotean los peñascos y la gente debe entrar gateando. De pronto alguien empieza a quemar yerbas. Apenas se puede respirar. Pero, de un momento a otro, se abren las puertas de la percepción, lo que bien podría ser una columna de humo en el cerebelo. Nada más. Pero nada menos.

TOCOTERAPIA

Mecánica de cuerpos

Salvador 95, oficina 414. Tel. 2055957. $35.000.

"Si toco el timbre, se abre la puerta. ¿No? Bueno, esto es lo mismo. Si toco a alguien con mis manos, se secretan sustancias curativas naturales como endorfinas, morfinas y hormonas lubricantes", asegura Angélica Sarmiento, quien lleva dieciséis años practicando su propia terapia ("una amalgama entre medicina china y griega"), regida por el "viejo principio de acción y reacción".

Angélica tenía su propio espacio en el programa *Los más buscados del rastro*, de Canal 5, donde aparecía todos los martes, a las diez de la mañana, junto a María Teresa Balmaceda. Y tanto allí como en su consulta, Angélica aseguraba que, en base a tocaciones, gente en silla de ruedas volvía a caminar. Se enorgullece también de haber tratado a Percy –el dibujante que creó a Pepe Antártico y que trabajó con Walt Disney–, a quien le liberó casi milagrosamente un músculo atrapado por un nervio.

Junto con ello, Angélica insiste en que

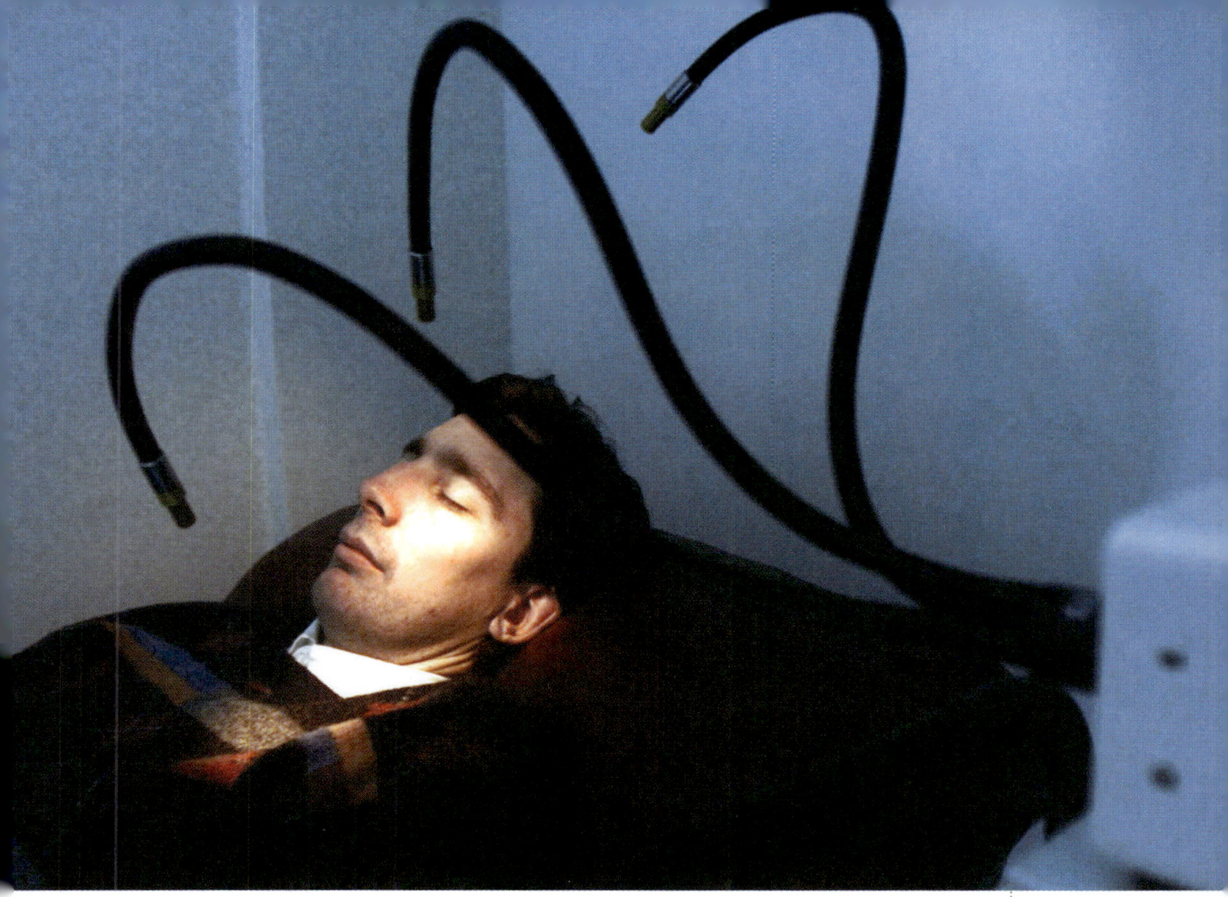

VITTALYS. Atomicoterapia para componerlo todo. O casi todo.

con su técnica puede curar bebés con hidrocefalia, pero también cosas más mundanas como las molestias causadas por el nervio ciático. Y en solo una sesión.

ATOMICOTERAPIA

Centro Vittalys

Cruz de Sur 133, oficina 501, Las Condes. Tel. 2079889. Cada sesión, $40.000. vittalys@entelchile.net

Vittalys es un centro en el que sanan con energía atómica, y los biofísicos que allí trabajan estudiaron en el no menos atómico Grieshaber Gesundheits Institut, donde aprendieron los principios elementales de la física cuántica aplicada a la salud.

El fundamento es trivial. Ya que la materia está compuesta por elementos y partículas como electrones, protones, neutrones, etcétera, etcétera, en el interior del cuerpo se generaría una energía electromagnética que dirige todos los procesos vitales. El punto es que, si esa energía disminuye, uno se enferma. Y es por eso que en Vittalys, gracias a las máquinas Vega Test Expert, Vega DFM y Vega STT, la reconstituyen mediante una radiación ultraportátil.

FUEGOTERAPIA

Centro de Vida Natural Manuel Lazaeta Acharán

Tomás Moro 261, Las Condes. Tel. 2129726.

Una vez al año, en el Centro de Vida Natural Manuel Lazaeta Acharán se realiza una terapia llamada Fire Walking, o caminata sobre fuego, la cual es coordinada por el sicólogo norteamericano Alfred Herger, quien viaja al menos dos veces al año a Santiago para supervisar la práctica en persona.

Caminar sobre brasas ardientes, por cierto, solo se logra tras participar en

PIRAMIDOTERAPIA. Una pirámide, a escala de la de Keops, es lo único que se necesita para vencer el estrés.

un taller de catorce horas en el que se trabajan las trancas, los miedos y la baja autoestima. Tras ello, todo culmina cerca de la medianoche, en el preciso instante en que los debutantes se sienten listos para ejecutar la proeza de caminar sobre una zanja, de tres metros de largo por uno de ancho, rebosante de rojinegros carbones ardientes. Eso sin que quede ninguna marca. ¿Cuál es la idea? La idea es que si alguien es capaz de lograrlo, también es capaz de sobrellevar los incendios de la vida. Simple. Tanto que incluso pueden asistir niños desde los ocho años acompañados –¡por favor!– de sus padres.

PIRAMIDOTERAPIA

Instituto de las Ciencias Ancestrales y la Medicina Suprema

Walker Martínez 1175-A, La Florida. S/T. $8.000 y $10.000, consultas. $40.000, pirámides transportables.

Lautaro Puglisevich es el director del Instituto de las Ciencias Ancestrales y la Medicina Suprema, y día a día recorre la ciudad con un tubo de cobre que se dobla como manguera en verano cada vez que mide el aura de una persona.

El aura, en efecto, sería de naturaleza ululante como el apetito, por lo que cada vez que se está débil hay que tomar cartas en el asunto. Lo que propone Lautaro, quien viene llegando de Brasil, donde fundó el Instituto de Pesquisas Radiónicas y Bioenergéticas, es meterse quince minutos dentro de una pirámide que también acarrea consigo, la cual solo pesa tres kilos y tiene las mismas proporciones de la enigmática pirámide de Keops.

Según Lautaro, quien es además uno de los pocos que en Chile toma fotografías del aura con una cámara Kirlian, el poder de las pirámides estaría más que demostrado. Se sabe, por ejemplo, que años atrás una empresa francesa de lácteos experimentó con un envase piramidal de leche que una vez abierto no necesitaba refrigeración. Cosas de la energía. Puglisevich, de hecho, conoce una técnica para enseñar a los niños a doblar cucharas con la mente. ¿El secreto? Imaginar, como en *Matrix*, que la cuchara se dobla.

GUÍA PARA VER FANTASMAS

EL ESPÍRITU DE LA QUINTRALA

Edificio La Quintrala

Estado 215.

"Aquí siempre penan. Se escuchan risas y pasos de gente que baja las escaleras, y los muebles se mueven solos", asegura el portero de la mole rosa ubicada en Estado con Agustinas, más conocida como edificio La Quintrala.

La propiedad ocupa el mismo sitio donde siglos atrás estaba la casa de Catalina de los Ríos y Lisperguer, la temida Quintrala, una mujer de armas tomar del siglo diecisiete, descendiente de un noble alemán y una cacique de Talagante, a quien la memoria capitalina ha asociado con crímenes y azotes, riqueza y pactos con el maligno.

En el mismo subterráneo donde funcionó alguna vez el animado boliche El Pollo Dorado (curiosamente la Quintrala habría matado a un hombre dándole pollo envenenado) y, antes de eso, la bullanguera boîte La Quintrala, ahora existe el restaurante La Plaza.

Según cuentan los actuales locatarios, cuando recién se instalaron aparecieron en los muros manchas de sangre. Acto seguido las pintaron, pero las salpicaduras reaparecieron. En otra ocasión, el administrador vio cómo una silla salió disparada y se estrelló contra un muro. Y, mientras arreglaba un ducto en el techo, fue golpeado por una zanahoria voladora.

El señor Gallardo, por su parte –portero del edificio–, confiesa haber visto candelabros flotando y lamentos de gente que pareciera estar encerrada en el subterráneo. En el mismo sentido (sexto sentido), el bodeguero Marcelo Sánchez asegura haber escuchado desgarradores gritos de mujeres... como si las estuvieran golpeando. ¿La Quintrala?

EL DUENDE NEGRO

Villa Alcalde Benedicto Flores

Comuna de Lo Prado. Metro Pajaritos, cuatro cuadras hacia el norte. Avenida San Pablo, altura del 5500.

El *boom* de los eventos paranormales en la villa Benedicto Flores ocurrió en 1997, pero las cosas todavía no se calman del todo. Los vecinos aún escuchan extraños ruidos nocturnos, radios que se encienden solas y, lo que vendría a ser una constante en las penaduras de la capital, risas de niños y bolitas que ruedan por los techos.

En todo caso, el mayor escalofrío lo produce el miedo a un enano que viste entero de negro y que aparece solo de noche. Incluso, según los cuentos de la misma villa Benedicto Flores, el duende habría atacado a más de algún hijo de vecino.

Parecido es el caso del conjunto de edificios de avenida San Pablo, a la altura del 5500. Se trata de unos departamentos chatos y chicos en los que viven más de treinta familias. En especial los moradores del block 43, cuentan haber escuchado ruidos en los techos como si niños fantasmas estuvieran jugando a las bolitas. Lo extraño es que las bolitas solo ruedan de noche. Y, de noche también, se escuchan fiestas infantiles en los departamentos desocupados.

FANTASMAS DE BIBLIOTECA

Biblioteca Nacional

Alameda 651. Tel. 3605200.

La Biblioteca Nacional fue levantada en la misma esquina donde estuvo el convento de las Claras. Se dice que durante la Colonia, a medida que las religiosas iban muriendo, eran inhumadas ahí mismo. Por eso, cuando el claustro se demolió, fue todo un notición el "macabro hacinamiento de osamentas" encontrado. Incluso hay quienes aseguran que hoy el subsuelo de la Biblioteca estaría lleno de criptas.

Sea como sea, no son pocos los que han visto en la Biblioteca fantasmas de mujeres arrastrando pesados hábitos mientras recorren los imponentes pasillos. Y, como las Claras tenían entre sus tareas diarias la corrección de las primeras putas de Santiago, no son pocos los que han escuchado risotadas de lujuria que retumban desde la sala de Referencias Críticas a la Hemeroteca. O bien se les ha aparecido el temible monje sin cabeza.

Una leyenda urbana cuenta que un día un guardia vio algo y se asustó tanto que le dio un paro cardíaco y murió horas más tarde. Según otra espectral historia, el señor que cuida los baños y vende papel confort ve fantasmas día por medio.

CEMENTERIO DE LOS DESHEREDADOS

Cerro Santa Lucía

Alameda con Santa Lucía s/n. Tel. 6644216.

No son pocos los relatos de quienes aseguran haber visto fantasmas merodeando entre la pagoda y el pez carpa del Parque Japonés y, especialmente, en las inmediaciones de la Fuente Neptuno del cerro Santa Lucía.

Y razones hay para creerlo. De partida

porque durante la Conquista –y después de ella– el Santa Lucía se convirtió en el lugar donde los ajusticiados y los que morían de enfermedades infecciosas eran enterrados en un umbroso rincón que se reconoce por una plaquita que reza "Cementerio de los desheredados de la tierra". Claro que el cerro también guarda para sí el recuerdo de hombres ilustres, incluido el propio Benjamín Vicuña Mackenna –el intendente más célebre que ha tenido Santiago–, cuyos restos están en un altar de mármol en el que también descansan sus hijitos Arturo y Rosa, de solo dos y cuatro años respectivamente.

No se puede olvidar, por cierto, que los indios que habitaban el valle a la llegada de Valdivia conocían el cerro como Huelén (que en mapudungún significa "dolor"), y fue en su cumbre donde Pedro de Valdivia encerró a siete caciques que poco después fueron decapitados por orden de Inés de Suárez, el mismo día del ataque de Michimalonco.

Curiosamente, luego que el geógrafo francés Lozier instalara, en 1824, un cronómetro que anunciaba el mediodía con un disparo de cañón, hay quienes escuchaban el rugir de la batería aún de noche. Cosa que sigue pasando.

LA ETERNIDAD Y UN DÍA

Anexo Centro Detención Preventiva Santiago

Pasaje Capuchinos 746. Tel. 6965131.

Capuchinos, la célebre cárcel, famosa por su piscina y salón de pool, es como un tranquilo internado, pero solo hasta pasada la medianoche. A esa hora los viejos maderos de lo que alguna vez fue el monasterio de los Capuchinos comienzan a crujir y el adobe a humedecerse, mientras el Mapocho se escurre entre los cimientos del húmedo caserón penitenciario.

Entonces ni los selectos presos del llamado "Turkistán", ni tampoco los del "Pasillo del Medio", quieren quedarse en vela. Y no porque tengan mucho que hacer al día siguiente.

Se sabe que de ahí para adelante, cuando un preso vaya al baño o a la cocina, se puede encontrar a boca de jarro con un fraile en pena condenado a toda la eternidad y un día.

Y, al parecer, el espectáculo no sería privativo de los presos. Según don Jaime, el hombre que cuida y estaciona los autos de las visitas –y que en las noches duerme frente a la entrada, arropado dentro de un Fiat 147 azul– los fantasmas salen hasta la esquina del mismo pasaje, pero luego regresan temerosos de la libertad.

LA MANSIÓN EMBRUJADA

Casa de la Gárgola

Quinta Normal. En la esquina de las calles Ayuntamiento y Mapocho, altura del 5000.

Esta misteriosa casona, hoy deshabitada y de propiedad fiscal, data de principios de siglo y, según *vox populi*, siempre ha estado embrujada; mito urbano que tiene que ver con la presencia en su jardín de una gigantesca gárgola tan maltratada que ahora solo le quedan las patas.

En 1904, Andrés Dubois, técnico francés especializado en alumbrado público, se instaló en Santiago junto a su esposa Rose Biravel. El matrimonio construyó una casa con características de mansión, tiempo en que las gárgolas eran un signo de refinamiento. Pero, al parecer, el lujo no les habría servido de mucho ya que la señora Biravel murió desquiciada poco después.

En 1989, Patricia Canto, entonces secretaria ejecutiva de la Municipalidad de Quinta Normal, visitó la morada en compañía de Rolando González, director del Departamento de Aseo, con objeto de poner orden en el caserón.

"¡Qué pájaro más horrible!", dijo ella al

entrar, tras lo cual González la hizo callar ya que todo el mundo daba por cierto que proferir insultos al monstruo equivalía a una desgracia segura. Indiferente a la leyenda, la funcionaria siguió su recorrido y subió a un palomar pero, cuando quiso bajar, sus piernas quedaron paralizadas durante más de treinta minutos. ¿Tenía vida la gárgola? Años atrás Lorenzo Brevis, mayordomo del lugar, hizo un infeliz comentario sobre el bicharraco y poco después una pared se desplomó sobre su cabeza.

EL CUENTO DE LA ESQUINA

Centro Cultural 602

Vicuña Mackenna 602. Tel. 09-8421972.

Hace veinticinco años un tipo que pertenecía a una sociedad hermética de filosofía murió mientras se realizaba una sesión de espiritismo. Pum. Se acabó. Claro que ese no habría sido su fin ya que, según dicen, su reflexiva alma aún circula por el edificio que antes albergó al Teatro de la Esquina: hoy Centro Cultural 602.

Testigos de la fantasmal presencia fueron por años los actores del teatro, quienes confiesan haber visto caer trozos de friso desde el techo y oír rodar botellas por las escaleras. Incluso, aseguran, una vez sintieron que el muerto se había sentado en la mesa de iluminación. Obviamente el espectro era invisible, pero todos intuían que era un hombre, aun cuando nadie conocía la historia del filósofo y su infortunado deceso. De todos modos se acostumbraron a ensayar con el tipo encima. Y, en la representación de la obra *Venecia*, el actor y conductor de tevé Felipe Camiroaga aseguró que, sin razón, se apagó una ampolleta.

Hace un tiempo, el sacerdote Francisco Villarroel acudió al lugar con el fin de realizar una ceremonia especial, pues la gente de teatro le había tomado cariño al fantasma y querían que por fin descansara. Al llegar Villarroel, ya estaba en el teatro un joven que decía tener la capacidad de ver fantasmas. Poco después el joven localizó la presencia y, con la ayuda de Villarroel, lo habrían mandado al más allá. Pero lo cierto es que en el edificio, nuevamente consagrado al teatro, hay quienes aseguran que el fantasma sigue actuando entre ellos.

UFOLOGÍA BIZARRA

CREO HABER VISTO UN LINDO MARCIANO

Comisión de Estudio de Fenómenos Aéreos Anómalos

Escuela Aeronáutica. Portales 3450, Estación Central. Tel. 6815966.

Quien crea haber visto un ovni en Santiago, puede dirigirse a la Comisión de Estudio de Fenómenos Aéreos Anómalos (CEFAA), organismo creado por la Dirección General de Aeronáutica Civil (DGAC), en octubre de 1997, luego de la oleada de platillos que conmocionara a la ciudad de Arica.

La comisión se reúne una vez al mes en las dependencias de la Escuela Aeronáutica y la dirige el propio director, el señor Bermúdez, general en retiro de la FACh, quien fue jefe de operaciones de la Fuerza Aérea en la "guerra de las focas" (Beagle, 1978). Además, el organismo civil cuenta con diversos asesores, entre los que se cuentan un geofísico, un sociólogo, un siquiatra, un ingeniero eléctrico, una doctora experta en física de plasma y diversos expertos en análisis computacional.

Aunque la comisión se especializa en fenómenos aéreos anormales registrados en aeródromos y aeropuertos, la naturaleza de su constitución les obliga a investigar todos los casos que se les presenten, para lo cual se solicita a los testigos llevar fotos o videos.

Actualmente, la comisión estudia el emblemático caso conocido como "los paracaidistas sin paracaídas de Maipú", hecho ocurrido en diciembre de 1998, y del cual existe una filmación –actualmente en estudio en Estados Unidos–, donde varias figuras se desplazan como paracaidistas, pero sin paracaídas. Las figuras están a unos 4.500 metros. No descienden y se acercan entre sí. Y un análisis computacional mostró algo que no se veía a simple vista: alrededor de cada figura, tres esferas seguían sus desplazamientos.

VIAJE A NINGUNA PARTE

Mario Dussuel

Agustinas 1533, Depto. 212. Tel. 6722593.
Consulta gratis.

Mario Dussuel es siquiatra, egresado de la Universidad de Chile, y se interesó en el lado X de las cosas luego de vivir en persona un episodio paranormal en los inicios de su carrera.

Experto en hipnosis, regresiones y abducciones, Dussuel presentó en el Foro Mundial de Ufología, realizado en diciembre de 1997 en Brasil, el caso de Fernando Denis Apablaza, chileno patiperro que habría sido secuestrado en agosto de 1993 en Ontario, Canadá, cuando paró junto a un lago para tomarse fotografías.

Según Dussuel, Apablaza habría experimentado entonces un episodio de tiempo perdido. Es decir, en una fracción de segundo, perdió la conciencia y al volver en sí se dio cuenta de que había anochecido. Luego, las fotos reveladas mostrarían unas luces sobre su cabeza. Y, ya en la consulta de Dussuel, recordó el momento en que veía la Tierra alejarse desde un platillo volador.

Una conocida teoría ovniológica afirma que el campo magnético de las naves borraría el recuerdo de quienes han sido abducidos ("el viaje a ninguna parte"), por lo que, en el fondo, nadie sabría a ciencia cierta si lo ha sido o no. Para quienes se encuentran en Santiago viviendo el misterio, Mario Dussuel puede ser esa respuesta.

Leo Vidal

¿HA SIDO ABDUCIDO(A)? El siquiatra Mario Dussuel puede ser esa respuesta.

AMANTES DE SIRIO

Grupo de Metafísica de Tito Fernández

Zenteno 1140. Tel. 5569929.

Tras un concierto en el norte del país, Tito Fernández platicaba y bromeaba con algunos músicos, cuando el vehículo en el que se desplazaban fue interceptado por un ovni que los siguió por más de noventa kilómetros. Después, confiesa el artista, jamás volvió a ser el mismo.

De hecho ya no solo compone música folclórica, sino que también música marciana. En rigor siriana, pues desde entonces Tito entró en contacto con seres de Sirio, los cuales hasta hoy le dictan en sueño mensajes telepáticos que él recoge en una gigantesca autobiografía de varios tomos, aún inédita y escrita con lápiz a pasta, donde figuran indescifrables signos amén de complejísimos planos de naves espaciales.

Tito Fernández, hay que decirlo, es el David Dunn chileno (el súper héroe que interpreta Bruce Willis en *El protegido*), ya que fue una vez el único sobreviviente de un feroz choque, a lo que suma haber sobrevivido a un simulacro de fusilamiento.

Tras más de cuarenta años de carrera, Tito Fernández –"el Temucano"– se sigue dedicando a la música, pero también a compartir experiencias metafísicas y ovniológicas con un grupo poco dado a las terrenales peñas, pero sí fanático de las voladas interplanetarias.

ESTAMOS TRABAJANDO PARA USTED

Agrupación de Investigaciones Ovniológicas de Chile (AION)
Tel. 09-4462777.

AION nace en Santiago en 1994, luego que Soledad Chacón –la cofundadora junto a Rodrigo Fuenzalida, su actual presidente– tomara contacto con John Meck, el renombrado investigador norteamericano.

Esta agrupación se ha centrado en la investigación más "científica" de la problemática ovni y han sido incansables difusores del fenómeno a través de los congresos de ufología que realizan año tras año (ver Eventos), más infinitas charlas a lo largo del país. Pero no solo eso. AION está detrás de la reciente irrupción de los ovnis en la tevé chilena. De hecho, el propio Fuenzalida fue panelista del programa *Buenos días a todos*, y un cercano colaborador de *Ovni*, el programa de Patricio Bañados que siempre supuso (en un indecoroso esfuerzo de manipulación mediática) que los platillos voladores eran tan reales como inexistentes.

AION tiene actualmente quince miembros. Y, mientras definen su sede estable, sesionan en las casas de algunos de ellos. En Chile representa a Mufon (el organismo ovniológico más grande del mundo), y una de sus actuales preocupaciones es consolidar el *Proyecto radar*, que busca voluntarios para observar, nerviosa y constantemente, los cada vez más abiertos cielos de Chile.

REGRESIONES MUSICALES OVNIOLÓGICAS

Cristóbal Schilling
Consulta en Bertrait College.
Warren Smith 33, Las Condes.

Cristóbal Schilling es sicólogo, experto en hipnoterapia y regresiones, y hace un tiempo sacó un disco llamado *Sueños mágicos* (Warner Music, 2000), gracias al cual cualquier persona puede desarchivar recuerdos ufológicos sin tener que moverse de su casa. Aunque también lo puede lograr en la consulta de Schilling, donde lo primero que hace el terapeuta es evaluar la disposición del paciente a la hipnosis.

Schilling se inició en estos avatares en el Instituto Erickson de Ciudad de México, y se hizo famoso gracias al caso Irenko del programa *Ovni*, en el cual un joven supuestamente abducido era poseído por una entidad extraterrestre que hablaba en una lengua gutural, mientras lo grababan para la tele.

El especialista asegura que ha realizado más de quinientas regresiones y, en muchas de ellas, los pacientes terminan hablando de un oscuro túnel al final del que aparecen unos seres chicocos con mensajes no menos oscuros.

DÓNDE VER OVNIS EN STGO.

Según las estadísticas, Chile es el cuarto país donde más ovnis se ven al año. Y Santiago una de las ciudades donde es más fácil observarlos. Algunos, incluso, hablan de que en la capital existiría un hoyo espacio–temporal a través del cual los platillos cruzan a diario. Y con tanto bache en la metrópolis no es difícil imaginarlo.

Cerro Challay

Está en Angostura de Paine, justo en el límite entre la Región Metropolitana y la Sexta Región. Se reconoce fácilmente porque en la subida hay un peaje. Y entre sus lomas y espinos aseguran que incluso a la luz del día es más fácil ver platos voladores que zorzales. El Challay mide 1.174 metros. Y, según una teoría, atesoraría fantásticos depósitos de uranio. No obstante, el cerro debe su efímera fama a la idea de un trabajador del Instituto Geográfico Militar que propuso dinamitarlo para sacar por el hueco el esmog que ahoga a Santiago.

Cerros de Renca y Conchalí

Esta sinuosa región es, para los cazadores de ovnis, como Aculeo para los fanáticos de los pejerreyes. Y dos serían los escenarios favoritos para tirar el anzuelo: por una parte, el conjunto de cerros existente entre la Quebrada del Mal Paso y la Puntilla de Puente Verde. Por otra, el cerro La Pirámide, donde se registrarían extrañas y vistosas explosiones tras lo cual se alejarían cilindros brillantes repletos de ventanillas.

Las apariciones se llevarían a efecto todos los sábados, alrededor de la medianoche, a excepción de los días que hay luna llena. En todo caso, el suceso más espectacular habría ocurrido el primero de enero de 1999, en la esquina suroriente de Independencia con Américo Vespucio, donde hay una bomba Esso. Entonces, unas cincuenta personas habrían sido testigos de cómo una luz blanca se transformó en las figuras de una mujer y un hombre, ambos de treinta metros.

Lo Cañas

Según el ufólogo Cristián Riffo, el mejor sitio de Santiago para tener un encuentro cercano con seres de otro planeta es Lo Cañas, ya que de acuerdo a las estadísticas, casi la mitad de las observaciones registradas en la capital se produce ahí. Tanto que el propio Riffo vio un ovni en el sector, algo que es tremendamente anormal entre los ufólogos, quienes siempre hablan de naves y etés sin jamás haber visto uno. Por otra parte, en el aeródromo de Tobalaba, contiguo al mismo sector, también se registran reportes ufológicos.

Cajón del Maipo

El Manzano y Lo Valdés son, en el Cajón del Maipo, los sitios donde más fácil sería ver ovnis. Aun más, fue en Baños Morales donde la historia ufológica capitalina registra el único encuentro cercano del tercer tipo. Y, como el tema ha dado que hablar, las autoridades locales se han propuesto convertir a la región en la capital ovniológica chilena. Incluso, si las gestiones prosperan, pronto tendremos la Alien Highway local.

Peldehue

En un descampado y pedregoso sitio ubicado a un costado de la carretera San Martín, la estación de rastreo de satélites Peldehue –que es operada en conjunto entre la NASA y la Universidad de Chile– es un lugar en el que se registran no pocos incidentes ovniológicos.

Pirque

A comienzos de 1967, en la esquina del callejón Lo Ovalle con Club Hípico, existía una iglesia en la que por su inusual oratoria destacaba el sacerdote español Nicasio Viejo, quien hasta entonces celebraba vibrantes misas que incluían todo el vigor ibérico. Pero después la cosa adquirió otros ribetes. Y Nicasio, junto a una misteriosa mujer conocida como Teresa Alcaíno, dio vida a una extraña y oscura secta que no tarda en revelar que Teresa había quedado embarazada del nuevo Mesías. El anuncio generó un natural enfado por parte de la Iglesia Católica, la que no tardó en disolver el grupo, logrando incluso que fueran expulsados del país. Sin embargo, dos años después, la revista *VEA* revelaba en portada que los curas españoles habían regresado a Santiago "transportados por los ángeles" y, en la clandestinidad, veneraban "a una guagua Dios". Pero aún faltaba un año para el extraño suceso que habría ocurrido el 19 de octubre de 1970. Según no pocos testigos, esa noche apareció en el cielo de Pirque un gigantesco zeppelin negro con un halo rosado que medía por lo menos cien metros. Segundos después, en el cielo se habría recortado la figura iridiscente del hijo de Teresa, el cual, si alguna vez realmente existió, hoy debería tener más de 30 años. Tal vez 33. Y hay quienes aún van a Pirque a ver si lo encuentran.

Osvaldo Muray, cazaovnis

"VI A UN TIPO ALTO, CON GRANDES OREJAS COMO LAS DEL DR. SPOCK"

Osvaldo Muray es periodista y cofundador junto a Percy de *Revelación*, una insólita revista especializada en ovnis y sucesos paranormales. Pero fue tras estudiar en terreno unos ovnis que aparecerían todos los sábados en los cerros de Conchalí, que decidió publicar el inquietante libro *Los seres de la luz* (Editorial Fierro y Ramírez), con el que aún no gana un peso.

EL CIELO PROTECTOR. Osvaldo Muray ve todos los fines de semana ovnis sobre el Movicenter.

Osvaldo Muray se ha pasado los últimos años recorriendo infatigablemente los cerros del llamado "cordón de la Chacarilla"; de acuerdo a este inusual cronista "el arsenal más rico de fenómenos extraterrestres de Santiago".

El encuentro con Muray fue al final de un polvoriento camino levantado a un costado del Movicenter. Según él, en ese punto exacto, todos los sábados por la noche –a excepción de cuando hay luna llena– vuelan ovnis como moscas en día claro.

–¿Cuándo tuvo su primera experiencia ufológica?

–Yo vivía en el cuarto piso de un departamento de Independencia, desde el cual tenía una gran vista al llamado "cordón de la Chacarilla". Una noche, en septiembre de 1990, me fijé que sobre una antena de radio Portales había una luz roja y, como estaba más alta que lo habitual, pensé que la habían hecho crecer. "Mira, agrandaron la antena", le dije a mi hijo. "No papá, esa luz está flotando en el aire", respondió él.

–¿Qué más vio esa noche?

–Primero una esfera roja y enseguida dos esferas blancas que se acercaron a ella hasta que se la chuparon. ¡Chups! Una de cada lado. Entonces la roja empieza a crecer, se transforma en naranja e inicia un bailoteo. No sabíamos qué pensar, hasta que de pronto la bola se paró y lanzó a las dos esferas blancas hacia afuera. Finalmente las luces se perdieron en los cerros.

–Pero no sería la última vez que vería esas luces...

–Desde la ventana de mi departamento me dediqué a ver estas luces. Comenzaron a ser habituales. Llevaba, incluso, un completo registro de dónde y a qué hora empezaban. Así saqué algunas conclusiones curiosas, como que el fenómeno se iniciaba todos los sábados veinte para las diez de la noche. Por eso al final me convertí en un verdadero evangélico predicando esto. Es que lo que aquí sucede es increíble. Hay que venir a verlo. Hay que estudiarlo.

–¿Nunca han venido de la televisión o de los diarios?

–Una vez traje yo mismo a gente de TVN, y nos instalamos justamente donde estamos ahora. Hasta que de pronto aparecieron dos equipos de cazadores alumbrando para todos lados. Y es justamente ahí donde comienzan las cosas raras.

–¿...?

–El camarógrafo enfocó a los cazadores, pero la cámara solo veía un círculo como el de los radares. Nosotros estábamos mirando a dos tipos muy altos, que estaban acompañados de dos enanos, pero la cámara no los veía. La gente de TVN quedó vuelta loca con todo esto, pero al final nada salió en la tele. Dijeron que el video se había perdido.

–En el libro que usted publicó, afirma que en estos cerros ha visto una y otra vez "seres de luz". ¿A qué se refiere?

–He visto a seres que caminan por el filo del cerro hasta llegar a Américo Vespucio. En una ocasión, mirando por los binoculares, vi a un hombre azul muy brillante de cuatro metros de altura. Caminaba rápido pero no corriendo y, en la dirección que fuera, siempre estaba frente a uno. Esto me recordó un pasaje de Ezequiel en la Biblia.

–¿Se siente solo en esto o sabe de vecinos que han visto lo mismo?

–Un ex comando de la Fuerza Aérea, que vive cerca del cerro Renca, me contó que veía ovnis sobre la cruz que puso la iglesia debido a que los vecinos se quejaban de que ahí penaban. Él ahora vive metido en el cerro, y un día me llama y me dice "le aconsejo que salga a la calle, su casa está siendo sobrevolada por un ovni". Minutos más tarde, en la radio Cooperativa, informan que un ovni acababa de chocar contra un cerro. Esa noche Canal 13 mostró una y otra vez la filmación de un aficionado donde se veía al ovni colapsar, tras lo cual se iniciaba un incendio. En ese video se ve que aparece un helicóptero de Carabineros, pero cuando alumbran el incendio se apaga instantáneamente.

–Habrá ido a investigar...

–Junto a un amigo partimos de madrugada a buscar los restos de la nave. Sin embargo encontramos algo aún más excepcional. El sitio del incendio era un rectángulo perfecto de trescientos metros de largo por ochenta de ancho. Recuerdo que tomé fotos, y una en que se ve el rectángulo chamuscado fue portada de *Ercilla*, ya que no hay incendio en el mundo que sea cuadrado.

–¿No se ha encontrado frente a frente con algún eté?

–Un día que investigaba me encontré con uno de estos supuestos cazadores: un tipo muy alto, con grandes orejas como las del Dr. Spock. Un verdadero oficial alemán, vestido con mameluco azul y zapatos negros muy bien lustrados, a ambos lados del cual se echaron dos ayudantes como si fueran perros. Realmente extraordinario. Para mí eran extraterrestres. No hay duda. Claro que el tipo no tenía acento y de repente hablaba como bien chileno.

CLUBES

Héctor Yáñez

SCOTTIE, ¡LLÉVENOS A LA NAVE! Es lo que dicen semana a semana los Amigos de Viaje a las Estrellas.

CLUB HUEVITOS. dueños de Iset
aseguran
manejan sus joy
con las yemas
los de

AGRUPACIONES

LOCOS POR LOS BOLETOS

Boletomanía

Galpón 6 del Persa Víctor Manuel (Bío-Bío). Tel. 7793210, 09-7332124. boletomanía@yahoo.com

Cada sábado, a partir de las once de la mañana, un grupo de adictos a la nostalgia se reúne a intercambiar boletos de micro.

Todo comenzó en 1998, cuando un coleccionista se encontró sin querer con otro boletomaníaco en el Persa Bío-Bío. Y entonces establecieron allí su centro de operaciones.

En cuanto a los boletos que atesoran, van desde los que se consiguen en cualquier micro hasta auténticas reliquias de trolebuses o tranvías. Por eso a los miembros de Boletomanía los pasan llamando para que hagan exposiciones acerca de la historia del transporte chileno, ya que la verdad es que si no la conocen ellos, ¿quién? En tal sentido, César -miembro de Boletomanía y sacerdote del Sagrado Corazón-, asegura: "Dentro de poco no habrá boletos porque el mundo se tecnifica y entonces solo serán parte de nuestra historia". Tal vez por lo mismo, algunos miembros de Boletomanía se han adelantado a los hechos y desde ya se han largado a coleccionar bolsitas de té. Pedro Guzmán, otro coleccionista, invita a fanáticos como él a participar de los encuentros en la Casa de la Cultura de Recoleta. Habrá que darles boleto.

HUEVOS DE ORO

Club de Isettas de Chile

Tel. 09-7145124. www.isettaclub.org

Encuentros los segundos sábados de cada mes en la bomba Shell de Bilbao con Tobalaba.

Los simpáticos y diminutos Isettas -más conocidos como los populares "huevitos"- son de origen italiano y su forma se inspira en la carlinga de los aviones. De ahí que muchos creyeran que eran fabricados con repuestos aeronáuticos. En todo caso sí son aerodinámicos y rendidores: un huevito da hasta veintisiete kilómetros por litro, todo gracias a un diminuto motor de trescientos centímetros cúbicos. Se trata de minibólidos dotados, además, con marcha atrás y frenos hidráulicos. Claro que sin radio, ya que tanto espacio no había tampoco.

Presentados al mundo en 1953, los Isettas ganaron popularidad por su bajo precio en la Europa de la post guerra. Por ello, la BMW compró la licencia y empezó a producirlos en serie hasta que llegaron a Santiago. Pero acá, debido a la escasez de repuestos, pronto quedaron olvidados en grasosos y polvorientos garajes.

Pero ahora están de vuelta y el Club de Huevitos ya tiene una veintena de socios, quienes se reúnen en divertidas veladas a las que llegan con sus familias para conversar e intercambiar información, organizar asados y, naturalmente, salir a rodar en caravana. El Club de Huevitos tiene, además, un boletín llamado *El Colesterol*, donde se informa de todas las actividades de estos pequeños grandiosos.

CABEZAS DE PÁJARO

Unión de Ornitólogos de Chile (Unorch)

www.unorch.cl

En Santiago hay más de cuarenta pajarerías donde venden todo tipo de aves, pero los verdaderamente fanáticos de las plumas se juntan los primeros lunes de cada mes, a las siete de la tarde, en la Sede Central de la Universidad Santo Tomás.

Hasta allí llegan los dueños de las aves más exóticas que se pueda imaginar, incluidos flamencos o cisnes; estos últimos, los BMVs en el mundo de la pajarería, ya que

SANTIAGO A LA VISTA. ¿Casetes piratas? No. Hermanos piratas.

un ejemplar puede llegar a costar fácilmente medio millón de pesos.

También figuran modestos dueños de canarios, singulares aves que, según los expertos, deberían ser más consideradas en la ciudad. ¿La razón? El fanatismo por los piolines empezó en las minas de carbón, donde los utilizaban para detectar emanaciones de gas. La tradición subterra dice que los canarios eran entrenados para tal fin y, cuando sentían gas, se inflaban; y entonces los mineros podían salir arrancando. La moraleja es simple: en una ciudad como Santiago, donde las emanaciones de gas son pan de todos los días, debería haber mínimo un canario por departamento. Si no más.

AMIGOS DE LO MONSTRUOSO

Club de Gore Baphomet

necroangel@sinfo.net

Baphomet era una deidad de los caballeros templarios que representaba la sabiduría. Inspirada en ella, nació un heterogéneo grupo que reúne a diseñadores, ingenieros y mecánicos, cuyo único interés en común es la estética *dark* y el llamado *gore*, que no es otra cosa que el gusto por la sangre y la violencia extrema.

Baphomet nace hacia 1997, cuando un grupo de estudiantes del Duoc debía realizar una maqueta que representara un período artístico de la historia. A uno de ellos se le ocurrió trabajar en base a la estética de un oscuro artista suizo, tras lo cual se lanzaron a fabricar la réplica de un alien gigantesco. Pero al final, los mismos estudiantes se pusieron medios etés y, desde entonces, nadie los ha parado. Así, ya han hecho monos para diversos canales de televisión, aunque también efectos y maquillajes en innumerables producciones en las que la sangre corre a borbotones. El punto más alto en el currículo, en todo caso, es un cortometraje llamado *La edad de la luna*: ciento por ciento *gore*.

PIRATAS URBANOS

Hermandad de la Costa

Ministro Carvajal 28, frente al Hospital de Neurocirugía. Tel. 2360225.

El 3 de abril de 1951, siete desalmados piratas –entre ellos el Dr. Alfonso Leng Haygas y Anselmo Hammer– fundaron en Santiago la Hermandad de la Costa, una organización civil que busca rescatar el sentido libertario de la piratería. Cincuenta años después, ya hay más de dos mil bucaneros a lo largo y ancho de Chile. Incluso se han replicado en España e Italia.

Los hermanos de la capital se reúnen todos los miércoles en la sede de Providencia. Y, una vez al mes, realizan zafarranchos consistentes en un almuerzo o comida de camaradería donde se navega imaginariamente en un barco en el que se come *bucán*: la choca de los piratas.

En la Hermandad todo funciona bajo un estricto protocolo. De partida, cada marinero tiene un seudónimo y en las ceremonias se busca revivir la heroica tradición ensalzada durante el siglo diecisiete, siguiendo el llamado "Octálogo de la Hermandad", regido por leyes del tipo "Trae al hermano sin puerto a tu caleta". Pese a ello, a la Hermandad solo se llega por invitación, y entonces los postulantes son conocidos como *bichicuma* (de *beach-cum*, "rata de playa"), los que comienzan de inmediato a escalar posiciones hasta llegar a ser nombrados "muchachos" y finalmente "hermanos".

La Hermandad solo reconoce la bandera pirata, y el evento más importante es el llamado "Zafarrancho de combate", en el cual cada corsario se viste de acuerdo al personaje –de reminiscencias fílmicas o literarias–, que escogió al ser ordenado. En esas ocasiones salen a relucir las botellas de ron, los pañuelos en la cabeza y los loros amaestrados, mientras que los oficiales lucen solemnes tricornios de paño.

POLLITAS DEL POLLO

Amigas de José Alfredo Fuentes

Anita Lizana 601, Depto. 301, Pedro Aguirre Cerda. Tel. 6835159.

Este es el *fan club* más antiguo de Chile. Fue fundado el 29 de julio de 1966, y llegó a tener más de diez mil socias que se hicieron conocidas como "las pollitas del Pollo

El Mercurio

LAS POLLITAS DEL POLLO. Hicieron cadenas de oración cuando José Alfredo se enfermó.

Fuentes"; célebres, alguna vez, por sus ácidos y coléricos pompones amarillos.

Ahora, desgraciadamente, solo quedan doce pollitas, pero José Alfredo –a quien hace poco apoyaron con una cadena de oración en la vía pública– tiene la gentileza de comer con ellas por lo menos cuatro veces al año en diferentes restaurantes de Santiago.

Lidera el grupo la señorita Flor, socia fundadora y líder de la organización, la cual ordena desempacar los uniformes (falda blanca en verano y negra en invierno, más la infaltable blusa amarilla), cada vez que hay recitales de José Alfredo.

Actualmente, más que un grupo de *fans*, son un grupo de amigas que se reúne en la casa de alguna socia, centrando su labor en obras de carácter social, como ayuda a menores de escasos recursos y asilos de ancianos. Y, por cierto, ayuda al propio y desmejorado José Alfredo Fuentes.

NUDISTAS

Agrupación Naturista de Chile

Cruz del Sur 24, oficina 403, Las Condes. www.nudismo.cl

Aunque este movimiento de Adanes y Evas tiene su campo de acción en una infinidad de playas a lo largo del país –incluida la mítica playa Luna, cerca de Horcón– lo cierto es que la sede de la Agrupación Naturista de Chile está en una pequeña oficina de Las Condes, donde todos están vestidos.

Los naturistas no son nudistas que se empeloten así como así. Y cada verano disponen de una micro que sale desde la misma oficina con dirección a las arenas donde el empiluchamiento es ley. La agrupación está llena de reglas que por nada se pueden romper. Entre ellas, no tener comportamiento sexual explícito, no utilizar drogas ilegales y no fotografiar a otros sin su consentimiento.

Aunque en Santiago hay cientos de playas de estacionamiento que bien podrían ser usadas por el grupo, el gran anhelo de los naturistas es tener el día de mañana un club en forma en El Arrayán, con una gran piscina y mucho pasto para relajar el cuerpo y adquirir el bronceado perfecto.

CINÉPATAS

Círculo de Amigos del Cine

Persa Bío-Bío. Víctor Manuel 2216, sector 1, local 41.

El Círculo de Amigos del Cine comenzó a funcionar en 1980 y, desde un principio, entusiastas trabajadores de la industria cinematográfica local fueron parte de él.

El círculo, en todo caso, hoy ni siquiera da para triángulo, ya que solo queda un cartel que cuelga de un local del Persa Bío-Bío. Pese a ello, bajo la chatarrienta chapa de latón, sábados y domingos es posible encontrar a dos de sus originales miembros. Uno de ellos es Julio Vásquez, el "mago Karman", quien aparte de sus dones para hacer desaparecer cosas mediante insólitos trucos caseros, desarrolló una fulminante carrera de extra en películas como *Palomita Blanca* y *El Gran Circo Chamorro*. Karman vende ahora latas vacías de películas, cintas de 24 y 35 mm, y proyectoras antiguas. Aunque también, por esto de la crisis, su traje de mago.

Acompaña al mago Karman su colega, el mago Romario, quien también pertenece al círculo, aunque Romario se prepara ahora para viajar a España, donde le habrían ofrecido hacer ilusiones en un pequeño hotel. De concretarse el periplo, en el Círculo de Amigos del Cine solo quedaría el mago Karman, lo cual no deja de ser un lamentable y penoso infortunio.

El Círculo ya no sería un círculo sino solamente un punto.

DESPRECIADOS Y DESECHADOS. Los punks cristianos adoran al Pulento.

PUNKS CRISTIANOS

Despreciados y Desechados

Jueves a las 20.30 hrs., frente al Banco de Chile del Paseo Ahumada. Domingos, a las 12 hrs., en plaza Almagro.

En el mismo rincón donde se hicieron famosos Les Rotheques –aquella popular cofradía de deslenguados humoristas callejeros–, un grupo de punks cristianos hace chirriar sus guitarras mientras le cantan a Dios al ritmo de una frenética batería. Sobre ellos, colgando de la puerta del Banco de Chile, flamea la bandera del "Ministerio Rock Despreciados y Desechados"; palabras, estas últimas, que fueron tomadas del profeta Isaías y que ellos enarbolan a modo de consigna en torno a una espada ensangrentada.

El objeto de la *vermouth* es ganar almas perdidas. El Ministerio Rock reúne a *punks*, *trashers* y *hardcores* que se han sumado al movimiento con el fin de encontrar su propia salvación. Y, mientras se prolonga la arenga, uno de sus miembros con severos *piercings* en la lengua reparte volantes con mensajes de redención.

El líder del Ministerio es Fernando Gallegos, un hombre que viste entero de negro y usa el pelo largo hasta la cintura. Él tiene su centro de operaciones en el local Power Music de la galería Crown Plaza, donde se congregan los devotos durante el día. Además, todos los domingos al mediodía, los miembros de Despreciados y Desechados se reúnen en la plaza Almagro para allí rezar y maldecir la drogadicción y la delincuencia. Al mismo tiempo hacen música. Y, entre las bandas que pertenecen al Ministerio, están Los Perros Atropellados, puro *hardcore–punk*; y Los Perniles con Papas, cultores del *ska* y la cumbia *sound*. Todos ellos se dan cita en la fonda anual de Despreciados y Desechados que lleva por título Kon Kuática.

CENTRO SOCIAL.
Una ex panadería fue "okupada" para dar vida a La Marraketa.

OKUPAS

Kasa Okupa La Marraketa

Vicuña Mackenna esquina Agrícola. Entrada a los eventos, $500. S/T.

La primera "kasa okupada" en Santiago fue tomada en agosto de 1998 en la calle Tarapacá, y sus moradores la bautizaron como Centro Social Libertario La K-Sita. Claro que poco duró. Y, días después, Carabineros desalojó a sus antisistémicos moradores.

Luego vino la Kasa de Santo Domingo al llegar a Miraflores (Kasa Quijote en la Luna), en la que se inauguraron talleres de malabarismo, batucada y teatro. Pero, tal como la K-Sita, fue desocupada en un abrir y cerrar de ojos. Después llegó la "Kasa Tomada" de Vicuña Mackenna, a la altura del paradero 16, conocida como Centro Socio-Kultural Casa Okupa La Pajarera. Y, finalmente, el Centro Kultural La Marraketa.

Esta última, una terremoteada panadería en la que ya no hacen pan, ha sido no solo la más activa de todas, sino también la más famosa y combativa. En efecto, sus aguerridos moradores fueron desalojados una vez, tal como lo indicaba la tradición, pero ellos volvieron a la carga, la "reokuparon". Y ahí se han mantenido, ofreciendo talleres y eventos a todos quienes necesitan algo más que un kilo de hallullas.

Por dentro, el edificio es un oscuro laberinto empapelado con graffitis, lleno de habitaciones sombrías y vacías, vidrios quebrados y piezas sin techo. Pero eso a los "okupas" no les importa. Para ellos no es una "kasa" vacía; es una "kasa okupada".

TUERCAS, NO PERNOS

Club Classic Machines

Sótero del Río 938. Tel. 2812499.

No más de quince bólidos integran la flota de este pequeño club de tuercas, cuyos socios se declaran fanáticos de los autos "raros pero con onda". Así, en la extraña colección que atesoran, suman auténticas joyas como un Mercury 56, un Fiat Spider 1960, e incluso un Jacson 36, conocido en Estados Unidos como el "auto de los negros", pues fue creado por inversionistas de color cuando sus *brothers* tenían prohibido andar en autos de blancos.

A diferencia de clubes con más abolengo, a ellos no les importan las condiciones en que esté el auto al principio. Sí se preocupan de que su dueño avance en los arreglos, pues de lo contrario será expulsado.

Classic Machines tiene reuniones dos veces al mes en la schopería La Roca, en Macul con Irarrázaval, sitio que a veces alternan con la bomba Copec del paradero 21 de avenida La Florida. Y, como es tradición en los clubes de tuercas (como Muscle Car, apasionados por los V8), el principal objetivo es salir a dar vueltas en caravana, exigiéndose que ninguna máquina lleve un letrero "Se vende".

Difíciles de encontrar y, aún más, de reparar, los autos "raros pero con onda" solo se consiguen gracias a mucho dateo y trabajo. Por lo mismo, un vehículo bien arreglado como un Mustang 64 puede llegar a costar más de seis millones de pesos, mientras que una camioneta Chevrolet 57 puede requerir la compra de dos para tener solo una.

FANÁTICOS ESTELARES

Amigos de Viaje a las Estrellas
Sábados, a las 18 hrs. www.startrek.cl.
amigostrek@123mail.cl

Semana a semana, más de quince apasionados de *Star Trek* se juntan a revivir las aventuras del Enterprise. Y llevan más de dos años realizando el rito en la casa de José Varas: el capitán Kirk de la organización.

En todo este tiempo, los Amigos de Viaje a las Estrellas se han preocupado de sacar personalidad jurídica, amén de participar en ferias ad hoc; entre ellas la Fan Expo (salón Bulnes de la Usach), la Feria Ficción de la Estación Mapocho y también la Feria Fanatics, convención de grupos de fans que año a año se efectúa en San Telmo, Buenos Aires.

A todos estos eventos los entusiastas del Sr. Spock llegan con sus cargamentos de libros, afiches y videos, a lo que se suman más de diez reproducciones del Enterprise y una copia en tamaño natural del sillón de mando del juicioso capitán Tiberius Kirk.

El grupo surgió tras un evento realizado en el Centro Cultural Montecarmelo y, desde entonces, chicos de diecisiete o madurones de cuarenta, rememoran la emocionante saga creada por Gene Roddonberry en 1965, la cual fue protagonizada por William Shatner (Kirk), hoy un obeso conductor de televisión, pero entonces el energético comandante de una nave propulsada por energía *wart* que carreteaba por el espacio buscando nuevas formas de vida.

ELVISMANIACOS

Presley's Fan Club
Tel. 2776626.

Jean Manuel Hernández, un treintañero periodista que logró sortear una demoledora meningitis, es el mayor admirador de Elvis en Chile. Y el líder de un activo *fan club* cuyo cuartel general está en la casa de Independencia donde vive con su familia.

Se trata de una discreta vivienda que todos los 16 de agosto –fecha en que se recuerda la muerte del Rey– hierve a la medianoche con la presencia de fanáticos que, vistiendo ceñidos trajes con lentejuelas, profesan lo que a estas alturas es una religión que tiene su propia iglesia: la Iglesia Presleyteriana, uno de cuyos mandamientos es peregrinar al menos una vez en la vida a Graceland.

Se dice que en todo el mundo hay más de

seiscientos *fan clubs* de Elvis Presley, el hijo pródigo de Memphis, a quien las estadísticas señalan como el artista más grande del siglo veinte. Tal vez por lo mismo, una serie de extraños mitos ha establecido extrañas conexiones entre Elvis y la CIA (Nixon, de hecho, lo nombró miembro honorario de la DEA), o Elvis y los extraterrestres. Eso pese a que lo cierto es que Presley murió ahogado en su propio vómito, vistiendo un pijama de seda. Al respecto, el propio Hernández asegura a quien lo quiera escuchar que, estando un día en su casa, desde un afiche en su pieza apareció Elvis para llevarlo por los aires a su mansión en Memphis, tras lo cual le prometió que si confiaba en él y en el rock, superaría todas las adversidades que de hecho logró superar.

CAZAMARCIANOS

X Files Chile

www.geocities.com/fourxfiles

De lejos parecen detectives de la Policía de Investigaciones. De cerca también. Todos ellos usan cortavientos azules. Todos son serios. Graves. Y todos, efectivamente, parecen estar investigando algo. Claro que un detalle revela su verdadera identidad: una inscripción grabada en sus chaquetas dice X–Files Chile.

Se trata del grupo de fanáticos de *Los archivos secretos X*, quienes siguen con devoción las aventuras de los agentes Mulder y Scully. Ultrapartidarios que saben, por supuesto, todo lo que hay que saber de la serie. Saber, por ejemplo, que Mulder (David Duchovny) es un sicólogo cuya hermana fue abducida, y que Scully (Gillian Anderson) es una escéptica en la que no conviene confiar demasiado.

Gran parte del tiempo se la pasan confrontando datos, averiguando detalles de nuevas series y, era que no, escrutando la capital de Chile para descubrir que en La Vega o en el Zoológico estos señores ya están entre nosotros.

Además, todos los años organizan la Maratón de Archivos Secretos X, evento en el cual se reúnen para ver durante más de ocho horas seguidas los mejores episodios de esta serie que ya no es tan serie.

X FILES. Los seguidores de Mulder y Scully aseguran que hay etés hasta en el Mercado Central.

El Mercurio

AMANTES DE LAS BICICLETAS

Movimiento de Furiosos Ciclistas (MFC)

www.furiosos.cl

Los Furiosos Ciclistas se llaman a sí mismos "bicicletudos" (porque le dan bola a sus bicis), mientras que sus archienemigos son los miembros del Imosfre, o "motorizados sin freno"; léase automovilistas, micreros o dueños de rodados con tubos de escape en general.

Según los Furiosos Ciclistas, cambiar el auto por la bicicleta es una cuestión de conciencia y, en este sentido, lo de ellos tiene que ver con la política en movimiento. Sin ir más lejos, una de las acciones comúnmente realizadas por los Furiosos son las llamadas "becabis", que consisten en pasarle una bici a un personaje prominente y escoltarlo desde su casa hasta su lugar de trabajo. También

FURIOSOS CICLISTAS. Acabar con los ultrautomovilistas: el sueño de los ultraciclistas.

está el "ciclismo efectivo", que consiste en exigir, mediante la elaboración de sesudos estudios y movilizaciones, pedaleadas reivindicaciones como las vías prioritarias o el soñado bici-metro.

Según la propia mitología que estos hombres-rayo se han inventado, el nombre de la agrupación habría salido de las últimas palabras del barón Karl von Drais (Q.E.P.D.), ingeniero y silvicultor alemán, inventor del manubrio de la bicicleta, quien en su lecho de muerte habría balbuceado, segundos antes de estirar la pata, estas inolvidables palabras: "Viva el Movimiento de los Furiosos Ciclistas".

HIJOS DE CAÍN

Verminard

Providencia 2198, Portal Lyon, local 8. Tel. 3353282. www. verminard.cl Viernes, a las 15 hrs., Balmaceda 1215, piso 1.

Vampiro, La Mascarada, es uno de los más excitantes juegos de rol conocidos, ya que cada competidor debe arreglárselas por sí mismo en un mundo regido por la traición.

En La Mascarada, los vampiros descienden de Caín, el primer asesino de la historia. Condenado por Dios, Caín se convirtió en un vampiro que vivía de la sangre de los mortales y logró engendrar a tres hijos, que a su vez engendraron a otros

STAR WARS CHILE. Como dice Myriam Hernández, te pareces tanto a él...

trece, cada uno creando un clan.

En un principio, los vampiros gobernaban a los mortales. Y su poder era tan grande que las posibilidades de ser destruidos eran nulas. Pero surgió la Santa Inquisición y los vampiros fueron exterminados. O casi. Los sobrevivientes formaron La Mascarada, en tanto ocho de los trece clanes –Brujah, Gangrel, Malkavian, Nosferatu, Toreador, Treméré, Ventrue y Caitiff– crearon La Camarilla, organización que pretende ordenar al mundo vampírico. Paralelamente, otros tres clanes permanecieron neutrales –los Assamita, Giovanni y Setita–, mientras que otros dos formaron un grupo rival a La Camarilla, conocido como Sabbat. Según una activa vampiresa, el juego se realiza generalmente de noche, en pequeños grupos, incluso con disfraces y música gótica. Aun más, por años se ha especulado que algunos jugadores se dan cita en las inmediaciones del Cementerio General. Y es en medio de toda esta mitología urbana que Jorge Olguín, el director de *Ángel negro*, decidió filmar *Sangre eterna*, una película que tiene como protagonistas a compulsivos miembros de este exclusivo club.

INTERESTELARES

Star Wars Chile
Balmaceda 1215. Tel. 6871618.
Sábado por medio, a las 16 hrs.

En medio de un gran bullicio, la sala de proyecciones de Balmaceda 1215 se repleta con la galáctica presencia de Star Wars Chile, agrupación que tiene, entre sus eventos claves, la celebración de su propio cumpleaños cada 27 de mayo. Y en el último festejo se devoraron una torta con la figura de R2D2.

Actualmente han estado preocupados de realizar su propia versión de la saga. Se trata de un corto filmado en video digital en el cerro San Cristóbal, donde –mucha tecnología mediante– Darth Veider encarga a Bobba Fett que encuentre entre los espinos resecos del cerro una misteriosa joya que revelará el gran secreto de la Federación: a fin de cuentas, el maestro virtual que está dentro de cada fanático. El guión pertenece al gordo Osvaldo González, el "pitudo" director nacional de Star Wars, mientras que la dirección corrió por cuenta de Rodrigo Heredia, dueño del mejor traje de Darth Veider existente en Santiago.

Primos hermanos de Star Wars son los miembros de Fan Solo, un grupo de fanáticos que nada tiene que ver con Han Solo, sino que con el hecho de que cuando se juntaron se sentían solos. Fan Solo, eso sí, deriva de Star Wars Chile, el cual surge del primer grupo de fanáticos de la saga denominado Hordas Imperiales. Dice la historia que los problemas llegaron con el estreno de *La amenaza fantasma*, tras lo cual se consumó la separación. Hoy los Fan Solo tienen sus propios disfraces, van a ferias y concilios de dragones, y sus mejores amigos están entre la gente de Star Trek con quienes se juntan en un local de comida rápida del centro, que prefieren mantener en reserva, aunque de seguro enloquecería al propio George Lucas.

SIN ALCOHOL Y CONTENTOS

Club de Abstemios
Libertad 558. Tel. 6811397.
Abierto de lunes a domingos, de 10 a 23 hrs.

El Club de Abstemios de Chile surgió en 1953, en una pieza del Salto, en Conchalí, cuando a cuatro ex alcohólicos que se juntaban a jugar brisca y dominó se les ocurrió formar una institución que rehabilitara a otros que padecieran del mismo y beodo mal.

A poco andar el club se trasladó a Alonso de Ovalle, y hace cuatro años funciona en una casona que cuenta con casino, cancha de baby, piezas para terapias, y una palmera enclavada en medio de la propiedad que pareciera estar siempre vigilando los pasos de los ex borrachines.

El Club de Abstemios cuenta con setenta u ochenta socios, los que pagan una cuota mensual de setecientos pesos. El resto del financiamiento se logra a través de bingos, campeonatos deportivos y bailes, eventos en los que solo se consumen bebidas, jugos y mucho café. No hay que olvidar que, más que ex alcohólicos, ellos son simplemente abstemios.

ENFERMOS POR LOS ROBOTS

Club de Robótica de Peñalolén

www. inet.cl/club. cacomezz@tutopia.com

Esta modernilla agrupación forma parte del Club Científico de Peñalolén, fundado en diciembre de 1989 por la Unidad Vecinal 4 de la misma comuna. De él dependen, además, los clubes de Energía Solar, Computación y Taxidermia, más el Club de Astronomía en el que milita Rodrigo González, el tipo que ha fabricado más telescopios artesanales en el mundo.

Claro que los del Club de Robótica tienen lo suyo. Y ya en marzo de 2001 se anunció que Denis Lobos había construido un hexápodo con sensores infrarrojos: o sea un animal de seis patas capaz de evitar obstáculos mientras avanza. Ahora bien, como Lobos hay más geniecillos, incluido un socio de Maipú que construyó un ascensor robotizado para una casa de muñecas.

Pese a ello, las cosas no han sido del todo fáciles. Tras ganar en 1992 un concurso de Microbyte que les permitió ser invitados a la Softel, el Club de Robótica tuvo que disolverse en 1994 por falta de recursos. Y solo seis años después se pudieron volver a unir.

Interesante es su sitio web en el que se encuentra un completo manual tipo "Hágalo usted mismo" para construir un robot en casa. Se trata de un artefacto hecho con tubos de PVC y melamina que, según ellos, se puede fabricar fácilmente con "un alicate y un desatornillador". Solamente hay una advertencia: "Lea cada párrafo de las instrucciones y reconozca las piezas antes de insertar los tornillos del robot".

ASOCIACIONES

DEFENSORES DEL VINO

Cofradía del Mérito Vitivinícola

Presidente emérito, Felipe Solminihac. Tel. 2845470.

La Cofradía del Mérito Vitivinícola se fundó en 1993 y tiene actualmente cuarenta miembros. Para poder ingresar son los propios afiliados quienes deben aprobar al postulante, mediante una votación secreta que se realiza en ceremonia solemne, la cual se abre en nombre de la vid y el vino con todos los cófrades vistiendo birretes, pendones y unas serias capas burdeo. Después se pregunta al postulante si acepta los compromisos a los que lo obligará la membresía, tras lo cual los padrinos vendan los ojos del ahijado. Luego los demás cófrades deberán votar si están de acuerdo o no, acto en el cual se exige unanimidad. Enseguida se quitan las vendas y se le pregunta al postulante: "¿Juráis o prometéis aceptar todos los principios que animan a la Cofradía del Mérito Vitivinícola, participar en todas y cada una de las actividades, acatar con respeto sus estatutos y normas conducentes a resguardar su prestigio; asimismo, velar por la plena autenticidad, calidad e imagen del vino, para lo cual deberéis divulgar sus cualidades, su positivo rol en beneficio de la humanidad y felicidad de los hombres?".

ASBESTOSIS. El esmog mata. Pero más mata el asbesto.

La Cofradía del Mérito Vitivinícola fue fundada por Ruy Barbosa, enólogo y ex ministro de Estado. Y, durante el año, realizan seis reuniones de intercambio intelectual y profesional, sin contar las tres Asambleas de Gala, que es como se llama a los eventos donde incorporan a los nuevos paladines que lucharán porque se haga justicia al vino. Salud.

LOS ASBESTOSOS

Asociación Chilena de Víctimas del Asbesto
Villa Los Aromos, pasaje Campiña 242. Maipú.
Tel. 5389240.

Parece casualidad. Pero no es casualidad. Ramón Becerra vive hace catorce años en la villa Pizarreño (¡...!). Y con espanto un buen día se dio cuenta que sus tres hijos tenían mesotelioma pleural, producto de la temible asbestosis; grave enfermedad causada precisamente por el asbesto, material de construcción ampliamente usado en Santiago durante los años sesenta. Y todavía.

En 1998 Becerra formó esta asociación, hoy integrada por 380 socios y 119 fallecidos. A estas alturas han presentado una querella criminal y dos demandas laborales (contra Pizarreño y la Mutual de Seguridad), a lo que se suma una demanda civil nada menos que contra el ilustre Estado de Chile.

Año a año, cada 23 de septiembre, conmemoran el Día Nacional de Víctimas del Asbesto, fecha en que falleció el último hijo del duro y combativo Becerra.

Jose Alvujar

PATRIMONIO FERROVIARIO. Un viejo vagón que ya no va a ninguna parte es la gran sede de los amigos de los trenes.

BELLOS DURMIENTES

Asociación Chilena de Conservación del Patrimonio Ferroviario

Concha y Toro 10. Tel. 2278007. www.tren.cl
Primeros jueves de cada mes, a las 19 hrs. Andén 6 de la Estación Central.

Jueves. Siete de la tarde. En un coche Linke Hofmann de los años veinte que no tiene ruedas y apenas se sostiene en pie, más de cincuenta fanáticos de los trenes escuchan la humeante disertación de un experto en locomotoras que enfrenta a una inmóvil audiencia.

Tal ritual se repite desde hace años. La Asociación fue creada el 18 de abril de 1984, contándose entre sus impulsores al inglés Ian Thompson y a Dietrich Angertein, quienes después escribirían a dos manos la historia más completa de nuestros ferrocarriles.

Y justamente promover la conservación de coches y locomotoras ha sido la verdadera obsesión de estos caballeros de las bielas. Así han logrado restaurar preciadas chatarras ferroviarias, y ahora tienen bajo su administración ocho carros y siete locomotoras que guardan en la Maestranza de San Eugenio.

Para saber más de ellos, cualquier día de la semana se puede consultar a un nonagenario abuelito que prácticamente vive en un pequeño coche de madera que corrió en el Trasandino (tren de trocha angosta que conectaba Los Andes con Mendoza), el cual descansa en el andén 1 de la Estación Central. Preferentemente, conviene acercarse hacia las siete u ocho de la tarde, la romántica hora en que parten los trenes, todos menos el coche de la Asociación.

PUTAS INOCENTES

Fundación Margen Aproden

Maturana 18 B, piso 3. funmargen@hotmail.com Abierto de lunes a viernes, de 9 a 19 hrs. Cuota de inscripción, $1.500; mensualidad, $500.

Esta agrupación reúne cerca de seiscientas trabajadoras sexuales mayoritariamente activas. Y su labor se destina a lo que llaman la población "vulnerable": fundamentalmente mujeres de bajos recursos que ejercen el comercio sexual. Además, realizan con periodicidad cursos de capacitación a trabajadoras sexuales, pobladoras y adolescentes en riesgo social. Y, también, charlas de prevención de enfermedades de transmisión sexual, como el VIH. No se sabe si estén planeando asociarse a alguna caja de compensación, o bien comprarse algún asilo para tener dónde descansar en la tercera edad.

APERRADOS

abandonados.cl

Parque Metropolitano. Por Pedro de Valdivia Norte hasta llegar a los caniles. Tel. 2750318. www.abandonados.cl

Más de sesenta voluntarios tiene esta canina organización, cuyo principal objetivo es encontrar un hogar a los perros vagos del Parque Metropolitano. Para lograrlo, abandonados.cl realiza cada dos meses las llamadas Jornadas de Adopción, en las que se invita a las almas de buen corazón a llevarse para la casa algún simpático cachupín.

La agrupación, por su parte, se pone con voluntarios que visitan los caniles ubicados en un alto del San Cristóbal, lugar donde se cuida a más de sesenta perros huachos. Allí los alimentan, limpian y sacan a pasear, todo de acuerdo al programa de control canino implementado por esta entidad que busca la posterior reinserción de los perros guachos que allí, eufemísticamente, llaman "mestizos".

En poco tiempo la idea ha prendido con fuerza y ya se han sumado decenas de voluntarios que han salvado a más de ciento veinte animales. Incluso se piensa en replicar la idea en el Parque Intercomunal de La Reina, aunque la iniciativa ya tiene su equivalente en regiones. En Valparaíso, por ejemplo, se creó el Grupo Autónomo de Defensa Animal, el cual defiende los derechos de los perros del puerto. Sin embargo esta organización es derechamente extremista, al punto que Carlos Riveros, de veintidós años, terminó preso luego de activar una bomba de humo frente al Servicio de Salud, en protesta por la matanza de cien mestizos.

TRAVESTIS UNIDOS

Traves Chile

Tel. 09-6930411. traveschileunete@hotmail.com

La Agrupación de Personas Transgénero representa a los más de cuatrocientos travestis que se estima existen en Santiago, más un pequeño grupo de transexuales no determinado. Traves Chile tiene sesenta socios/socias activos/activas, cada uno/una de los/las cuales paga una cuota mensual de dos mil pesos.

Desde que fue creada la organización, el objetivo no ha sido otro que reivindicar sus derechos como minoría sexual: lo que implica tener derecho a la salud, a la educación y a un trato digno por parte de carabineros.

Se reúnen el segundo y cuarto miércoles de cada mes, en lugares que van cambiando debido a que aún no tienen sede, pese a que el 22 de mayo de 2001 lograron sacar personalidad jurídica.

Traves Chile está empeñada en que sus integrantes puedan terminar la enseñanza media, y así capacitarse en algún oficio que les permita abandonar el comercio sexual que por tanto tiempo las ha complacido y estigmatizado.

Todo un personaje de la organización es su presidenta Silvia Parada, amiga del alcalde Lavín, una rubia de gruesos pelos y temible manzana de Adán, que en las últimas elecciones parlamentarias denunció haber sido discriminada tras ser obligada a servir como vocal de mesa en una peluda sala de puros hombres.

PIEDRAS EN EL CAMINO

Asociación de Viajantes

París 836, piso 1 (entre París y Londres). Tel. 6383175

Antes viajaban y viajaban. Ya no. Los tiempos han cambiado. Y ahora un pueblo, por chico que sea, no necesita de los vendedores viajeros, pues todo lo resuelve el fax, el *mail* o el teléfono.

Tal vez por lo mismo, estos errantes caballeros viven fundamentalmente de la cháchara memorable, al punto que tienen su propio club –la Corporación de Agentes Comerciales, fundada el 13 de enero de 1949– en cuya sede, ubicada en el bucólico barrio París/Londres, se juntan a recordar anécdotas y travesuras a bordo de infatigables viajes en tren, o mordiendo la suela en los miles de caminos de este inacabable país. Todo eso mientras toman cafecitos y juegan a las cartas, al cacho y al dominó.

PURO FUTURO

Sociedad Chilena de Fantasía y Ciencia Ficción

Copiapó 612, Santiago Centro. Tel. 2224977.
sochif@hotmail.com

La Sociedad Chilena de Fantasía y Ciencia Ficción fue fundada el 15 de marzo de 1988, posee personalidad jurídica, carece de fines de lucro y es ajena a posiciones políticas, raciales y religiosas. Cuenta actualmente con trece miembros, entre los que destaca el dibujante de cómics Máximo Carvajal. También pertenecen a ella universitarios y profesores, todos los cuales se dedican a editar la revista *Quantor*, amén de organizar encuentros de fantasía y ciencia ficción. A su alero, además, se edita la revista de cómics *Oxígeno* y, en una ocasión, sacaron un casete de música para "soñar mundos posibles".

En las dependencias de Copiapó 612, organizan talleres, academias literarias y cursos de maquetería y efectos especiales. Allí tienen también una biblioteca especializada, que está disponible tanto para socios como para aficionados.

PAPÁS POR SIEMPRE

Catedral 1478. Tel. 6716246, www.papasporsiempre.cl

Existen desde 1994, y ya tiene más de mil socios en la capital. Su objetivo es procurar los derechos de aquellos papás separados que aún sienten que tienen derechos. Y en el mismo plan atienden a miles de hombres-reos que no pueden ver a sus hijos-libres. Promueven, además, reformas legislativas que defiendan la relación padre-hijo. Entre sus logros, cuentan haber promocionado la tramitación de la Ley de Visitas y la de Pensión de Alimentos. Los socios pagan una matrícula de cinco mil pesos, más una mensualidad de tres mil. Se reúnen todos los martes, a las 19.30 hrs., y entonces dan la bienvenida a los nuevos papitos.

MÁS HACEN MÁS

Fundación de Pequeñas Grandes Personas

Tel. 3340483.

Agrupación de bajo perfil que no tiene otro objeto que ayudar médicamente a bajitos que requieran asistencia profesional. Por lo mismo su función es contactarlos con especialistas, amén de asesorar a los necesitados en todo lo que puedan. Lideran el grupo María Pía y Patricia Matta, hermanas de Roberto, el célebre pintor surrealista Q.E.P.D.

Grupo de Objetores y Objetoras de Conciencia

Cienfuegos 85. Tel. 6972001. *objetores@yahoo.com*

Organización autónoma, independiente y asamblearia, que no está ligada a ningún partido político. Luchan contra el militarismo, contra toda forma de discriminación y por lo que ellos llaman "una sociedad más justa, más igualitaria y más libre". Son parte del Movimiento de Objeción de Conciencia, y en tal lineamiento buscan acabar con el Servicio Militar Obligatorio, tan obligatorio en Chile.

Club de Amigos de Guru Guru

www.agere.cl

La gurumanía está recién empezando. Eso, al menos, es lo que creen los asiduos a este sitio ideado por Ángel Leiva, cuyo gran objetivo no ha sido otro que los amantes de Guru Guru –como él– tengan un espacio para juntarse y así compartir chistes, noticias, concursos y nociones de guruguriano: la lengua de Guru Guru. El Club de Amigos de Guru Guru contaba originalmente con solo un gurumaniaco. Pero ahora son cientos. Una verdadera familia que venera a lo que ellos llaman "un peluche maravilloso".

Amantes de los Opalas

www.opala.com

No hay otro auto que mejor represente el pasado cercano de Santiago que el Opala. Auto de taxistas y ceneís, el Opala aparece en Chile en la década del setenta, pero no fue sino hasta los años ochenta que se convirtió en un clásico de la ciudad. Eso, al menos, es lo que creen en este club de nostálgicos empeñados en rescatarlos.

TIENDAS Y

GÓTICA GIRLS. Asesinas por naturaleza.

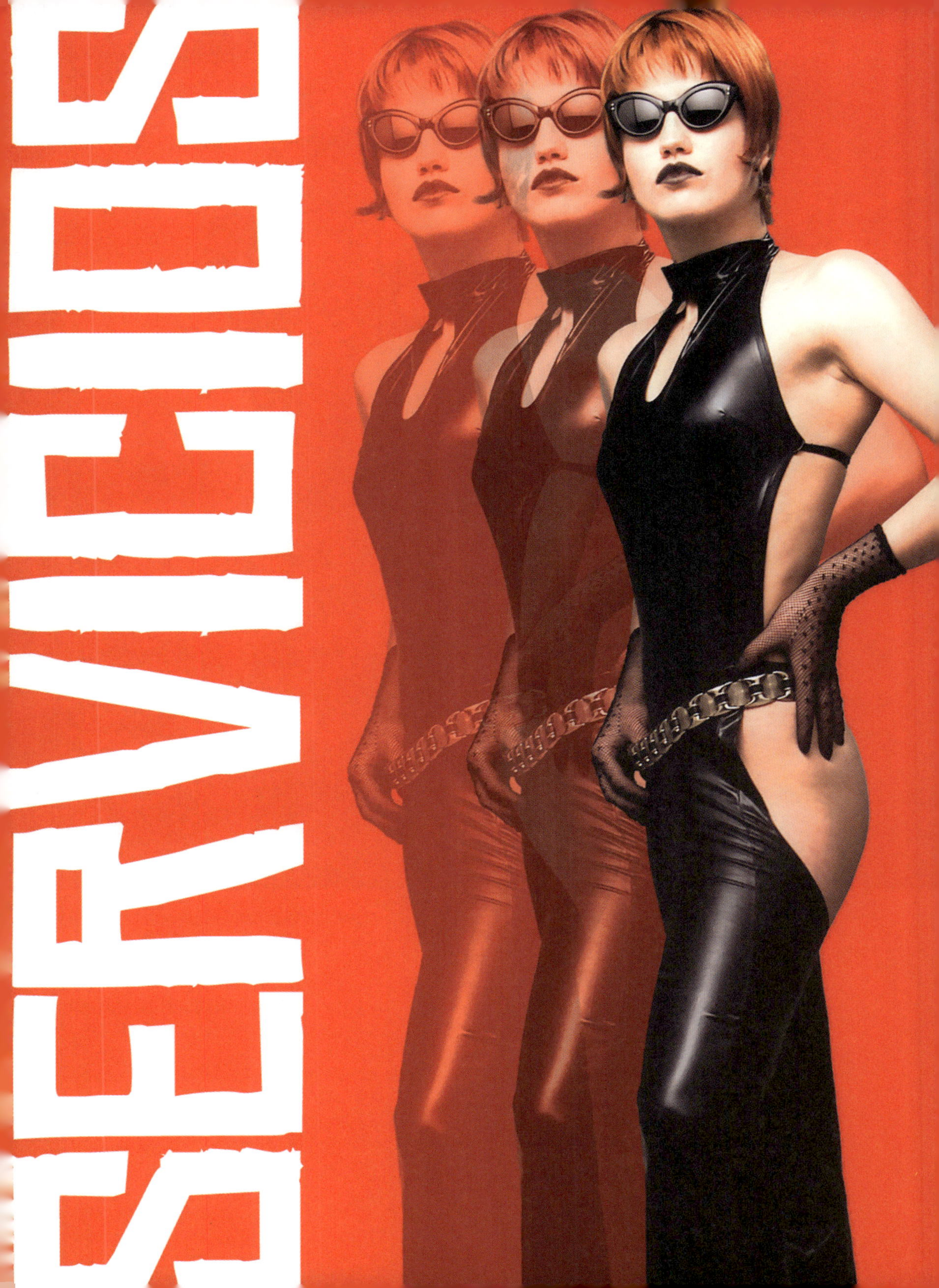
SERVICIOS

WESTCOAST.
Todos los clásicos de ayer y de hoy.

SHOPPING

¡MANOS ARRIBA!

Westcoast Motion Pictures
Mac Iver 780 (casa central); Merced 832, local 56. Tel. 6331852.

En esta minicadena, integrada por tres minitiendas, es posible encontrar desde tradicionales series de matiné –como *Flash Gordon*– hasta insólitas películas de terror, como *La venganza de la muerte,* de Ed Wood. Eso más una infinidad de rarezas de la productora inglesa Hammer, cintas del español Jesús Franco y clásicos de Semana Santa como *Espartaco* o *El manto sagrado*.

El dueño es Mario del Villar, un ex dibujante de la revista *Pingüino* (especializada en la bohemia de los años setenta), quien al abandonar el pícaro magazine se instaló con Castorcito, una tienda de ropa infantil de Patronato, en la que pronto empezó a arrendar películas súper 8. Luego, como a poco andar el celuloide fue más rentable que jardineras y ositos, Del Villar inauguró un pequeño e innovador club de videos que incluso antecedió a la exitosa cadena Errol´s.

Hoy en día Westcoast ofrece más de mil quinientos títulos. Además bizarrismos del cómic nacional (como el primer número de *El Peneca*) y afiches originales de películas de culto como *El Llanero Solitario* y *Tarzán contra el mundo*, ninguno de los cuales se vende en menos de doscientos mil pesos.

Westcoast se caracteriza también por ser una distribuidora de extrañas películas para la televisión por cable (su mejor cliente es ABT). En su oficina central de Mac Iver se hacen a mano las carátulas y, en el subterráneo, todos los sábados una vieja proyectora revisa clásicos en un festivo y diminuto teatro bautizado The Mickey's Hollywood Theatre.

EROTISMO RETRO

Postales Eróticas Antiguas
San Diego 444, local 16. Tel. 6962789.
Dos postales por $1.500.

Luis Reyes se inició como librero en la plaza Almagro, pero hoy su especialidad son las postales eróticas antiguas, incluidas algunas definitivamente pornos, en las que regordetas bisabuelitas dan latigazos en las nalgas a otras bisabuelitas a la hora del té.

Reyes empezó su retrocolección sadomasoquista a comienzos de los años ochenta, y lo ha hecho con tal esmero que hoy es socio fundador y presidente de la Sociedad de Cartofilia de Chile, la cual reúne a más de treinta miembros que se juntan dos o tres veces al año en la sede de la Universidad Central, vecina a la misma plaza.

Este inusual coleccionista solo vende copias y no originales de su personalísima selección en la que figuran, además, viejas postales de lejanas ciudades. La joya más querida, en todo caso, es una colección de misivas con sentidos mensajes de amor que habría intercambiado una pareja de amantes que nunca llegó a conocerse.

FÁBRICA DE DINOSAURIOS

DinoArte
Tel. 09-2520525. www.dinoarte.cl
Dinosaurio bebé, $15.000; dinosaurio grande, $4.000.000.

Ariel Duarte y Bruno Hernández son los artistas jurásicos que están detrás del taller DinoArte de Independencia. Allí ambos se dedican a armar, reparar y reconstruir dinosaurios a escala, para lo cual se valen de galácticos materiales como fibra de vidrio y resinas, aunque también del folclórico papel maché.

Estos artesanos del pasado son capaces de reproducir en plástico –o en lo que sea– un dinosaurio de cualquier tamaño: chico, mediano, grande o gigante. No reconocen límites y, de hecho, los dueños aseguran que por cuatro millones de pesos pueden hacer la cabeza de un formidable Tiranosaurio Rex para adornar, por ejemplo, el quincho de alguna casa de campo.

PINOCHETMANÍA

Nautigift
Providencia 1610. www.nautigift.cl

Pinochet en el equipo de música. Pinochet en el escritorio. Pinochet en el arbolito de Navidad. Eso y más es lo que se puede conseguir en esta tienda de Providencia que por años se ha especializado en la venta de regalos para amantes del mar –como llaveros ancla o pisapapeles escafandra–, y que desde hace un tiempo ofrece el más amplio surtido de *souvenirs* relacionados con el ex generalísimo.

Juan Araya, el dueño de la acuática tienda que enloquecería al Capitán Nemo, asegura que tales productos son una forma de homenajear a "un gran hombre y su gran obra", por lo que no le importa que en reiteradas ocasiones le hayan escupido la vitrina. Lo que sí le importa es que todos los productos de la llamada línea "Capitán General" son exitazos de venta, especialmente los bustos de Pinochet ($15.000), los tazones con la impronta del estadista ($3.000), y unas figuritas de cerámica del tamaño del dedo meñique en las que Pinochet aparece con diferentes trajes de gala ($5.000 y $8.000). Eso junto a unos vivaces retratos de Augusto, lo suficientemente grandes como para cubrir todo un muro.

VIDEOS ERÓTICOS

Videos Kibon

Fleming 7759, Las Condes. Sucursales: Cuarto Centenario 993, local 110. Tel. 2202866; Irarrázaval 4665; Santa Rosa 13015, local 03; Pajaritos 4909. Tel. 7440655. $1.000, video erótico por día. $1.600, 48 hrs.

Videos Kibon es el Blockbuster de los videos triple X: una verdadera cadena del

José Alvújar

NOVELTY. El Panamtur de sexomaníacos.

soft porno que atiende las necesidades de todo el Gran Santiago. Por ello, las diferentes sucursales –bien iluminadas y con cámaras de seguridad– están dotadas con salas de acceso restringido. Claro: el material erótico disponible no es poco y solo se arrienda a mayores de dieciocho años.

Los siete locales que existen en Santiago atienden las veinticuatro horas del día y, por el momento, no entregan a domicilio, aunque sí tienen un convenio con un servicio local de reparto en motocicletas. Siempre hay urgencias.

JUGUETES PARA MAYORES

Novelty

Antonio Bellet 190, oficina 306, Providencia. Tel. 2510800. *www.novelty.cl*

La importadora Novelty funciona en el tercer piso de un moderno edificio de Providencia. Por eso, quienes tomen el ascensor se encontrarán con un luminoso y apacible departamento decorado con innovadoras repisas repletas de vibrantes artículos como consoladores, muñecas inflables, lencería de látex y, por supuesto, películas. Miles de películas. Desde el suelo hasta el cielo, Novelty es el paraíso de las fantasías eróticas.

Eso sí, se trata de un *sex shop* absolutamente legal, que tiene patente y paga impuestos. Sus productos son importados desde California (¡era que no!) y en el departamento, de fino parquet, se encuentran las más sorprendentes especialidades de marcas como Exotic Novelties y Doc Johnson. En cuanto a los precios, una muñeca (o muñeco) inflable cuesta entre $40.000 y $400.000; un juego de lencería, entre $14.000 y $60.000; mientras que los consoladores, de diferentes medidas, texturas y colores, entre $10.000 y $56.000. Cosa de vitrinear.

THE OPEN MARKET.
Llame ya.

AS SEEN ON TV

Open Market

Centro Comercial Apumanque, local 441, Las Condes.

La empresa que lidera en Chile los Llame Ya tiene en el Apumanque una alucinante tienda en la que ofrecen todos sus productos estrellas. Allí se puede conseguir desde el insuperable detergente Didi Seven hasta el espectacular Slanman, ese mono de plástico para pegar patadas y combos mientras se queman calorías sin siquiera salir del *walking-closet*. En Open Market se encuentran, además, insólitos sartenes que le quitan la grasa a los bifes, espectaculares anzuelos Blinky (de plástico pero con olor a pescado) y unas máquinas para hacer abdominales mientras se ve tele, en sus dos versiones: con cuatro y ocho electrodos.

En Open Market todo cuesta algo y $990. Por ejemplo, unos senos de silicona para ponerse bajo el sostén cuestan $24.990. Todos los videos del curso de taebox de Billy Blanks, $59.990. Y una práctica máquina a pilas para cortarse los pelos de la nariz, $3.990.

Entre los nuevos productos, destaca un archivador que viene con seis casetes de autohipnosis que se dejan corriendo mientras uno duerme. También son recomendables las cintas para dejar de fumar, para perder peso aceleradamente y para mejorar la autoestima.

NO ES BROMA

Bromanía

Centro Comercial Apumanque, módulo en el primer subterráneo, Las Condes. Tel. 2127643.

En Bromanía solo venden bromas. Partiendo por los inocentes encendedores que tiran agua hasta los clásicos chicles picantes. Sin embargo, es tan alto el nivel de especialización que ahí han logrado,

Claudio Vera

EL CIELO. Abierto las 24 horas. Todos los días del año.

que incluso tienen su propia fábrica en la que auténticos Giros Sintornillos han desarrollado bromas para despedidas de solteros y solteras. Así, en Bromanía producen su propio Viagra (caja de pastillas que al abrir sale un miembro masculino, $1.500), o la banda Miss Virgen ($3.500). También ofrecen ropa interior con nariz de elefante, cocodrilo o payaso ($3.500) y, en la misma línea, los loquísimos "calzones boca". Pero lejos el producto más exitoso ha sido el modelo con campanitas que lleva inscrita la leyenda "Hazme sonar"($2.500). Se suman a la lista unos globos inflables que vienen estampados con provocativas imágenes del Kamasutra ($1.800, la docena), y unos tazones con forma de pezón en los que se bebe por un hoyo más picante que divertido.

TRAGO A GRANEL

Botillería El Cielo

San Diego 1428. Tel. 5511418.

El Cielo es el cielo. El paraíso. Una gigantesca botillería donde finos y ordinarios alcoholes se expenden a precios de mayorista. Sin embargo, pese a su sorprendente tamaño que la ha convertido en el Movicenter del copete, se trata de un negocio familiar que César Villalba inició en solitario en 1958, aunque ahora lo atiende junto a sus tres hijos. Ya no daba abasto.

La mega botillería ha crecido tanto en los últimos años que Villalba ha debido incluso comprar las propiedades aledañas, a fin de satisfacer la creciente demanda. Eso porque a El Cielo llega a comprar gente de todo el país y día a día hay al menos ocho promotoras de diferentes viñas y pisqueras ofreciendo degustaciones varias. Claro que El Cielo es mucho más que un hipermercado para alcohólicos terminales. El Cielo es todo un ícono pop de la idiosincrasia local; ha figurado en películas, documentales y libros; entre estos últimos un volumen de cuentos de la escritora Nona Fernández que tituló a su obra precisamente *El Cielo*.

El Cielo, ¿hay que decirlo?, está abierto todos los días del año.

MADE IN STGO.

Gran Fábrica de Tabacos José Domínguez B.
Holanda 3705, Ñuñoa.

Santiago de Chile no es Santiago de Cuba, pero en estos australes parajes también se pueden hallar esos gruesos tabacos que han hecho famosa a la isla, tanto o más que sus ardientes mujeres.

El milagro en nuestra ciudad es obra y gracia de José Domínguez, un gallego de Vigo que a principios del siglo pasado llegó a trabajar a La Moderna, una humeante empresa capitalina que más tarde daría vida a la célebre Compañía Chilena de Tabacos.

Una vez retirado, Domínguez creó El Toqui, una fábrica de finos cigarros para la cual trajo de Cuba a cuatro hacedores de puros, quienes empezaron a liar al ritmo de una chirriante radio aeme. Fue esa industria la que después dio origen a la Gran Fábrica de Tabacos José Domínguez, que alguna vez popularizó los puritos Cabrito y los potentes Cazadores, de los cuales han sido consumidores conspicuos capitalinos.

La fábrica, aunque venida a menos, aún funciona. Trabajan en ella seis personas en medio de sendos fardos de tabaco que se importan desde República Dominicana. Pero hay fardos que también llegan de insospechados rincones, como la Rinconada de Silva en el chilenísimo Putaendo.

REVISTAS PSICÓTICAS

Psycho
Portal Nueva de Lyon, Local 51, Providencia. Tel. 3330950. Revistas como Batman *o* Spawn *desde $2.500. Revistas especializadas, $30.000.*

Venden cómics pero no es una tienda de cómics; venden ropa pero no es una tienda de ropa; venden películas raras pero no es una tienda de películas raras. ¿Qué es entonces? Es Psycho, uno de los locales más increíbles del siempre sorprendente Portal Lyon.

Nació con la idea de ser un expendio de poleras insólitas, pero ahora no son solo remeras la especialidad de este diminuto local. Según Gian Paulo Dessinis, uno de los dueños (quien de niño se creía Peter Parker, el tímido joven detrás del Hombre Araña), el objetivo es traer por encargo fetiches de culto, como la *action figure* de Norman Bates, el protagonista de *Psicosis*, que en Psycho está disponible con su característico cuchillo desmontable.

¡TENÍAS QUE VENIR DISFRAZADO!

Casa de disfraces de Paulina y Alejandro
Nelson 1820, Ñuñoa. Tel. 2371310.
$8.000, arriendo diario de un disfraz.
Entre $60.000 y $80.000, confecciones.

Cuando se piensa en una tienda de disfraces inevitablemente se piensa en una "casa de disfraces". Pero esto nunca había sido tan literal como cuando apareció la Casa de Disfraces de Paulina y Alejandro, un matrimonio que por años ha confeccionado en su propio hogar los trajes para el Teatro de la Universidad Católica (para obras como *El burgués gentilhombre* y *Juana de Arco*) y también para el grupo Mazapán. Además, Paulina y Alejandro producen habitualmente disfraces publicitarios para empresas como Copec, Lever, McKay, Pepsodent e Hipoglós, por lo que siempre tienen en stock cosas bastante más insólitas que las que habitualmente es posible arrendar en este tipo de lugares. Por ejemplo, disponen de trajes de oso o de legionario romano, e incluso disfraces de tubo de pasta de dientes o de pomada para el popó. ¡Sorpresa!

¡TIKITIKITÍ!

La Casa del Huaso
San Diego 175. Tel. 6724478.

Esta folclorísima tienda existe hace treinta años y tiene lo que todo huaso o huasa debe tener: léase espuelas, sombreros, fajas, flecos, cinturones, trajes de china, botas corraleras, piales, taloneras, huija ayayay. Hay de todo y para todas las edades y sexos.

Su dueño, Héctor Ahumada, mantiene en reserva el nombre de sus clientes, pero reconoce que se mueve a alto nivel y que es amigo íntimo de huasos finos como Pedro Messone. De hecho la prenda más cara del local son los chamantos de Doñihue, que cuestan la nada despreciable suma de medio millón de pesos. Vuelta.

PERSA BÍO BÍO

BANG-BANG ESTÁS LIQUIDADO

Armas viejas, cuchillos y sables
Víctor Manuel 2220, galpón 1, locales 12, 13 y 14. Tel. 09-6326788.
Sábados, domingos y festivos, de 8 a 16 hrs.

En los locales de Patricio Tudela se consiguen viejas y oxidadas armas que habrían sido utilizadas por soldados chilenos en heroicas refriegas, como la Guerra de la Independencia y la Guerra contra la Confederación Perú-Boliviana.

Una pistola Lefucheux (1860) usada en la Guerra del Pacifico cuesta $60.000, mientras que sables y cuchillos de toda época valen en promedio unos $30.000.

Uno de los grandes chiches del local es una armadura española como las utilizadas durante la Conquista. Pero es una reproducción y la lata no solo está corroída sino que inservible. Aunque vale su precio.

POLILLAS Y RADIOTEATROS

Revistas mexicanas y chilenas
Víctor Manuel 2250. Sector 7, locales 243 y 245. Tel. 5314060 y 09-8406481.
Sábados, domingos y festivos, de 8 a 16 hrs.

Tal como lo han hecho cientos de melómanos, José Concha se instaló un buen día en el Persa a vender discos antiguos. Y, a poco andar, recordó que en su casa tenía un baúl repleto con las revistas que había leído de niño. Años después estos dos locales del Persa llegaron a ser los únicos especializados en revistas de colección. Es así como allí se consiguen desde los primeros números de *Condorito* hasta vetustos ejemplares de *Dr. Mortis*, *Superman* o *Estadio*. Por otra parte, Concha ofrece –aunque solo por encargo– grabaciones en casetes de los radioteatros del famoso y temible Dr. Mortis ($3.000). Ja, ja, ja. Ja, ja, ja.

LA PURA CHAPA

Wehrmacht
Víctor Manuel 2220, galpón 4, local 25. Tel. 09-2778066.
Sábados, domingos y festivos, de 8 a 16 hrs.

Hace unos años comenzó a rondar el Persa un misterioso hombre que sacaba pertrechos militares desde un bolso deportivo. Finalmente, este mercader de bototos, insignias y máscaras de gas se instaló con su propio local que hoy en día es el más serio –si no el único serio– del sector. Luis Escobar, su dueño, estudió en la Escuela Militar y aunque

LOS ÚLTIMOS CHARLATANES DEL PERSA

Parapetados detrás de unas mesitas plegables, los últimos charlatanes sorprenden con una insólita verborrea a quienes se aventuran por los extramuros del sector conocido como "los galpones" del Persa Bío Bío.

Antes era común verlos en cualquier esquina de Santiago pero, poco a poco, los charlatanes se han ido extinguiendo, aunque en este rincón siguen ofreciendo los mismos productos de, por lo menos, dos décadas atrás.

Pelapapas

Parece un invento de Giro Sintornillos. Y probablemente lo sea. Se trata de un simple alambre envuelto en plástico, cuyos extremos forman círculos que se adosan a la hoja de cualquier cuchillo, convirtiéndolo en un efectivo pelador de papas (o de zanahorias, o de repollo, o de lo que sea) que ya lo quisieran en Ilko. La lengua del charlatán hace el resto. Ante la sorpresa del magnetizado público, el alambrito se transforma en un prodigio tecnológico capaz de cortar con extrema facilidad papas "francesas", o las allí llamadas "papas Mc Donald's". Un charlatán de temer es Juan de la Barra -también conocido como Juan Pelapapas- quien vende su invento en $500.

Tecnogel para el hipercopiado

Parece pegamento en barra, pero en verdad se trata de un complejo compuesto químico que, según aseguran los charlatanes, fue desarrollado en Japón. Y uno de ellos, con la velocidad que solo una lengua prodigiosa podría alcanzar, explica en menos de un segundo cómo opera. Tome el tiempo: "Ponga la imagen que quiera reproducir sobre un paño. Luego coloque el gel sobre la imagen y enseguida frote, frote, frote, frote, con una cucharita ejerciendo presión. Espere un minuto. Y ya está". El único problema es que si bien actúa instantáneamente, el tecnocopiado no dura más de un lavado. $1.000.

Resorte hace lulos

Se ve simple y efectivo. Y es simple y efectivo. Un resorte metálico con manguito -que viene en tres colores opcionales- se introduce suavemente en la parte superior de una papa. El resorte hace el resto y el resultado es un lulo que tiene la misma forma del aparato y que bien podría ser una atinada elección a la hora del más fino cóctel. $1.000.

CLÍNICA DE MUÑECAS. Cirugías, implantes, rellenos y mucho más.

no terminó la carrera se convirtió en un sagaz coleccionista, llegando a conseguir en Rusia un cargamento de *souvenirs* nazis que habrían caído en manos del Ejército Rojo. Así se entiende que corroídas cruces de hierro, servicios, platos y libretas de soldados del Tercer Reich hayan llegado a Santiago.

En todo caso, Wehrmacht no es el único que ofrece estas exclusividades. En el local 29 del galpón 1, unos autistas mercaderes ofrecen pertrechos que, según ellos, habrían comprados a nazis que huyeron a Chile. Y, aunque sea difícil de creer, se encuentran rarezas como el abrigo de un supuesto oficial de la SS ($500.000), pasaportes nazis ($50.000), y unas cucharas y tenedores usados por hambrientos conscriptos de la tropa hitleriana ($20.000, cada pieza).

SERVICIOS

COMPOSTURA DE MONAS

Clínica de Muñecas
Merced 821, galería Santiago Centro, local 23.
Tel. 6397883.

Cuando Mariela González se deja ver detrás de sus payasos y dormilonas es como si apareciera una tía de Mazapán. Y lo cierto es que la ternura con la que habla Mariela no hace sino confirmar el hallazgo: "Acá a las muñecas les arreglamos los ojos, los brazos, las piernas, todo", explica esta mujer que ha continuado con la tradición heredada de su madre, Irma Rodríguez, quien fundó la Clínica de Muñecas luego de trabajar veinte años en una fábrica de peponas. Pero si bien la señora Irma comenzó arreglando muñecas en la calle, Mariela tiene una formal clínica que siempre está atiborrada de pacientes terminales. Su clientela más fiel son niñitas en busca de precoces cirugías estéticas, aunque también llegan maduras señoras con sentidos encargos de asilos de ancianos.

SERVICIO TÉCNICO DE FURBYS

Dr. Furby

Briones Luco 0202, La Cisterna. Paradero 17 y 1/2, Gran Avenida. Tel. 09-2373702.
Entre $8.000 y $5.000, arreglo y lavado.

Víctor Hidalgo –el Dr. Furby, según reza un aviso que tiene pegado en un vidrio del furbymóvil–, trabajaba en el departamento de marketing de una conocida importadora de juguetes, hasta que descubrió cómo arreglar estos lanudos monos, parecidos a los Gremlins, que hace unos años causaron furor.

De sorprendente naturaleza interactiva, los Furbys cuentan entre sus gracias con un idioma de más de doscientas palabras (el *furbiesh*), gracias al cual los chiquilines se van encariñando con estos seres que comen, se tiran chanchos y pedos, duermen siesta y, más encima, alegan por cualquier cosa hasta lo indecible ("mucho ruido" en *furbiesh* se dice *akitowa*).

Para alegría de los niños, el Dr. Furby descubrió cómo arreglar todos los desperfectos mecánicos y electrónicos de estos histriónicos muñecos. En su consulta ha pasado de todo, incluido un Furby punk a quien una niñita, luego de mojarlo, decidió secarlo en el microondas.

El único especialista de Latinoamérica –y quizás del mundo entero– ya ha reparado más de seiscientos de estos hiperkinéticos peluches, y para ello ha montado una clínica en su propia casa donde, utilizando bisturíes y jeringas, logra volverlos a la vida luego de comprensibles maltratos.

EL AGENTE 000

Spy House

Tel. 09-2354017. www.spy-house.com

Dante Yutronic lleva veinticuatro años dedicado al espionaje. Y, aunque debió cerrar su famosa tienda (La Casa del Espía) luego del bullado escándalo Piñeragate, aún mantiene operativas las sucursales de Miami y Argentina. Se suma un sitio web y un discreto aviso en algunos diarios de Santiago que aparece con incierta regularidad.

Todo nació, cuenta Yutronic, en los años dorados de Ofin (Oficina de Investigaciones); una empresa que prestaba servicios de investigadores privados que poco a poco fue derivando a la venta de artículos para el espionaje casero e industrial.

Actualmente, la Casa del Espía solo vende artículos a través de su página web, pero Yutronic aún ofrece –aunque con discreción– los mejores servicios que hicieron famosa a su casa-depósito; entre ellos los seguimientos ($440.000 semanales, con fotos y grabaciones incluidas), infiltraciones en empresas ($800.000 mensuales) y, por supuesto, venta y asesoría en el manejo de discretos y fantásticos micrófonos de espionaje (desde $390.000 a $4.000.000). Lo dijo Charly García: "Si no eres paranoico es porque estás desinformado".

MANEJO DE REPTILES

Apoquindo 4900, Las Condes. Edificio Omnium, local 41.

Cristián Casabon abrió en junio de 2000 una tienda en el Omnium que hoy en día es la única del país especializada en todo tipo de *gadgets* para criar reptiles. Allí es posible encontrar una variada oferta que va desde correas para sacar a pasear basiliscus hasta terrarios y libros para lograr mantener con vida a estos fríos bichos que están tan de moda.

Luego que en un vuelo Lan Chile Miami/ Santiago los pasajeros se dieran cuenta que una pitón africana viajaba entre ellos, se desató una irracional alza en la venta de estas mascotas que hoy en día pueden costar fácilmente medio millón de pesos.

Ello pese a que, sin son adquiridas en el creciente mercado negro (se estima que el tráfico de animales es el tercero después del de drogas y armas) pueden contagiar serias enfermedades, como la temible salmonelosis que produce fiebre, vómitos y una fulminante diarrea.

En Santiago la oferta de reptiles es sorprendentemente variada y va desde tortugas argentinas hasta iguanas o boas. Y aunque se sabe que en la Clínica Veterinaria Alemana tienen un especialista en animales exóticos, faltaba una tienda como la de Casabon donde cualquiera puede aprender a liar con escurridizas culebras.

César Scottie

MASCOTA ETERNA

Museo de Animales Embalsamados

Pueblito del Parque O'Higgins, Local 14. Tel. 5568824.
Desde $10.000, dependiendo del tamaño del animal.

El propietario del Museo de Taxidermia y Ciencias –un lugar repleto de aves, mamíferos y peces embalsamados que huelen a naftalina– es Nibaldo Reyes, un ex empleado de Correos de Chile que siempre soñó con tener su propio museo para exponer el material recolectado tras toda una vida consagrada a la taxidermia.

En las tres salas de la galería se exhiben animales tan disímiles como patos, pudúes, flamencos y armadillos. Pero lo verdaderamente especial de este lugar es que allí se especializan en embalsamar animales domésticos (perros, gatos, canarios), los que luego de pasar por las manos de Reyes pueden aspirar a la eternidad adornando el hogar de su ex dueño, tal como ocurre con algunas mascotas de dudoso gusto que se exponen en el que debe ser el lugar más bizarro del Pueblito del Parque O'Higgins. Lo que no es poco decir. ¿Está pensando en embalsamar a su Pluto? No dude en llamar a Reyes: el rey.

NIBALDO REYES. Vida eterna para tu mascota.

FLIPPER HOUSE. Ya no se necesitan fichas.

TILT

Flipper House

Echeñique 7711-E, Ñuñoa. Tel. 2733643 y 09-4165300.

Flipper House nació cuando a Marcelo Cabrera le dieron el dato de un viejo Space Invaders (flipper diseñado en Chicago en 1991) abandonado en una botillería de Puente Alto. Entonces Marcelo lo compró y lo arregló, tras lo cual se entusiasmó tanto que ahora tiene cuarenta y cinco flippers en esta casa-taller en la que, además, trabajan dos pintores y dos expertos en electrónica.

Por una parte, allí venden viejos flippers que, no sin pocos esfuerzos, él y su pareja han logrado volver a la vida. Entre ellos el romántico Golden Arrow, clásico de los clásicos, que fácilmente puede costar medio millón de pesos. Por otra, ofrecen todo su *expertise* para reparar viejas máquinas y ubicar añosos flippers estén donde estén.

FIESTAS CON PSHYCOBILIS

Los Tíos Bizarros

Cóndor 784, Depto. 42. Tel. 7632179.

Los Tíos Bizarros animan todo tipo de eventos y en cada sitio donde se presentan llevan lo mejor de su "pshycobilis", que, según ellos, no es otra cosa que "lo más bizarro del rockabilis"; o sea, lo más parecido al rock de los años 50, claro que "más bastardo".

Los Tíos Bizarros llevan dos años tocando juntos y, por lo pronto, tienen catorce temas que piensan incluir en su anunciado primer disco. ¿De dónde viene el curioso nombre? Cuando nació el hijo del ex vocalista del grupo, el resto de los integrantes fue a

VISIÓN DOBLE

Los dobles la llevan. Están de moda. Contar con uno de ellos en un cumpleaños, matrimonio o fiesta de proporciones es número asegurado. Un doble podría significar que el mismo evento sea por lo menos cuatro veces más divertido. Y no necesariamente cuatro veces más caro. A continuación un breve índice de los dobles más bizarros de Santiago, cualquiera de los cuales se puede contratar por tarifas que rondan los cincuenta mil pesos.

LUIS MIGUEL: su verdadero nombre es Marcelo Henríquez y, pese a que usa lentes de contacto, tiene los mismos gestos que el ídolo azteca e incluso se viste igual. Además canta. Y no canta nada de mal. Diez merendinas. 09-5948522/5268242.

PEDRO FERNÁNDEZ: de todos los dobles capitalinos, Patricio Marambio debe ser el más parecido al original. Marambio es copia calcada, e incluso se da el lujo de usar un sombrero charro que le regaló Pedro Fernández *real*. 09-5102502.

CELIA CRUZ: Rosa Núñez es chica y morocha, no canta nada de nada, pero cuando imita a Celia se mueve tanto o más que la azucarada estrella. El único problema es que es tan doble que usa el doble de lápiz labial. 09-2430543.

PUMA RODRÍGUEZ: René González trabaja en una conocida fábrica de neumáticos, y es tan parecido al ídolo venezolano que sus compañeros de trabajo lo llaman el Puma. González lleva el mismo corte de pelo estilo cacatúa y todos los gestos le salen idénticos. Si el Puma no fuera tan conocido se podría decir que José Luis Rodríguez imita a René González. 09-3306820.

RICKY MARTIN: Guillermo Carballo es uno de los números fijos del Bubble, y es tal su nivel de profesionalismo que hace un tiempo anunció que se iría trabajar a Miami como doble de Ricky (para disminuir el acoso). Sin embargo aún está en Santiago. Pero de que se mueve, se mueve. 09-8144209.

JUAN GABRIEL: Antonio Cornejo abandonó la carrera de corte y confección para dedicarse a lo que más ama: imitar a Juan Gabriel. Claro que no fue cosa de llegar y hacerlo. Incluso debió ser impulsado por los miembros de Amor Eterno, el fanclub de Juan Gabriel, donde lo motivaron para que se dedicara profesionalmente. Y lo ha hecho bien, tanto que ganó una final de dobles en *Sábado Gigante Internacional*. 09-8454701/7811106/8113139.

CHAYANNE: a Jonás Schneider a veces le indigna su parecido con Chayanne. Eso porque él mismo se considera un artista de alto nivel, al punto que también canta y crea sus propias coreografías. De hecho se dice que Jonás Schneider también tiene un doble. 09-4339790.

conocer a la guagua. Entonces el papá cantante, dirigiéndose a su hijo bebé, le dijo: "Mira, estos son los tíos bizarros que te vinieron a ver".

INDUSTRIA BIZARRA

MARAVILLA GASTRÓPODA

Crema de Caracol

Padre Orellana 1319. Tel. 5563256. www.elicina.corp.cl

Heliz aspersa müller es el nombre científico de los babosos caracoles chilenos, con los cuales la familia Bascuñán Ygualt fabrica desde hace años una milagrosa crema llamada Elicina, recomendada especialmente para borrar cicatrices gracias a su profunda acción exfoliante.

La diminuta fábrica, ubicada a unos pasos de Vicuña Mackenna, no ocupa más de 130 metros cuadrados, distribuidos en una oficina y un reducido galpón donde se alimentan con zanahoria a unos trece mil caracoles a los que diariamente se les "ordeña" la baba –rica en alantoina, antibióticos naturales, colágeno, elastina y ácido glicólico–, y que es la base para producir treinta mil potes mensuales de la regeneradora crema.

Los caracoles son moluscos gastrópodos, la segunda mayor clase del Reino Animal, y corresponden a hermafroditas imperfectos, claro que no tanto, pues desde tiempos inmemoriales se les atribuyen poderes sanadores.

PASTA MEDICINAL

Resonancia Magnética Nuclear Chupable

Cerro Altar 6619, Las Condes. Tel. 2018066.
$5.000, el pote.

Tras estudiar los efectos de los rayos gamma y ultravioleta en vegetales y seres humanos, el ingeniero Ciro Fernández –experto en física nuclear– creó una pasta base realmente desconcertante. Un ungüento medicinal hecha con miel de abeja, leche y un campo magnético, todo lo cual actuaría después, a nivel de las neuronas, por osmosis. El invento de Fernández –quien falleció hace algunos años– no se traga, solo se chupa, y está especialmente indicado para enfermos de psoriasis, artritis, artrosis, asma, várices, úlceras, e incluso cáncer. Chúpate esa.

La pasta Fernández no la deben consumir ni diabéticos ni enfermos con cáculos renales. Para el resto, la única restricción es el alcohol y los alimentos con grasa.

INGENIO NACIONAL

Cantele, el inventor

Tel. 2771672.

Aldo Cantele es ingeniero mecánico, y todo su ingenio lo ha puesto al servicio del desarrollo de bizarros prototipos para los fines más extraños que sea posible imaginar.

Cantele inventó un esquí motorizado con el cual no se necesita pagar ticket en la nieve. El prodigio, llamado "esquí oruga", está dotado –como bien lo dice su nombre– de dos orugas retráctiles, gracias a las cuales no solo se puede andar en la nieve sino que también entre charcos y piedras. Claro que este esquí, que funciona con bencina, pesa al menos treinta kilos más que uno normal.

Cantele es también inventor de la bicicleta "periscópica", la cual no utiliza pedales y se desplaza gracias a la acción de piolas. La bici de Cantele tiene dos ruedas, pesa cuatro kilos y, actualmente, el inventor está viendo cómo producirla industrialmente.

Creó, además, una práctica bolsa para lavar perros sin tener que mojarse. Se trata de una manga de plástico dotada con una manguera para desaguar y unos hoyos para meter las manos como en una cuna artificial.

ARRIENDOS

ENANOS

Producciones Roberto Avendaño
Tel. 6036295. 09-5446674. $30.000, por cabeza, para fiestas o eventos. Entre $20.000 y $25.000, shows para cumpleaños infantiles o fiestas de adultos.

Aunque Roberto Avendaño, Puntito, dirige un grupo que anima cumpleaños infantiles y fiestas de adultos (ofreciendo en estas últimas una rutina con chistes de doble sentido junto a sus hijos, los payasos Milagrito y Criatura), su especialidad es surtir de enanos a pequeños grandes eventos.

Puntito inició su vida artística en Los Bochincheros, cuna de talentos donde se hizo amigo de otros chicos como él; entre ellos Patito Pototo y Lucy López, la pareja que durante años dio vida al célebre dúo Pimpinela. Poco después, Puntito fue tentado por el cine y trabajó en películas como *La rubia de Kennedy,* donde hizo de duende; y en *Tierra sin ley,* donde trabajó de barman. Sin embargo, su papel más recurrente ha sido el de Tatoo. La primera vez en el restaurante Los Faisanes. Y la última, en la ex discoteque Oz, para el lanzamiento de una conocida línea aérea, donde agasajó a los invitados vestido de blanco.

El currículum de Puntito suma divertidas *performances* en discos como Planet y Cover. Y año a año surte a grandes malls de chiquilines que interpretan a gnomos en Navidad. Sin embargo Puntito tiene sus límites. No hace mucho se negó cuando le pidieron de una disco de Viña que consiguiera amigos para practicar "lanzamientos de enanos". "¿Para qué –se pregunta Puntito– si el producto es bueno y escaso?".

GENTE LINDA

Tomás Cox Producciones
Suecia 2628, Providencia.
$25.000 y $50.000, promedio por dos horas.

Si lo planeado es una fiesta glamorosa y con estilo, pero quienes arman el mambo juntan menos onda que la que hay en una sala de espera, una excelente alternativa es arrendar gente linda donde Tomás Cox Producciones.

"Se trata –asegura Cox, dueño del boliche y gestor de la idea– de conseguir muchachas y muchachos con distinción, generalmente gente rubia y luminosa que le dé glamour al evento". Por ello, junto a una agencia de modelos con la que trabaja, esta productora ofrece una lista con más de cien amigos-invitados: personas hermosas,

TE PRESTO MI ELVIS

Santiago no es Graceland pero tal como sucede en otras partes del mundo está repleto de dobles de Elvis Presley. Estos se pueden arrendar para animar eventos, cumpleaños y fiestas varias. Uno de ellos es **Claudio Miranda (09-7690679),** un Elvis de patillas y ojos azules de contacto, quien tenía solo siete años cuando murió el Rey. Y entonces lloró. Miranda usa en sus presentaciones una vestimenta que le hizo especialmente su madre y, la verdad, es que cumple demasiado bien con el cometido. **Caco Zara (09-2305528),** por su parte, es de los Elvis chilenos que menos parecido físico tiene con el rey, pero hay que decir que de todos es el que canta mejor. Otros Elvis a considerar son: **Alfredo Elvis (09-3322258)** y **Raúl Elvis (09-7690679)**.

PUNTITO. El gran manager de enanos.

educadas, que no beben ni fuman y, mejor aún, que no hacen preguntas indiscretas y saben sonreír. A cualquiera de ellos se les puede arrendar para cumpleaños o fiestas privadas en que se quiera causar alto, altísimo impacto.

MASCOTAS

Mascota
Capellán Abarzúa 2, Bellavista.
Tel. 7776520. Fax 7354946. $70.000, sesión de foto por animal. $400.000, arriendo de animal protagónico para un comercial.

Pedro Montán arrienda todo tipo de animales para comerciales, fotos y eventos. Tal es su profesionalismo que, como manager de Gala, la perra golden retriever que hablaba por teléfono en un comercial de celulares ("¿Te gustó el huesito de anoche?"), se ha posicionado como el principal *dealer* de animales modelos de la ciudad.

Su centro de operaciones es una pequeña tienda de animales en Bellavista, en cuyo patio ha dispuesto una serie de jaulas. Ahí mantiene cientos de pájaros que en cualquier minuto podrían lanzarse al estrellato. Aunque hoy la única estrella es un pato pekín –plumífero igual al que él mismo le prestaba al "Efe"–, que se crió entre humanos. Y por lo mismo ya no puede volver a vivir entre sus congéneres.

Si bien la lista de animales que Montán ha hecho célebres es inmensa, destacan las cotorras argentinas que él mismo pintó de verde para un comercial de celulares y la boa que se retorcía en el paraíso en un comercial de jugo de manzana.

Montán lleva dieciocho años ofreciendo sus servicios y, aparte de publicistas, recurren a él productores de cine y televisión; tanto que el propio Carlos Pinto ha arrendado pájaros para sus escenas más hitchcockianas.

CUADROS

Leasing Art
Carmencita 220, Las Condes.
Tel. 2465081 y 09-3271306.

Quien organice una cena en la que está obligado a lucirse, puede llamar a Leasing Art, empresa que por módicos quince mil pesos arrienda al dueño de casa taquilleros cuadros de artistas como Sammy Benmayor o Bororo.

La idea fue de la periodista Lucía Gallo y de las pintoras Carmen Valbuena y Carmen Piemonte, las que en un principio se unieron con el objeto de buscar obras especiales para gente también especial.

Actualmente, Leasing Art arrienda valiosos cuadros para reuniones de directorio (obras de Toral, Cienfuegos, Lira), por precios que fluctúan entre los cuatrocientos y quinientos mil pesos; una bicoca considerando que ser propietario de una de esas obras podría costar fácil más de diez mil dólares. Por lo mismo, la idea ha prendido también entre indecisos matrimonios jóvenes, que pueden arrendar cuadros por solo ocho mil pesos diarios. Básicamente, para ver si tal o cual cuadro "choca o no con la alfombra o la cortina...". O, simplemente, para darle estilo a un cumpleaños.

El más tatuado

"LA PIEL TATUADA NO SE LA COMEN LOS GUSANOS"

Tiene treinta años, está soltero, y en su espalda, además de un gigantesco dragón que tardaron más de diez horas en hacérselo, tiene grabadas en grandes caracteres góticos sus iniciales. CEBT: Carlos Eduardo Baeza Pozzetti.

El chileno con más tatuajes en el cuerpo tiene más del doble de los que tendría cualquier obseso por la tinta. Claro que él se dedica profesionalmente al rubro. Con su papá son dueños de una empresa donde producen máquinas de alta tecnología para tatuarse uno mismo de pies a cabeza.

–¿Cuándo y cómo te hiciste el primer tatuaje?

–Fue a los veinticuatro años y me lo hizo el Bicho, un tatuador que tiene una tienda en Valparaíso. Además él me enseñó el teje y maneje del tatuaje y por eso después me he dedicado a fabricar máquinas para hacerlos. Tengo varios modelos y la más cara vale alrededor de sesenta mil pesos.

–Y de todos tus tatuajes, ¿cuál ha sido el más caro?

–Este diablito que tengo acá. Por él pagué setenta mil pesos. Me lo hizo Gonzalini, quien ya no tatúa porque se aburrió.

–¿Quién es el mejor tatuador de Santiago?

–Hay varios. Pero uno que a mí me gusta mucho es el Tata Chama, del Diablo Tatoo, una tienda de tatuajes y *piercings* que está al lado de la Feria Santa Lucía. En todo caso cada cual tiene su estilo y hay varios que son buenos. Siempre sale nueva gente en el camino.

–Bajo el cuello tienes grabado el nombre "Bernardita". ¿Quién es Bernardita?

–Mi polola.

–¿Y si mañana terminan?

–Nos llevamos bien y no vamos a terminar. Pero igual no me importaría llevar su nombre.

–¿Qué tatuaje te falta?

–Unos autos antiguos aquí en las costillas. A todo color. Quiero tener unos cinco o seis: un Ford 32, un Mercury 41, un Camaro, un Pontiac y un Mustang. Y los quiero envueltos en llamas. El problema es que hacerlos en esa zona duele muchísimo. De hecho es la zona donde más duele.

–¿Tomas algo para el dolor cuando te tatúas?

–Yo nunca he tomado un analgésico. Un tatuaje sin dolor no es tatuaje.

César Scottie

–Dicen que cuando uno se muere, la piel tatuada no se destruye.

–Es verdad. La piel tatuada no se la comen los gusanos porque para ellos la tinta del tatuaje es como veneno. En Estados Unidos hay un museo de pieles tatuadas, y ahí mismo te venden restos de piel para que pongas en el living el pedazo de tal o cual persona.

–¿Venderías tu piel?

–Claro. Así otros podrían seguir viendo mis formidables tatuajes.

MARIACHIS

Almariachi de Trujillo Producciones
Carmen 2845. Tel. 5556878.

El director del sonoro Al Mariachi es Luis Trujillo, primo del tío Valentín Trujillo. Él dirige a siete profesionales, todos músicos de estudio, que conocen al dedillo los grandes clásicos del romanticismo charro.

Trujillo, eso sí, se lamenta de que en Santiago las serenatas nunca resultan debido a que a nuestras tímidas mujeres les da mucha vergüenza y, desde un principio, aúllan para que los mexicanotes dejen de aporrear sus guitarras. Pese a ello, Al Mariachi anima aniversarios, cumpleaños y fiestas de empresas, siempre con una fina selección de las mejores rancheras de todos los tiempos.

VIDEOS AM

AM/PM
Monseñor Miller 54, Depto. 2. $1000, videos. $1.500, DVDs. Después de la 1 AM, $500 de recargo.

Las megatiendas de videos suelen estar bien surtidas, pero no siempre quedan tan cerca de casa como uno quisiera. Y, como si eso fuera poco, cierran a las doce de la noche, justo la hora en que muchos quisieran ponerse en las manos de Wenders o Jean Claude van Damme.

Para esos insomnes, en el llamado "Vaticano Chico" (Providencia entre Condell y Seminario) hay una pequeña pero respetable tienda casera de videos, dotada con cerca de setecientos cincuenta títulos, entre videos y DVDs, que es atendida las veinticuatro horas del día por el afable Polly, un sacrificado tipo que es capaz de levantarse de madrugada si es que algún cinépata llega a tocar el timbre a las horas más imprudentes.

ESCUELAS Y CURSOS

CLASES DE GO

Instituto de Cultura Oriental
Luis Thayer Ojeda 390, Providencia. Tel. 2517660
Clases todos los sábados desde las 10.30 hrs. $0.
Club Coreano de Go
Tel. 7323266.

El go es un juego de estrategia de origen chino. Se aprende a jugar en solo minutos, aunque se necesitan años para lograr un mínimo desempeño.

Pese a que en Chile no hay más de veinte jugadores, el go está de moda porque aparece en *Pi*, esa película en la que un genio paranoico descubre un número que explicaría el sentido del universo. Pero mucho más simple que eso (aunque no menos metafórico), el go se juega con 180 fichas blancas y 180 fichas negras, siendo el objetivo de cada jugador poner piezas en el cruce de línea a fin de ganar territorio en el tablero. Sin embargo el go permite ir capturando las piezas del rival, lo cual se logra rodeándolas con las propias.

Para iniciarse hay que tener paciencia de chino, cierto. Pero también es cierto que más paciencia hay que tener para jugar con los "GO" (gi-ou) de algún Club Med.

En Santiago, el único gran maestro de go es Wang Jianhua, quien enseña en el Instituto de Cultura Oriental.

EFECTOS ESPECIALES GORE

Academia Cinematográfica de Chile
Valenzuela Castillo 1145. Año completo, $770.000; $800.00 en cuotas.

Los cursos FX se realizan una vez al año y comienzan en marzo. Durante el período lectivo, los alumnos aprenden a hacer piel sintética y máscaras terroríficas, además de maquetas con y sin movimiento, lo cual se complementa con la producción de sangre artificial.

El curso está a cargo de cuatro idóneos profesores –los señores Huamán, Soto, Borcoski y Definis– y, aunque cada cual tiene su especialidad, el resultado es una suma de lecciones fundamentadas en el *gore*, que abarcan desde principios elementales de robótica hasta todo lo necesario para fabricar mutantes. Claro que lo más solicitado es cómo elaborar plasma sanguíneo con tinta, glucosa y vegetales. A lo que se agrega cómo hacer piel con goma látex, amén de cicatrices de yeso.

BAILES EXÓTICOS

Estudio Profesor Valero

Almirante Simpson 28 y Vitacura 5480. Tel. 2229259.

Sergio Valero Guzmán –el profesor Valero– tiene en Santiago dos academias en las que enseña exóticos ritmos como el *maxixe* brasileño ("parecido al *bossa nova* pero más lento"), o bien el *bahión* ("predecesor de la *lambada* pero más elegante"). La lista es insólitamente larga e incluye el *forró* del nordeste brasileño, el *real* y el *merecumbé* de Colombia, el *sau-sau* polinésico... En fin.

¿Cómo hace Valero para saber tantos y tan complicados bailes? Simplemente viajando para estudiar *in situ* todos los pasos, movimientos y cadencias que luego transporta a sus aulas. Es así como el profesor ha trabajado en casas de remolienda en Brasil. Y fue por lo mismo que en 1958 viajó a La Habana, donde terminó preso tras arrendar el auto que el día anterior habían utilizado los secuestradores de Juan Manuel Fangio, el famoso corredor de autos. Son los costos que implica la particular metodología de este académico que, gracias a su particular sistema, ahora enseña siete tipos de merengue y cientos de otros bailes no menos insólitos como el *axé* o la *gafieira*. De hecho, de todos los que conoce, el único que no enseña es el *boogle* jamaiquino, un sensual ritmo que se baila pelvis contra pelvis. No por nada con él estudió la célebre Porotito Verde.

MI BELLO GENIO

Instituto de Superdotados de Chile

Mirador Azul 475, La Florida. Tel. 5584958.
Matrícula $100.000, mensualidad $110.000.
informaciones@institutodesuperdotados.cl

Único en Latinoamérica, el Instituto de Superdotados de Chile fue fundado en 1964 –originalmente con el nombre de Brotherly College for Gifted Children– y desde entonces se ha especializado en formar superdotados; meta a la que, según afirman ahí, puede aspirar "todo pequeño nacido cerebralmente normal".

Su fundador es Mario Gambra, profesor, investigador, científico y filósofo, pionero de la eduación de superdotados en las naciones de habla hispana. También preside el Consejo Mundial de Superdotados, con sede en Francia, y ha escrito varios tratados sobre el tema, poniendo énfasis en que el superdotado "no nace sino que se hace".

Actualmente, los niños ingresan a los dos años, y permanecen entre cuatro y cinco en el instituto. Este tiene alrededor de sesenta alumnos en enseñanza preescolar, a los cuales se prepara para los primeros años de educación básica. En todo caso, según Gambra, el mejor momento para crear un superdotado es el período del embarazo y los primeros meses de vida, todo gracias a múltiples técnicas que las mamás pueden conocer en el mismo instituto.

Entre los ex alumnos, encabeza la lista Emilio Antilef, el niño/poeta/mapuche que saltó a la fama luego de sus apariciones en *Sábados Gigantes*. También se enorgullecen de Ricardo Muñoz, quien a los catorce años entró a estudiar ingeniería; y Paulo Vilches, un pendex que egresó de la universidad a los diecinueve años, y actualmente realiza un doctorado en España.

BAILES COLONIALES

Agrupación Folclórica Raquel Barros
San Diego 630, oficina 44. Tel. 6874967.
$50.000, mensuales.

Si tu objetivo es aprender algún romántico baile colonial, ¿dónde vas? Fácil. A la Agrupación Folclórica de Raquel Barros, la única en el país donde se aprenden vetustas y olvidadas danzas como el *aire*, una danza de salón que habría llegado a Chile hacia 1800, de la mano de los más bohemios y danzarines reclutas del Ejército Libertador.

Allí se realizan clases dos veces por semana, y los alumnos con más condiciones pueden pasar a integrar el selecto cuerpo de baile de esta agrupación que, entre otras cosas, fue el elenco estable de *Martín Rivas*, aquella exitosa miniserie (basada en el libro homónimo de Alberto Blest Gana) ambientada en los años en que los hombres usaban patillas y corbatas de lazo, en tanto las mujeres se paseaban con inigualable gracia enfundadas en unos largos vestidos de vertiginoso andamiaje.

NEW-NEW AGE

Nueva Acrópolis
Vicuña Mackenna 76. Tel. 6344360.

La Corporación Cultural Nueva Acrópolis fue fundada en Buenos Aires en 1957 por el profesor Jorge Livraga, y ya son cincuenta las naciones donde funciona, incluyendo Chile, país en el que opera desde 1965.

Su objetivo no es otro que crear una Nueva Sociedad y se han consagrado a la educación de lo que allí se conoce como "los más nobles ideales humanos". Esto se traduce en nada menos que la construcción de la soñada Fraternidad Universal, que para ellos es menos galáctica que terrenal.

Para cumplir la difícil misión, Nueva Acrópolis –una verdadera universidad de la *new age*– realiza todos los miércoles, a las 20 hrs., charlas gratuitas sobre diferentes temas, entre ellos "El enigma de la gran pirámide", "Filosofía para el conocimiento de sí mismo" o "Influencia de la luna en la psiquis humana". En el mismo ideario educativo se desarrollan grupos con conciencia ecologista y se ofrecen clases de bonsai.

HOY NO HABRÁ CLASES

Escuela de los de Abajo
Campo de Deportes 581.

Formalmente es una escuela de "dos años en uno". Pero, técnicamente, es la escuela de Los de Abajo; el brazo civilizado de la barra brava de la Universidad de Chile. Por eso todo el colegio está pintado de azul y rojo. Y por eso también todos los alumnos son tipos cuya única razón de ser es ser de la U.

Usualmente no hay más de quince alumnos por curso, aunque la cifra aumenta hacia fin de año cuando un liceo realiza exámenes libres para sacar cuarto medio. Eso sí, nadie paga matrícula o colegiatura, aunque sí existe el lema "Deja tu gamba".

Como casi todos trabajan, las clases son de 18.30 a 21.30 hrs. Y, como es un colegio de escasos recursos, prácticamente no hay materiales. Sin embargo la escuelita de Los de Abajo recibe ayuda económica de la directiva de la Universidad de Chile. Y lo único que no falta es una tele gigante para ver fútbol.

El centro de formación está a cargo de cinco sicólogos, quienes pretenden sacar muy luego un proyecto educativo para saber qué es lo que realmente van a enseñar. Y, aunque no tienen un reglamento, como ocurre en todos los colegios normales, los mismos sicólogos están tratando de crear uno. Claro que por el momento se llegó a un acuerdo con los excéntricos pupilos, quienes se comprometieron a no tomar alcohol ni fumar marihuana en dos cuadras a la redonda.

LOOK BIZARRO

ROPA DARK

Gótica Girls
Edificio Dos Caracoles, local 22-B, Providencia.
Tel. 3347848. www.goticagirls.cl
Accesorios como cadenas y cruces, desde $2.000.

Gótica Girls se ha convertido en el auspiciador oficial de las temidas Fiestas Vampiro (ver Noche Bizarra). Y es por eso que, por esta pequeña pero bien surtida boutique, suelen deambular todos los vampiros de la metrópolis antes de darse cita en alguna noche de jugoso placer. Claro que, genéricamente, se trata de una tienda en la que sobran terciopelos, encajes y erotismo.

"Una auténtica niña gótica –asegura Marta Cepeda, la rapada dueña de Gótica Girls– se viste entera de negro, incluyendo la ropa interior". En este estilo, aquí se encuentran anchas faldas, con encajes y transparencias, corsets telarañas, además de las irreemplazables cruces. También capas de vampiro, temibles dedos metálicos terminados en punta y máscaras de plumas tipo *Eyes wide shut*.

Gran parte del stock de Gótica Girls se trae desde Estados Unidos, aunque muchas prendas son diseñadas en casa. La oferta se complementa con un amplio surtido de accesorios como boas de plumas, collares de fantasía, uñas postizas, pelo artificial, cinturones con puntas y ataúdes en miniatura. Completa el cuadro un sorprendente catálogo de ropa sadomasoquista, incluidos calzones de cuero, sostenes sin copa, esposas y látigos

TATUAJES RADICALES

Del Diablo Tatoo
Alameda 580, local 19. Tel. 6393086. www.deldiablo.com

Un cartel pegado en la vitrina que dice "Autorizado por el Ministerio de Salud Pública" no es la única señal para concluir que se está frente a uno de los mejores lugares para requetetatuarse. Pegoteada en los mismos vidrios, destaca una insólita galería de fotos de famosillos, todos los cuales han encontrado en Del Diablo Tatoo aquella marca de la cual enorgullecerse *for ever.* A saber, Alfredo Lewin y José Luis "el Pera" Cuadra, entre otros.

A simple vista esta tienda especializada en tatuajes y joyería corporal no es muy distinta a otras decenas del mismo rubro. Sin embargo hay por lo menos dos grandes diferencias. Una es que el propietario es el "Tata" Chama, según los adictos a los tatuajes el más capo de los artistas de la aguja y el diseño subcutáneo. La otra es que allí trabaja Giordano, un sorprendente tatuador que tiene grabado en su rostro unos temibles motivos macríes.

ESTILO ASEREJÉ

Arabesca
Providencia 2529, local 35. Tel. 2345224. arabesca@hotmail.com. Pañuelos entre $18.000 y $50.000. Crótalos entre $6.000 y $18.000.

Chicas que bailan en restaurantes árabes y chicas que ejecutan la danza del vientre en hoteles especializados son las mejores clientas de Arabesca; una tienda que enloquecería a Shakira.

Llegan también aquí quienes buscan los más diversos artilugios relacionados con la imaginería de *Las mil y una noches*: léase

GIORDANO. Te puede tatuar de pies a cabeza.

ésar Scotti

trajes de lentejuelas (traídos directamente de Egipto), velos de mano y pañuelos para las caderas, además de los clásicos crótalos, esos platillos semejantes a las castañuelas. En Arabesca tienen también aros, collares, tobilleras, cintillos; en fin, muchos artículos tipo *Mi bella genio*. Como si eso fuera poco, ahí mismo se puede contactar a alguna chica experta en la danza del vientre y, por un precio razonable, conseguir un baile en el living de la casa. ¡Epa!

PIERCING EXTREMO

Púas Tatuajes

Marcoleta 520. Tel. 8115623. 09-7250097.

Se acabó el tiempo del arito en el ombligo. Lo que ahora viene es el *piercing* extremo, estilo que busca los lugares más insólitos del cuerpo para meterse las joyas que se quieran lucir. Eso pese a que, hace solo unos meses, desapareció de la escena el sumo sacerdote de este oficio: Monkeyman, un rudo de cabeza rapada y aros por todo el cuerpo, que hizo noticia cuando se colgó del techo de un pub, atravesándose para ello unos anzuelos de bacalao, logrando así un truco digno de *Jackass*, conocido como "Supermanspecial".

Sin embargo, no son pocos los competidores que le han salido al paso. Uno de ellos es Mario Valdez, quien trabaja en el local Púas y Tatuajes de Marcoleta. Ahí, quienes buscan algo realmente especial, encontrarán todo lo requerido para ejecutar este estilo que, sin anestesia, perfora manos, pies, narices, labios, lenguas e incluso genitales, práctica que en los hombres es conocida como "Príncipe Alberto" ($40.000). Mario Valdez, en todo caso, fabrica sus propias joyas y ofrece algunas variantes a esta técnica que atraviesa el órgano masculino por la uretra para salir por un costado del frenillo. Se trata de la famosa apadrabia, en la cual se cruza directamente el glande. Uuu.

PATILLAS NEW WAVE

Peluquería Francesa

Libertad con Compañía. $3.000, el corte.

El primer dueño de esta peluquería –clásico de clásicos del chic bizarro local– fue Emilio Lavaud Lamothe, quien la heredó de su padrastro. Hacia 1925, la peluquería estaba en las inmediaciones de la plaza Yungay, y es por eso que todos los muebles son de la época. Incluso hay un calentador de agua de los tiempos en que se ofrecía el servicio de barbería, amén de varios avisos de Wella de los años 50.

Cuando falleció Lavaud, la peluquería quedó en manos de quienes trabajaban en ella, y entonces comenzó a ser visitada por músicos *undergrounds* de grupos como Electrodomésticos o La Ley. Después se hizo cliente Andrés Pérez. Por la misma época, las cabezas más punks de Los Parkinson, Los Peores de Chile y los Fiskales Ad-Hoc se dejaron caer por ahí. ¿La razón? Los peluqueros de antaño conocían todos los secretos de los cortes que puso de moda la *new wave*, estilo que aún sigue teniendo incondicionales adeptos.

PINTA LÁTEX

Vapy

Antonia López de Bello 573. Tel. 7777132.
Conjunto de látex, $14.000.

Dos maniquíes vestidos –o desvestidos– con cueros y transparencias negras y aleopardadas dan la bienvenida a Creaciones Vapy, la boutique de Patronato que lidera el mercado de la lencería lúdico-erótica.

Vapy, por cierto, es el único lugar de Santiago donde se pueden conseguir calzones de no castidad, los cuales se ofrecen con un juguetón candado y tres llaves ($3.500). Eso junto a los divertidos calzoncillos "elefante" ($2.000), y los sorprendentes calzones que se convierten en sostén ($8.000).

"Todos tienen fantasías que desean cumplir", aseguran en Vapy, donde la ropa sexy de cuero o de látex, se encuentra a precios más que razonables. Por algo será que sensuales estrellas como Nancy Guerrero y Soledad Pérez prefieren Vapy. Prefiéralo usted también.

CORTE ALEMÁN

Peluquería El Fígaro Nortino

Irarrázaval 2266. $3.000 corte de caballero. Descuentos a semicalvos.

"Toque el timbre y avise su llegada. Hace poco me robaron porque aquí está lleno de cleptómanos", dice un papel, escrito a mano, que está pegado junto a la puerta de la vieja peluquería de Vicente Guajardo Zamudio –el Fígaro Nortino–, un anciano que llegó hace más de cincuenta años a Santiago.

Lo normal, en todo caso, es que cada vez que un cliente llegue el Fígaro esté durmiendo. Guajardo Zamudio trabajó en el norte en una compañía de ópera y tiene más de noventa años. Está medio sordo, y cuando toma una tijera la tijera se sacude como si el abuelo tuviera Parkinson. Pero no hay de qué preocuparse. El Fígaro sabe lo que hace. Y en solo segundos es capaz de reproducir fantásticos cortes antiguos, como el corte inglés o el alemán, ambos de última moda.

DISEÑO DE CICATRICES

Laberinto

Providencia 2209. Paseo Las Palmas, Local 042. Tel. 3331747.

Marco Antonio, el Turco, no es un tatuador más de esos que ahora abundan en Santiago. Marco Antonio es el único artista local que se dedica a realizar escarificaciones y *brandies*. Esta última técnica –que hace tiempo viene en alza–, consiste en hacerse un tatuaje lineal, sin más diseño que la marca que deje una cicatriz producto de una herida cortopunzante. La escarificación, en tanto, no es otra cosa que quemarse la piel con algún diseño agradable y, como ya se estará pensando, no es muy distinta a las marcas grabadas a fuego que lleva sobre su pelaje hasta la más fina vaca.

RELLENO DE LABIOS Y MÁS

Centro de Estética Sarita Vásquez

Embajador Doussinage 1708, Vitacura. Tel. 2192601. Tatuaje de cejas, $60.000. Uñas de gel, $12.000. Diez sesiones reductivas, $130.000.

La historia no es muy conocida pero hay quienes dicen que en un telenovelesco episodio Sarita Vásquez –la reina chilena del kitsch– fue víctima de un brutal accidente que desdibujó su rostro. Y es por eso que operaciones más, operaciones menos, prometió que algún día ayudaría a todos quienes tuvieran problemas de imagen.

Para lograrlo, Sarita –profesional ciento por ciento– estudió cinco años en el Instituto Linares de Caracas, Venezuela, desde donde regresó a Santiago para crear su propio centro de estética en la calle Gerónimo de Alderete, lugar donde conocería a su célebre novio Gonzalito. Claro que eso es otra historia. La actual se inicia con la apertura de este moderno centro de estética en el que se han atendido desde la mamá de Marcelo Ríos hasta Palmenia Pizarro, pasando por Cristina Tocco y Larry Wilson.

El éxito se debe a la atención de un multidisciplinario equipo de dieciocho personas –incluidos cirujanos plásticos y expertas podólogas– gracias al cual Sarita ofrece un abanico de servicios que incluyen desde la tradicional limpieza de cutis hasta

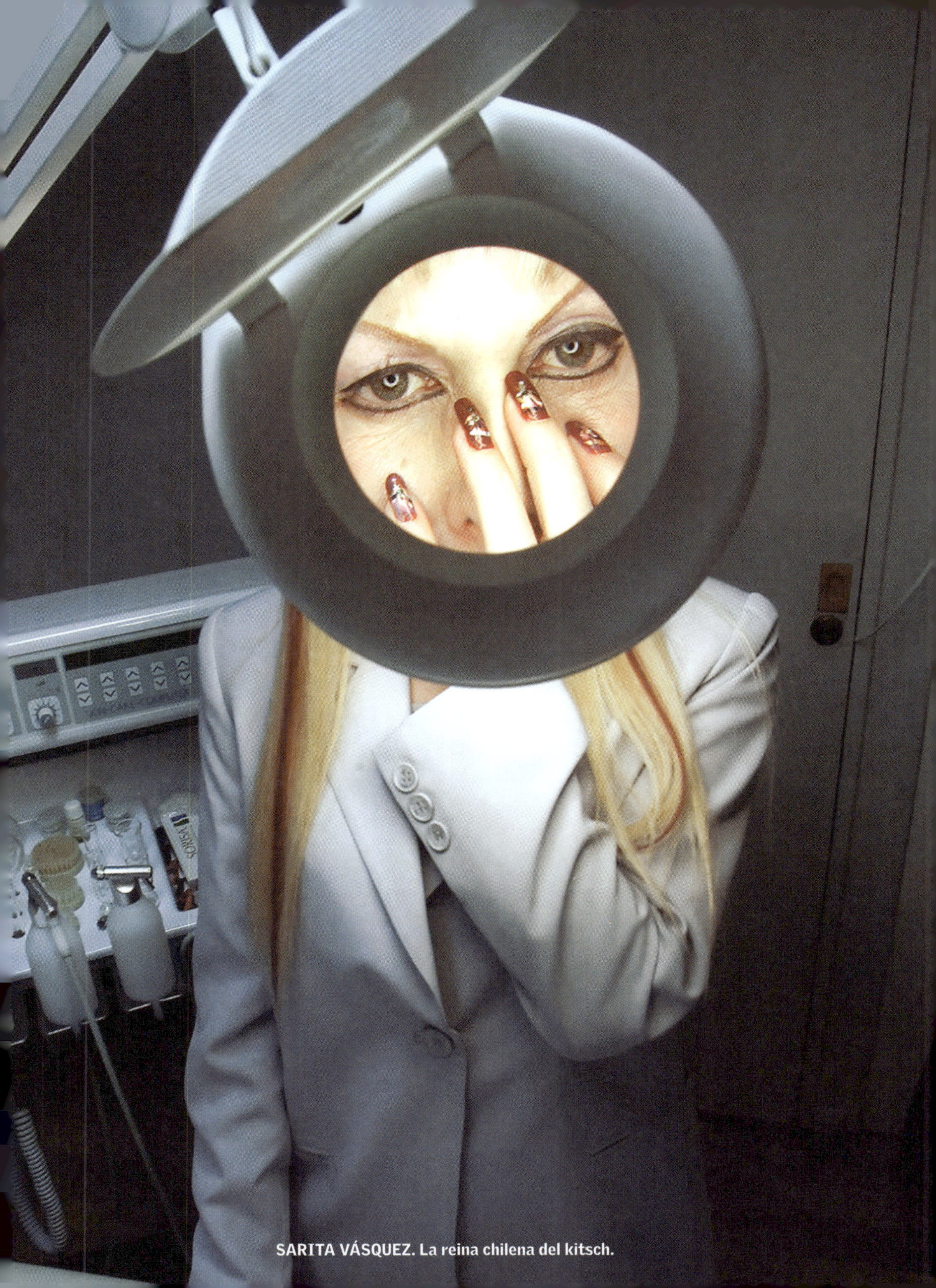

SARITA VÁSQUEZ. La reina chilena del kitsch.

PEDRO SADÁ. Un calculador.

sofisticados tratamientos como relleno de labios, tatuajes de cejas y grabado de microfiguras en las uñas (paisajes, gaviotas, en fin).

AGENDA PROFESIONAL

CUENTAS CLARAS

Notaría de Pedro Sadá

Ahumada 254, Of. 401. Tel. 6953038. Autorización notarial, $500. Declaración jurada, entre $1.800 y $2.000. Escritura pública, $114.000.

Pedro Sadá es el notario de *Chile Tuday* y, aunque sea difícil de creer, en la vida real también es notario. Se recibió de abogado en 1967, y durante años fue abogado criminalista, llegando a tener entre sus clientes a uno de los inculpados en el célebre crimen de Rosa Abramovich. Luego se hizo notario en Quilpué hasta que finalmente llegó a Santiago donde abrió una notaría en la que trabajan once personas. Según el histriónico profesional, sus "precios son razonables", ya que es "una notaría modesta". Aunque famosa.

CORTE DE PENES

Consulta del Dr. Antonio Salas Vieyra

Nataniel 47, Depto. 73. Consultas $20.000. Intervenciones, U$3.500 a U$5.500.

El doctor Salas Vieyra ha realizado más de trescientas operaciones de cambio de sexo o adecuación sexual, mediante una avanzada técnica que permite que hombres se conviertan en mujeres o viceversa.

Sus pacientes son mayoritariamente extranjeros. Vienen a operarse desde Perú, Colombia, Brasil y Argentina, donde está prohibido por considerarse una mutilación.

El único requisito que exige Salas Vieyra para llevar a cabo la transformación es contar con un diagnóstico siquiátrico que corrobore que el paciente es efectivamente un perfecto transexual y no un perfecto sicópata. Se aceptan bonos Fonasa.

SIQUIATRÍA Y LITERATURA

Consulta siquiátrica de Marco Antonio de la Parra

Nuevo Centro Providencia. 11 de septiembre 1881, Of. 1116. Tel. 3769440. Consulta $50.000.

Como pocos protorrenacentistas peritos en todo, Marco Antonio de la Parra es experto en dramaturgia, sexo, literatura, televisión, cine, mecánica y, por supuesto, ciencia. De hecho es siquiatra y, pese a su envidiable exposición mediática, tiene tiempo para atender una consulta. Asegura, sin embargo, jamás haber utilizado las confesiones de sus pacientes para escribir alguna de sus obras, que no son pocas. Son demasiadas.

Quienes lo visiten, entonces, tienen la certeza de que sus problemas, conflictos y neurastenias saldrán en una obra de teatro o en un programa de televisión. Aunque seguro te cambia el nombre.

César Scottie

Julio "Lobo" González, armero

"YA NO QUEDAN CABALLEROS"

"Lobo" es un insólito armero que tiene su taller en la Comunidad Ecológica de Peñalolén. Desde ahí todos los fines de semana sale montado en un viejo Mercedes Benz para vender sobre el capó y el techo gallardos guanteletes, yelmos y espadas. Claro que como él se considera un sastre, también hace trajes a la medida.

José Alvújar

LOBO. De su taller salen duras armaduras que enloquecen a las mujeres.

Julio González, 56 años, es mecánico pero siempre estuvo ligado al mundo artístico ya que trabajó para Carlos Flores del Pino y Sergio Trabucco, entre otros famosos del cine. Así fue hasta que él también decidió ser cineasta, por lo que vendió su taller y partió al sur a hacer documentales. Años después, realizando un corto, se le ocurrió hacer una armadura para relajarse pero, finalmente, el pasatiempo se convirtió en obsesión.

A estas alturas "Lobo" ha hecho decenas de armaduras, mejorando la técnica. En la primera, de hecho, se demoró ocho meses pero ahora no tarda más de uno pese a que cada traje pesa más de cuarenta kilos. Una verdadera excentricidad que lo convierte a él y al especialista que le enseñó en los dos únicos armeros que existen "a nivel continental". Pero no solo eso: "Yo debo ser –asegura "Lobo"– el único armero del mundo que vende sus armaduras en la calle".

–¿De dónde saca los modelos que hace? ¿De algún museo de Santiago?

–No, los saco de libros. En el Museo Histórico Nacional hay solamente una armadura; una reproducción que hizo un señor hace por lo menos cien años. Lo único original que hay en Chile es un yelmo que está en el mismo museo, aunque ahora me van a facilitar unos libros que tienen ahí del año 1600, para así hacerme una idea de cómo llegaron vestidos los españoles al Valle del Mapocho.

–¿Acaso no se sabe?

–Cuando los españoles llegaron a América se encontraron con calores y fríos: lluvia, montañas, nieve, selvas y ríos. Por eso tuvieron que adaptarse y al final solo se quedaron con el peto, el yelmo y los guanteletes. Se sacaron las botas, los gorjales y las coderas. O sea le dieron movilidad al cuerpo y se pusieron cotas de malla y género para seguir combatiendo. Eran fieros guerreros los españoles. Esos tipos mataban en una batalla entre veinte y cincuenta indios cada uno. Ahora recién se sabe que en México no usaron yelmo, pero no está muy claro cómo vestían en Chile. Acá sí debieron usarlo debido a que los araucanos eran secos con las boleadoras. Les hubieran volado la cabeza sin yelmos.

–¿De dónde saca la técnica para hacer sus armaduras?

–De la experiencia que tenía de tanto desabollar autos. Después de un choque el auto debe quedar estiradito y para eso se usan herramientas especiales que son curvas y cóncavas. Pero si antes tenía que estirar una lata arrugada, ahora tengo que arrugar una lata estirada. Por eso debo usar herramientas inversas. Y sin perder la técnica medieval, ya que no trabajo con herramientas eléctricas ni con soldaduras ni con pinturas ni pegamentos. Trabajo tal como trabajaban los armeros medievales: a golpe, fuego y remaches.

–¿Y con qué las fabrica?

–Voy a una barraca de fierro y compro platina negra por metros.

–De las piezas que ha hecho, ¿cuál es la que le produce más orgullo?

–La que acabo de terminar. Una armadura gótica que me tiene muy contento porque pensaba que me iba a costar más, pero no fue tanto. Lo otro que me ha gustado hacer son las piezas que necesitan más trabajo, como los yelmos, los cascos de gladiador y los morriones españoles. Se trata de piezas "encontradas", es decir, dos piezas en una que hay que ir golpeando a medida que se van armando. Ahora, además, estoy haciendo espadas con técnica medieval: a golpe, remache y temple.

–¿Quiénes son sus compradores?

–Gente ligada al mundo castrense, ya que esto de las armaduras es muy gallardo y varonil. Extrañamente, también tengo algunas clientas mujeres. Me llama mucho la atención la increíble atracción que producen las armaduras en las mujeres. En lo personal, he llegado a la conclusión de que faltan hombres. Hay muchos tipos que se afeitan, que tienen penes, que son tiradores en la cama, pero en el amplio sentido de la palabra, hombres, caballeros, ya no quedan. Y eso se refleja en que cuando las mujeres ven una armadura se imaginan todo el cuento del príncipe azul, del hombre gallardo, noble, galante: de aquel hombre que ya no existe.

Lobo
Taller de armería y reproducciones de armaduras medievales, romanas y bárbaras.
Ventas y arriendos para eventos y fiestas.
Comunidad Ecológica de Peñalolén-Parcela 13.
Tel. 09-8555438. 2782608.

EVENTOS

Nelson Olmos

LA SEMANA DEL COMBATIENTE. Nadie olvida a los hermanos Vergara. A la misma hora. En el mismo canal.

El Mercurio

GRAN CIRCO SHOW TIMOTEO. Septiembre trae a las reinas del desierto.

PRIMAVERA

CIRCO TIMOTEO

Todo septiembre, en Alameda con General Velásquez.

Timoteo es el ratoncillo conciencia de Dumbo, pero también un circo itinerante de travestis que, año a año, aprovechando los renovados aires de septiembre, se instala en algún rincón de la capital sorprendiendo a medio mundo con su alocado show.

Es entonces cuando se pueden ver los mejores espectáculos que cada temporada trae esta carpa *sui generis*, que alguna vez contó entre sus estrellas con la gran Guadalupe del Carmen –Esmeralda del Carmen Letelier–, reina chilena de las rancheras, autora de hermosas canciones como *Cartas Marcadas*, y que muriera vestida para una función del Circo Show Timoteo en un sitio eriazo de La Florida.

El Circo Timoteo debe su nombre al pseudónimo con que es conocido René Valdés, uno de los cómicos y dueños del transhumante espectáculo. Actualmente algunos de sus travestis más famosos son Fabiola de Luján (Mario) y María Cristina, la cual siempre viaja por el país en compañía de Denisse y Daniella Campos, sus gatitas mellizas.

Estrellas de todos los tiempos han sido Pilola Polet (Ricardo), quien se encarga de la presentación; Manuel Castillo Valdés, el payaso Mota; Nanín, Paloma Subercaseaux (Juan Eduardo); Anaís Pai Amir (Mauricio, quien se salvó del incendio de la disco Divine en Valparaíso); y Lala (Dalinda Sánchez), artista del trapecio que murió trágicamente tras estrellar su cabeza contra el piso.

MES DE LA PATRIA GAY

Desde el 4 al 17 de septiembre. Tel. 6229962.

Septiembre ya no es solo el "Mes de la Patria" a secas, por muy regado que sea, sino también el "Mes de la Patria Gay". Para celebrarlo, los activos y pasivos militantes del tercer y cuarto sexo realizan su propia Love Parade, que integra muchas proclamas y fiestas tanto en la calle como en las discos más pro de la capital. No falta, en ambos casos, la buena chicha, la buena empanada y el buen cacho paraguas.

Aunque las conexiones, ligazones y rivalidades entre los distintos organismos que coordinan la iniciativa es tan escatológica y confusa como la historia del Partido Socialista, lo cierto es que la bullanguera actividad es organizada por el MUMS (Movimiento Unificado de Minorías Sexuales), un ala del Movilh que se une con el Lamda para poner fin a la discriminación de las minorías sexuales. Ups.

Si bien en todo el mundo cada 4 de septiembre se celebra el Día Nacional por los Derechos Homosexuales, en estas latitudes la fiesta se alargó todo el mes.

Todo se inicia con una marcha en Valparaíso que termina en el Congreso, y parte en el lugar donde funcionaba la Divine, una disco gay que se incendió en extrañas y policíacas circunstancias, muriendo catorce personas chamuscadas.

Posteriormente, cada 17 de septiembre, en Santiago hay una marcha hacia la plaza Italia, la cual alguna vez contó con la presencia de más de cinco mil patriotas. Las actividades se complementan con muchas fiestas bien chilenas y zapateadas. Huija, ayayay.

MARATÓN DE GARZONES

20 y 21 de octubre. Organiza la Confederación Nacional de Trabajadores de los Alimentos (Cotiach). Tel. 6724302.

La idea se trajo desde París. Funcionó. Y, desde 1952, más de cincuenta garzones de todo el país –que clasifican durante el año para llegar a la final en Santiago– corren equilibrando una bandeja en la que se sostiene una botella y un vaso por el perímetro comprendido entre las calles Morandé, Compañía, San Antonio, Alameda

Jorge Sánchez

MARATÓN DE GARZONES. Nadie puede vencer a Juan Caroca.

y Moneda, teniendo como eje la plaza Constitución. El récord de esta competencia de 6,5 kilómetros, en la que está prohibido sujetar los cachibaches (trampa es poner un corcho sobre la bandeja, aunque no un paño húmedo) es de 14,7 minutos, lograda en 1994 por Juan Caroca, el mozo más avispado del restaurante Eladio de avenida Ossa, un plusmarquista que ha ganado en reiteradas ocasiones el certamen.

Durante la maratón todos los concursantes deben vestir pantalón y zapatos negros, camisa blanca y corbata humita, quedando la chaqueta a discreción de los velocistas, quienes serán controlados en la ruta para que no hagan trampa.

CITEI

13 y 14 noviembre. Concurso de Innovación Tecnológica para Estudiantes de Ingeniería. Campus San Joaquín, Universidad Católica. Vicuña Mackenna 4860. Tel. 6864000. wwww.caiuc.cl

A mediados de noviembre, en la pista atlética del Campus San Joaquín, se realiza un inusual evento en el que los futuros ingenieros muestran lo mejor y lo peor de su ingenio. No faltan altas dosis de humor y las actividades se dividen de acuerdo a los desafíos que ofrecen distintas disciplinas de la profesión. Así, una de las pruebas más clásicas es la competencia de autos de "estática", prueba en la que los competidores se enfrentan en extraños prototipos que deben cumplir dos exigencias básicas: tener propulsión humana (sin combustible interno) y que no exista nada parecido en el mercado. De hecho, lo que ahí se premia es la innovación (¡...!). En todo caso, en la versión 2001 se batió el record mundial que hasta entonces tenía el danés Wilson Kipketer para los 800 metros planos (1977), bajándose de 1'41" a 1'38".

Otro clásico del Citei es la prueba que organiza el Taller de Mecánica del Departamento de Ingeniería de la Construcción. Consiste en diseñar un marco de hormigón armado bajo el cual se pone un huevo y, sobre la instalación, a unos cuarenta centímetros, un fierro colgante de por lo menos un kilo, que se deja caer con la idea de destruir la estructura y el huevo. Increíblemente, el ganador del certamen se hace acreedor de inmediato a la posibilidad de representar a Chile en el campeonato de huevos y hormigón que se realiza todos los años en Estados Unidos.

DÍA DEL CINE

27 de septiembre. Todo Santiago. Todo el día.

El 27 de septiembre es el día del cine en todo Chile, pero especialmente en Santiago donde ya es normal ver pequeños equipos de filmación haciendo películas de las más diversas facturas. El evento fue ocurrencia de Jorge Arrate, "el niño Jorge Arrate", político y escritor, cuando era ministro de Educación en 1993.

Aunque actualmente la celebración tiene un perfil bastante más bajo que en sus inicios, de todos modos no faltan las proyecciones especiales, e incluso rarísimos *happenings* a cargo de entusiastas cinéfilos. ¿Qué tiene esto de bizarro? Habría que ver el cine chileno.

Lo cierto es que ese día la entrada a cualquier cines cuesta solo mil pesos. Y sobran los homenajes de actores a actores y de cineastas a cineastas.

HALLOWEEN EN FANTASILANDIA

31 de octubre. Beaucheff esquina Tupper. De 11 a 24 hrs. Tel. 800-210300.

Lejos de ser un raye exclusivo de niños del barrio alto, ahora toda la ciudad se

DÍA DEL CINE. Antes se levantaba una piedra y salían poetas. Ahora solo salen cineastas.

engalana de telarañas para esperar la ansiada hora en que momias envueltas en toalla Nova y Darths Vaders forrados en cartulina negra recorren las arterias en busca de terroríficas fiestas Halloween; oscuras juergas que, por lo general, se realizan en discos y clubes de la capital. En todo caso, la más especial es la de Fantasilandia, el Disney local, un centro de entretenciones que hasta la medianoche mantiene sus puertas abiertas para la diversión total.

La fiesta se llama "Noche del Terror". Y el plato fuerte son los artistas contratados por el propio centro, quienes caminan disfrazados de La Momia, Drácula, Frankestein y monstruos varios, mientras la gente huye despavorida entre los autitos de choque, las tacitas locas, la Casa Fantasma y el Tagadá.

MISS CAFÉ CON PIERNAS

Primeros días de noviembre, distintas discos de la ciudad.

A comienzos de noviembre, los cientos de cafés con piernas de la ciudad pegan en sus vitrinas vistosos carteles anunciando el gran evento que enorgullece al gremio: la elección de la señorita Miss Café, la Cena del Pan y Vino de las cafeteras.

Dos semanas después, una disco de la ciudad se convierte en el epicentro de un desfile en el que no faltan tangas, *baby dolls*, lencería erótica y diminutos trajes de baños que, la mayoría de las veces, es la misma vestimenta con la que las señoritas atienden en sus acalorados locales.

Uno de los primeros concursos se realizó en la disco Aliens de Bellavista, ocasión en la que un ET con los ojos desorbitados saludaba con una gran sonrisa al escaso

Raúl Bravo

MISS CAFÉ. Cortado doble... Por favor...

aunque entusiasta público que esa noche se congregó en torno a la pasarela. El Miss Café ya va en su enésima versión; y las dos últimas se han realizado en la discoteque Cover de avenida Matta. En todo caso, y en honor a la verdad, hay que decir que el evento se ha profesionalizado bastante. De hecho, una de las últimas coronas recayó en la señorita Johana Ruiz, la que aparte de un sonoro aplauso y un ramo de flores ganó un auto cero kilómetro.

ESTRELLA DE LA NOCHE

Fines de noviembre. Distintas discos de la capital.

El topletero evento denominado Estrella de la Noche ya va en su quinta versión y en él, año a año, compiten las chicas más bellas y entusiastas de los *night clubs* más taquilleros del centro; entre ellos, Sensación, Mon Bijou, Karim, Night & Day, Diva, Donna y Karina, todos los cuales se unen en una provocativa alianza destinada a hacer más efectivo el *marketing mix*. Por esta razón solo se invita al evento a los clientes frecuentes con más kilometraje en el cuerpo.

Los últimos certámenes se realizaron en la disco Broadway, hoy convertido en centro evangélico siempre con la dicharachera animación de Ángel "Simpatía" Fontana. Ganadoras de estrellas han sido Venus, una acrobática morena que cuando obtuvo su título se presentó con bikini de pantera, sosteniendo en sus manos un cuenco del que salía una llama; y Thalía, del Club Karina, una sensual y delgada rubia que tilila a lo lejos en cada uno de sus madrugadores shows.

ACEITE DE SAN SERAPIO

14 de noviembre. Basílica de la Merced. Tel. 6330691.

Cada 14 de noviembre, en la basílica de la Merced, se bendice y entrega el famoso aceite de San Serapio. Se trata de un aceite de cocina común y corriente al que la fe transmuta en un aceite con poderes terapéuticos. Ello porque el aceite está asociado con la figura de San Serapio, el patrono y protector de los enfermos, quien murió destripado salvajemente por los moros en 1240.

VERANO

LOCOS POR LAS MOTOS

Organizan Pumas Moto Club. Suecia 0170, Providencia. http://pumas.hypermart.net; y Stone Biker's. Santa Isabel 0506, Providencia. Más informaciones con Cristián Soto. Tel. 3439811.

Todos los años, cientos de adictos al tubo de escape se juntan en alguna disco de la capital para celebrar su gran encuentro anual.

Uno de los impulsores de esta iniciativa es Héctor Navarrete, más conocido como el "Tío Colo", un mecánico enfebrecido con las Harley Davidson que tiene en avenida 10 de Julio un taller de motos que se llama precisamente Tío Colo y que ahora administra Tano, el segundo de sus hijos. Probablemente Patricio, el mayor, también estaría allí, pero falleció en un accidente a los siete años, un día en que el Tío Colo probaba una de sus motos. Pero esto no desanimó a su padre, quien siguió tentando a la carretera.

En todo caso, no es el único fanático que no pone límites a la pasión. De hecho, la fiesta es para rendir un homenaje a todos los motociclistas que han perdido la vida en la ruta. Por lo mismo, asisten al encuentro grupos como los Iron Cowboys, quienes todos los años recuerdan a Eduardo Hasbún, harleysta que perdiera la vida en el kilómetro 1.105 del camino a Mendoza. Además, participan rudos y ruidosos grupos de motociclistas como los Hogs (Harley Owners Group), del cual forma parte el acelerado Coco Legrand.

FUNDACIÓN DE SANTIAGO

12 de febrero, a las 12 hrs. Plaza de Armas. Organiza la Municipalidad de Santiago. Tel. 2806041.

Aunque la fonda pública que desde el 2001 se comenzó a realizar en la plaza de Armas no tiene parangón, lo cierto es que el gran evento allí es la celebración del día en que se fundó Santiago.

El acto se lleva a cabo a un costado del monumento a Pedro de Valdivia. Y, aunque cueste creerlo, se trata de una minifiesta que cuenta con la presencia del embajador de España, más un fenomenal despliegue de bailes tradicionales españoles a cargo de la colonia residente y, fundamentalmente, del Estadio Español.

Ese día el alcalde hace un recuento de la situación del municipio y expone los futuros proyectos para la ciudad. Si es que los hay.

FERIA DEL LIBRO USADO

Primera semana de febrero. Duración, 15 días. De 9 a 23 hrs. Portugal 351.

Cuando el calor arrasa Santiago, un incomparable panorama es ir a hojear algunos de los más polvorientos y amarillentos libros que se pueden encontrar.

Cada verano, en la Feria del Libro Usado se instalan los mismo libreros de la calle San Diego y, aunque los precios suelen ser

TARREO. Bang, bang, estás liquidado.

más altos que los que normalmente tienen durante el año, la ocasión sirve para juntar en un mismo recinto todo el apolillado material que estos señores han acumulado por décadas.

Destaca, especialmente, el stand doble de Luis Rivano, un ex carabinero que tras colgar el uniforme se lanzó a publicar novelas como loco bajo su propio sello editorial; lo que se llama un *self-made-man*. Tanto que él mismo las hace y las vende. Además Rivano tiene un incomparable olfato para el negocio del libro usado. Y, por lo mismo, suele comprar lotes a precios de ofertón, lo que garantiza que después ofrezca a precios irrisorios los mejores trabajos de quienes se inician en estas lides. De hecho, *Santiago Bizarro*, esta linda guía que usted lee, probablemente se encontrará ahí por una bicoca.

TARREO

Cualquier fin de semana durante el verano. Supermercado del Repuesto. Lira 533. Organiza la Liga Chilena de Quake (www. lcq.cl). Y www.tarreo.cl

Un tarreo o *Lan Party* es un encuentro de fanáticos de juegos de computador, quienes batallan *on line* mientras trasnochan durante una, dos o hasta tres veladas seguidas. Aunque no hay fechas establecidas, los tarreos se realizan durante un fin de semana largo en algún galpón arrendado para la ocasión. Y allí se deja caer por lo menos una centena de cybervaqueros, todos premunidos de atómicas carcasas, pantallas y teclados que transportan en volumétricas mochilas desde las que despliegan su arsenal. Uno de los lugares favoritos para realizar tarreos es el estacionamiento del Supermercado del Repuesto, de calle Lira.

OTOÑO

DÍA DEL COMBATIENTE

29 de marzo. Inmediaciones de la Villa Francia y Universidad de Santiago.

Esta es una conmemoración política en recuerdo de los hermanos miristas Eduardo y Rafael Vergara, quienes murieron en un enfrentamiento con carabineros en Villa Francia, el 29 de marzo de 1985.

Casi dos décadas después, cada 29 de marzo, una centena de encapuchados rinde un homenaje a los hermanos con bombas incendiarias, piedras y escaramuzas varias, todo lo cual concluye de noche con el levantamiento de barricadas en las inmediaciones de la Universidad de Santiago, donde las víctimas parecen tener muchísimos primos que los recuerdan. Tanto que la violenta y familiar efeméride es cada año más y más explosiva. El Día del Combatiente, de hecho, es tan combativo que ahora se ha transformado en La Semana del Combatiente.

FUN DAY

27 de abril. Todo el día. Centro Cultural Balmaceda 1215. Organiza Star Wars Chile. Tel. 6871618. www.geocities.com/funclubstarwarschile

Aunque la película más vista en la historia del cine es *Titanic*, lo cierto es que una de las que ha generado más fanáticos incondicionales es *Star Wars*. Según dicen, esta cinta dio inicio a la era del moderno *merchandising*.

Por lo mismo, todos los seguidores de la saga iniciada con la primera película de George Lucas, celebran en todo el mundo una fiesta imperdible llamada Fun Day, en la cual conmemoran el advenimiento de todos sus héroes y personajes. En la ocasión, los fanáticos de Santiago se juntan a ver películas especiales, todo gracias a la cercanía que Star Wars Chile tiene con la mítica productora Lucas Films.

CUMBRE GUACHACA

Fines de abril. Organiza la Corporación Cultural Roberto Parra. Contacto Dióscoro Rojas. Tel. 09-4326415.

"Bienvenidos los picantes de corazón", es la bienvenida que año a año ofrece la gran hermandad guachaca a los santiaguinos de tomo y lomo. Compuesta por artistas y borrachos varios, esta singular familia sigue los malandados pasos de su mentor, don Roberto Parra, el Tío Roberto, un fallecido poeta y cantautor popular –excelso miembro de la dinastía Parra y autor de *Las cuecas choras* y *La negra Ester*–, famoso también por su afición al vino, a las mujeres y por llamar al poto, poto. Según muchos, un genio. Nuestro propio Sha-kes-pea-re.

Flor de evento se inició en 1998 con un masivo encuentro en la ex Perrera Municipal y, aunque en un principio la idea era reunir en un solo espacio el espíritu guachaca que aflora espontáneamente en lugares como la Vega Chica, la Piojera o los incontables bares de Mapocho y Franklin (en la cumbre nunca faltan los campeonatos de dominó, cacho, brisca y poto sucio, más la degustación de sabores locales como el fragante "sánguche de potito"), esta gran fiesta ha degenerado en una suerte de encuentro de guachacas siuticones. Aunque guachacas al fin y al cabo.

Coordina el evento la Corporación Cultural Roberto Parra, dirigida por la viuda del maestro, Catalina Rojas, organismo del cual también depende El Rincón del Tío Roberto en La Florida (ver Deportes y Recreación).

EL DÍA DE DRÁCULA

5 de mayo. Discoteque Blondie. Alameda 2879. Metro ULA. Tel. 6817793. www.blondie.cl

Según asegura la tradición vampírica, Bram Stocker –el más excelso miembro de la secta Golden Dawn– habría dado vida a su célebre y terrorífico *Drácula* un 5 de mayo. Por esta razón, en Santiago –y en todo el mundo– en esta fecha se celebran oscuras fiestas en homenaje al príncipe de los vampiros, cuyo nombre no significa otra cosa que "serpiente" o "hijo del demonio". En la capital, el punto clave de la conmemoración suele ser la Blondie, una disco no menos reptilínea y oscura, en la cual a falta de torta de cumpleaños sobran velas y, por supuesto, vampiros y vampiras.

TOMA DEL PUENTE. Ahora existe *pax romana*.

EL SEÑOR DE MAYO

13 de mayo, 21 hrs. Templo de San Agustín. Estado con Agustinas. Tel. 6980665.

Lleva más de trescientos años realizándose y es el evento con más tradición de Santiago. Se trata de la procesión del Cristo de Mayo –el Señor de la Agonía–, un imponente crucifijo de madera que sostiene la figura de Cristo y que se transformó en objeto de devoción luego del terremoto de 1647. Según los entendidos, el mayor remezón tectónico que ha sacudido a la metrópolis, y en el cual habrían muerto casi todos los niños de la ciudad.

Cuenta la leyenda que, en medio del violento sismo, el Cristo cayó, pero no se desprendió de su cruz, aunque sí la corona que fue a parar a su cuello. Y si alguien trata de devolverla a su sitio, el Cristo se pone a sangrar.

El Cristo de Mayo fue tallado por el sacerdote y escultor agustino fray Pedro de Figueroa, y se considera como la primera escultura realizada en el país. Por otra parte, la historia lo relaciona con la Quintrala –Catalina de los Ríos y Lisperguer–, la famosa y malvada fémina que luego del terremoto habría llevado al Cristo a su hogar para protegerlo. Sin embargo, mientras Catalina humillaba a sus esclavos en público e indignada con la benévola mirada del Señor, lo mandó a sacar no sin antes pronunciar la célebre frase: "¡Yo no quiero en mi casa hombres que me pongan mala cara!".

TOMA DEL PUENTE

Entre el 20 y 30 de marzo. Sobre el puente Pío Nono, entre las avenidas Andrés Bello y Santa María. Organiza la Federación de Estudiantes de la Universidad de Chile. Tel. 2744401.

Es una auténtica guerra y, al mismo tiempo, uno de los eventos más tradicionales de la Universidad de Chile. Los protagonistas son los estudiantes de derecho, quienes luchan fieramente por no perder el puente Pío Nono. Eso mientras los del otro bando, los estudiantes de ingeniería, intentan la conquista a costa de frutas podridas, palos, piedras y escupos. Todo ello durante el ocaso de la Semana Mechona.

Según una convención histórica, la batalla se lleva a efecto durante la última semana de marzo y, por costumbre, la fuerza pública no hace nada durante los primeros quince minutos del descomunal choque; tiempo reglamentario, según señala la tradición, en que la guerra debe adjudicársela uno u otro bando.

En todo caso, en la versión 2000 del evento, bastó bastante menos tiempo para que los aguerridos ingenieros dejaran varios heridos y destrozaran los ventanales de la Escuela de Derecho. Es por eso que la clásica enemistad vive una suerte de pax romana, y la Batalla del Puente está en receso hasta quién sabe cuándo.

La "guerra de piedras", en todo caso, tiene no pocos antecedentes históricos. Y, según algunos cronistas, antaño era la cosa más corriente entre un barrio y otro e incluso entre calles vecinas. El gran campo de batalla durante todo el siglo XVI, eso sí, fue la "caja" del Mapocho desde el puente Purísima hasta dos o tres cuadras más abajo del puente Calicanto. Entonces los protagonistas eran los "chimberos" versus los "santiaguinos".

EL DÍA DE MARINITA

25 de mayo. Interior del Parque O´Higgins, frente a la cancha de patinaje. Tel. 6838313

Marina Silva Espinoza, "Marinita", era una niña sordomuda de seis años y medio que fue violada y degollada por su padrastro el 25 de mayo de 1945. El salvaje crimen fue perpetrado a los pies de un añoso olmo del parque O'Higgins, en el mismo lugar donde ahora existe una sobrecogedora animita en la que minuto a minuto se prenden velas en su memoria. Sin perjuicio de ello, el día más especial en este lugar es cuando se celebra el aniversario de la muerte de Marinita, ocasión en la que la gente lleva como obsequio muñecas de plástico y vestidos infantiles que se cuelgan en las ramas del viejo árbol. Infaltables devotos son los jinetes del Club Hípico, quienes llevan cajones repletos con velas, todo para estar en gracia con quien es considerada la patrona de estos chicocos.

EL DÍA DE MARINITA.
Traigan sus juguetes.

INVIERNO

DÍA DE ARICA

7 de junio. 22 hrs. Arte Matta. Avda. Matta con Santa Rosa.

No hay palmeras. No hay bikinis. No hay marcianos. No hay palas ni baldes plásticos. Ni siquiera arena. Pero nada de eso importa a la hora de celebrar el Día de Arica. Arica siempre Arica. Grande Arica.

Año a año el evento congrega a todos los nortinos que viven en Santiago. Y, como no son pocos, el club Arte-Matta –una ex parrillada ahora transformada en epicentro del hip-hop metropolitano– se convierte en un tropicalísimo salón bailable en el que la fiesta dura hasta altas horas de la madrugada con particular algarabía.

No por nada, el 7 de junio se celebra la toma y asalto del Morro de Arica, efeméride que allá en el norte conmemoran con desfiles, discursos y tomatinas; una fiesta popular que nada tiene que ver con la celebración del 25 de abril, día de la fundación de San Marcos de Arica, que entonces estaba en Perú.

CONGRESO AION

A mediados de junio. Estación Central. Organiza Aion. Tel. 09-4462777. Produce Agosin. Tel. 2460991.

La ovniología es una de las pocas aficiones donde se puede llegar a ser adicto sin tener que ser un creyente. O sea se puede ser ovniólogo sin tener que creer en los marcianos. Así, al menos, lo confirman los congresos internacionales de ufología que, desde hace algunos años, organiza la Agrupación de Investigaciones Ovniológicas de Chile. Antiguamente, el evento –que en sus últimas versiones había contado con invitados estelares, como el cosmonauta ruso Alexander Valavin– se realizaba en el Aula Magna de la Usach (ver Santiago X), pero debido al creciente interés en el espacio y la vida extraterrestre, la última versión se realizó en la Estación Mapocho, en medio de una estimulante exposición llamada *Ovni, animatronic y universo*, montada por los mismos gestores de *Dinosaurio*. Entonces, en medio de charlas de verdaderas vacas sagradas de la ovniología moderna, como el mismísimo Derrels Simms –experto en abducciones–, se incluyeron maquetas a gran escala de alienígenas y naves, e incluso la consola de monitoreo del vilipendiado satélite chileno Fasat Bravo.

EXPOTÉRICA

Primeras semanas de agosto. Centro de Eventos Parque Arauco. Organiza Interexpo. Tel. 3410900.

Dos famosas ferias antecedieron a Expotérica. Primero fue Calypso. Y luego Agartha, la cual se realizó con un lleno total en la Estación Mapocho. Por esta razón, y dada la creciente afición por los temas esotéricos en la capital, el último encuentro de los esotéricos de la ciudad se realizó en el Centro de Eventos Parque Arauco, poco antes de Navidad. Entonces la invitada de honor fue la argentina Ludovica Squirru, autora de *El horóscopo chino*; un auténtico *best-seller* que cada fin de año vende tanto o más que el pan de pascua. El curador –y director académico de la primera Expotérica– fue Jaime Hales, quien coordinó entre treinta y cuarenta talleres; entre ellos, el de Ronald Shultz, un médico especialista en vidas pasadas. La lista es larga; estuvieron también personalidades como Silvia Selowsky, experta en sueños e inconsciente; Alfonso Vadell, hijo de Jaime, master en reflexología; y Alejandro Lagos, consultor en tarot proyectivo. El rey de la Expotérica, sin duda, fue el propio Hales, quien estableció paralelos y meridianos entre tarot y sexualidad.

MARATÓN DE ARCHIVOS SECRETOS X

A mediados de julio. Salón de Honor Universidad Diego Portales. Manuel Rodríguez 415. Coordina Lenya Yerkovich. Tel. 6643044. www.thexfiles.cl

A mediados del año 2002 se realizó la III Maratón de Los Archivos Secretos X. En esa ocasión, se reunieron en el Salón de Honor de la Universidad Diego Portales todos los miembros de X Files Chile. Pero también participaron todos los que, de un modo u otro, son fanáticos de la alienígena serie. El objetivo de la "maratón", desde su inicio, no ha sido otro que intercambiar opiniones e informaciones varias durante las más de ocho horas que dura el agotador encuentro, en el que los asistentes, sin pop-corn, no hacen otra cosa que ver un episodio tras otro de la célebre serie. La razón de que el evento se realice ahora en un recinto universitario, es que la gente de The X Files Chile se asoció con la Agrupación Ufológica UDP, de la Universidad Diego Portales. Así es.

CONVENCIÓN BEATLE

Segunda semana de agosto. Anfiteatro Centro Juventud 2 Mil. Desde las 14 hrs. Tel. 2353990. Organiza Comunidad Beatle de Chile. Tel.2934305. comunidad_cl@yahoo.com

La Comunidad Beatle de Chile está integrada por sesenta socios, aunque en los buenos tiempos más de doscientos fanáticos llegaron a tener la credencial de este club,

CONGRESO AION. Creo haber visto un lindo marciano.

El Mercurio

EL 5 A LAS 5. Tecito en el cementerio.

que otorga variados beneficios y descuentos, especialmente en eventos Beatles. Claro que el más importante es el que organizan ellos mismos en agosto: la Convención Beatle que, como bien lo dice su nombre, reúne bajo el mismo techo a fanáticos y coleccionistas de discos, libros y revistas. Sin embargo, no deja de lado a músicos que rinden homenaje a Lennon y compañía. Aunque a John se le hace lo suyo todos los 8 de diciembre.

La Comunidad Beatle nació en octubre de 1996 y fue una idea de los radioyentes que escuchaban con devoción el programa *Aquí Sargent Pepper,* de Víctor Muñoz y Adolfo Selman en la radio La Clave. La cosa es que un buen día se juntaron en el Café Ñuñoa a celebrar el cumpleaños del programa, y entonces nació esta asociación de la que cualquiera puede ser miembro tras pagar la cuota de incorporación. Matrícula que da derecho a recibir, cada dos meses, el fanzine *El escarabajo al día*, de veintiocho páginas y portada a todo color.

EL 5 A LAS 5

5 de septiembre. 17 hrs. Cementerio General. Junto al monolito del Seguro Obrero, en la esquina de las calles Bello con Segunda de Tilo.

El ambiente es tenso. Germánico. Botótico. Nadie dice nada, pero en torno al monolito que recuerda la llamada Matanza del Seguro Obrero –bajo el cual están los cuerpos de los caídos– salen a relucir las chapitas de la SS de uno que otro *skinhead* metropolitano.

Se trata del homenaje que los nazis locales realizan en el Cementerio General a los cincuenta y nueve estudiantes miembros del Movimiento Socialista Nacional (MSN) que fueron acribillados en las escaleras del

Seguro Obrero el 5 de septiembre de 1938.

Siendo presidente Arturo Alessandri, un contundente grupo de manifestantes, quienes tenían su propio candidato en la figura de Jorge González von Marées, se tomaron por asalto la rectoría de la Universidad de Chile y la central del Seguro Obrero (el actual Ministerio de Justicia), a pocos metros de La Moneda. Este último edificio fue escenario de una sangrienta masacre ya que, pese a estar rendidos, el general director de Carabineros de la época, Humberto Arriagada, ordenó abrir fuego contra los manifestantes. Poco después, Arriagada sería enjuiciado por su brutal responsabilidad y finalmente encarcelado.

El incidente, en todo caso, marcó para siempre a humanistas como Miguel Serrano, el excéntrico escritor que ha buscado con tesón las conexiones entre la Ciudad de los Césares y Hitler. También hizo lo suyo Carlos Droguett –miembro del grupo literario conocido como Generación del 38–, quien a partir de la tragedia escribió la novela *Sesenta muertos en la escalera* (1953).

Fue en uno de estos encuentros anuales, que se inician con una discreta marcha por la entrada de Recoleta, donde comenzó a figurar el joven entomólogo Alexis López, ganador de la medalla Héroes de la Concepción y fundador del movimiento neonazi PNS (Patria Nueva Sociedad), el cual se haría célebre tras abocarse a la realización del Congreso Nazi en Santiago. Que, uf, nunca se realizó.

CAMPEONATO NACIONAL DE POOL

A mediados de agosto. Club Ahumada. Bajos York. Bombero Ossa con Ahumada.

Esta competencia no es otra cosa que la final de un reñido campeonato de pool que se desarrolla todo el año, pero a cuyo término solo logran arribar unos cincuenta catedráticos, todos los cuales se enfrentan en las más de treinta mesas con que cuenta el salón del Club Ahumada. En este sitio, año tras año se revive la encarnizada lucha que existe entre las máximas figuras de la tiza y el taco de la capital. Entre ellos, Rudiberto Baginsky, quien juega solo con una mano ya que la otra la perdió producto de una poliomielitis; y Adhras Kanaan, alias "El Karateca", capo del pool y dueño de un gimnasio en el edificio Eurocentro, que juega con el pelo tomado y embetunado en gel. Se suma a ellos, Víctor Salinas, "El Pupilo", quien suele dar clases a todos.

STEEPLECHASE

Primera semana de septiembre. The Grange School. Av. Príncipe de Gales 6154. Tel. 3960000.

El Steeplechase toma su nombre de las cargas de la caballería inglesa. Y en Santiago el tradicional evento de las escuelas públicas británicas corresponde a una extraña carrera de obstáculos que se realiza todos los años en el Grange. Entonces, jóvenes de tercero básico a cuarto medio corren por separado y dan varias vueltas a la cancha del colegio para finalmente tirarse de guata en un pozo de barro. Antiguamente, este placer era exclusivo de los hombres, derecho que se ampliaba a las mujeres solamente cuando éstas terminaban cuarto medio. Y entonces cumplían la prueba vistiendo coléricos disfraces.

El Steeplechase se realiza todos los años, durante la primera semana de septiembre, cuando concluyen las pruebas del segundo trimestre. Y, a la hora de sumar puntos, el colegio se divide transversalmente en cuatro alianzas de colores (Inter Colour Sports Competition), a la cual se debe lealtad desde que se entra hasta que se sale. Bizarrísimo.

Marco Gatica

DEPORTES Y RECREACIÓN

DISCIPLINAS

SUMO CUIDADO

Gimnasio Serrano
Serrano 983. Tel. 2113583.

En Santiago –y en Chile– Eduardo Elgueta es el único experto en sumo. Y pocos sus discípulos, a quienes entrena en un pequeño gimnasio del centro.

Elgueta tiene poco más de treinta años y aprendió este milenario deporte en Buenos Aires, donde estudió dos años con el japonés Hideki Soma, séptimo dan en la disciplina.

El sumo consiste en el choque frontal de dos retadores (*rikishis*), los cuales se enfrentan en un círculo de seis metros de diámetro (*dohyo*), en un combate que apenas dura unos segundos. En ese momento los contendores –vistiendo sus voluminosos calzones de paño o *mawashis*– deben tirar al rival fuera del círculo, u obligarle a tocar el piso con cualquier parte del cuerpo.

Previamente realizan un histriónico ceremonial que incluye el clásico *shiko* (levantar la pierna para luego estrellarla violentamente contra el piso) y el *chikara-mizu* (enjuagarse la boca con agua purificadora y después escupirla), para finalmente frotarse las manos en señal de que se ha llegado a la pelea sin armas.

En cuanto al ruedo deportivo, existe el sumo profesional, que solo lo practican japoneses y en contadas excepciones verdaderos tanques extranjeros que son adoptados por poderosas familias niponas. A eso se agrega el sumo amateur, donde las categorías se establecen según el peso. Sin embargo, la más competitiva es la categoría libre, en la que no importan los kilos sino la habilidad. Es ahí donde figura Elgueta, nuestro único seleccionado nacional.

TODO VALE

Club Martínez Submission Grappling
San Pablo 4080. Tel. 7729711.

Cristián Martínez y su padre, Hernán, son los líderes en Chile del Todo Vale, un sanguinario estilo en el que los contendores se enfrentan dentro de una jaula tipo gallinero, recurriendo a los golpes más emblemáticos de las artes marciales, pero también a los clásicos agarrones de la lucha libre.

En Santiago, el único lugar donde existe un ring octogonal forrado en malla es en el Club Martínez. Afiliado a la International Vale Todo Fighting, en este sitio entrenan verdaderos asesinos como Max, "el bombardero Paul" y Cristián "Toro Salvaje" Silva, amén de los infantes de marina de la embajada norteamericana. Pero el que la lleva ahí es Cristián Martínez (cinturón negro de karate a los trece años), todo un personaje que viajó a Estados Unidos para perfeccionarse en este brutal estilo, tras lo cual se hizo famoso en el programa de Kike Morandé, donde ofreció cinco millones de pesos a quien lo venciera.

A fin de mejorar el nivel, en el club también se imparten clases ($25.000) y constantemente se organizan peleas, cuyas recaudaciones van en ayuda del Cuerpo de Bomberos de Quilicura que tiene a diario sus propias peleas.

DESENFRENO

1/4 de Milla
Santiago Street Racing. Tel. 09-2368259.
www.streetracing.cl

Múltiples de carrera y amortiguadores cortados son algunos de los curiosos chiches de los que se ufanan los miembros de este insólito club deportivo, que reúne adictos a las carreras en bólidos pichicateados.

La idea de los ochenta pilotos que dan

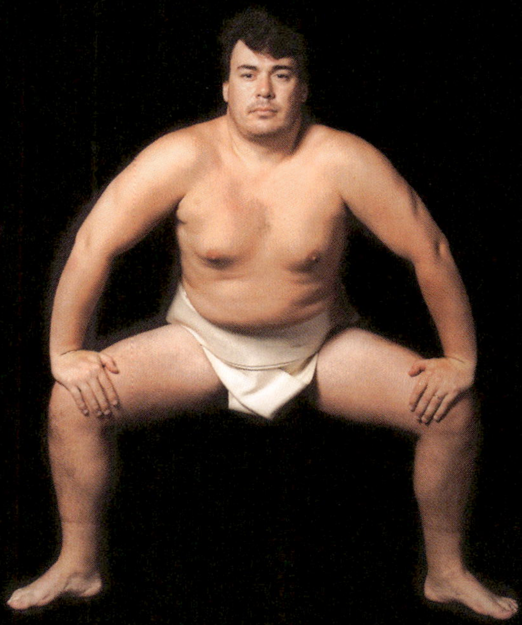

SUMO-CHILE. Solo hay un seleccionado nacional: Eduardo Elgueta.

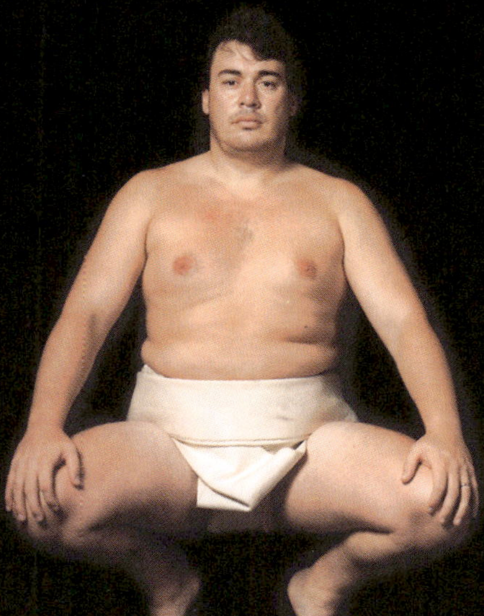

Gonzalo López

CLUB FAMAE. El secreto está en bajar los latidos del corazón.

vida a esta desconocida asociación es "jugar con el punto del auto". Para ello se dan cita regularmente en tres calles de Santiago que prefieren mantener en secreto. En todo caso, por muy alternativo que sea el club, no cualquiera llega y corre, ya que a todos los aspirantes se les realiza un test que consiste en conducir sobre una recta de cien metros, previamente mojada y llena de conos dispuestos cada ocho metros.

"La idea es observar la muñeca. Y, en caso de que el aspirante no tenga manos para el volante, sencillamente no ingresa", explica Chilenísimo, el vocero de la organización.

En Santiago Street Racing se corre en dos categorías (autos estándares y autos preparados o "tuneados"), y por ahora en calles sin tráfico pero con al menos una recta de setecientos metros; ello porque, pese a la impresión divulgada en los medios de que estos tipos eran unos dementes suicidas, lo cierto es que lo que ellos hacen se conoce técnicamente como "1/4 de Milla", que no es otra cosa que recorrer cuatrocientos metros sin sacar el pie del acelerador.

Chilenísimo pensó en dar vida al club luego de participar en las trasnochadas carreras que hasta hace poco se realizaban en la sinuosa avenida Merino Benítez. Y, aunque lo ideal para ellos sería correr en Las Vizcachas (no es posible por su alto costo), ahora piensan instalarse en la parcela de un socio que construyó tres pistas para su entrenamiento personal. Ahí, dicen, Santiago Street Racing podría finalmente salir a la luz pública, luego de duras noches de aceite quemado.

CARRERAS DE PALOMAS

Club Los Andes
El Jacarandá 18490, Maipú.

Se llama colombofilia y, tal como el fútbol, más que un deporte es una pasión. Un auténtico delirio que se basa en que las palomas siempre vuelven a sus nidos gracias a un extraordinario sentido de orientación.

En cada competencia, las atléticas aves son identificadas con un anillo de goma en el que se ha inscrito un número sujeto a una de las patas de estos emblemáticos pajarracos. Acto seguido, un juez verifica que las palomas sean soltadas al mismo tiempo. Y de ahí en adelante solo cabe esperar, aunque pasen días y días, ya que las velocistas, por muy lejos que vuelen, volverán a sus palomares. Y, en el momento en que lo hagan, se les retirará el anillo-marca para guardarlo en una caja-reloj.

En todo Santiago no son más de quince los aficionados a la colombofilia, gran parte de los cuales están afiliados al Club Los Andes. Pese a ello se han corrido duras pruebas de fondo, incluidas carreras desde Santiago a Temuco e incluso de la capital a Puerto Montt. En todo caso, conseguir el "pase" de una paloma no es tan sencillo. Básicamente por el precio, ya que si bien un pichón sin entrenamiento no cuesta más de treinta mil pesos, un campeón de alto rendimiento puede superar el millón.

UN TIRO AL AIRE

Centro de Tiro Famae
Presidente Luis Cortez. Tel. 2358215.
www.clubfamae.com

Balas y adrenalina es lo que sobra en el Club de Tiro Famae, un lugar donde cualquiera puede disparar armas de grueso calibre siempre y cuando apruebe el test de Rorschach, orientado a detectar sicópatas ultraviolentos. Así también, solo se aceptan dos prácticas informales ya que después hay que estar sí o sí inscrito en el club.

Ahora bien, el Club Famae es el mejor lugar para ejercitar tiro práctico, un explosivo deporte en el que los combatientes se mueven a través de un vívido escenario que recrea un enfrentamiento real. Creado en Illinois por el coronel Jeff Cooper, el tiro práctico es una derivación del entrenamiento de policías y militares, y es por ello que en cada jornada los aficionados practican dentro de bancos, edificios y viviendas, todo de cartón o de cartulina.

Siendo una práctica no exenta de balazos por doquier, el tiro es una afición que genera menos lesiones que el fútbol. Sí es más caro, ya que se necesitan armas e indumentaria especial. Solo una pistola puede costar dos millones de pesos y, más encima, hay que reponerla cada cinco o seis meses, puesto que los cañones se dilatan y pierden precisión.

Uno de los grandes encantos de este club es que se pueden disparar fusiles SIG de alta potencia, dotados con municiones militares verdaderas. ¿El secreto? Bajar los latidos del corazón para así no afectar el preciado momento en que el gatillo hace ¡pum!

PANKRATIUM

Coliseo del Coch
Tarapacá 850.
Lunes, miércoles y viernes, desde las 17 hrs.

Pancracio es el nombre de un santo gordinflón, pero también el nombre en castellano de *pankratium*, un milenario estilo grecorromano de lucha cuerpo a cuerpo que, según quienes lo ejercitan, es el único que sirve para salvar ileso en caso de verse envuelto en una reyerta de proporciones. Por cierto, es ahí donde se origina la brutal y cada día más popular pantomima de la WWF.

En el *pankratium* las reglas son simples. Y la base de todo es que se puede planchar al oponente sujetándolo de cualquier parte del cuerpo menos de las piernas. Salvo en el *freestyle*, en el que sí se pueden agarrar muslos, tobillos o pantorrillas.

Además, en el *pankratium* las mujeres practican su propia modalidad –la lucha femenina– que nada tiene que ver con la lucha en barro, aunque no por eso es menos estimulante.

POMPONES Y TORRES HUMANAS

NCA Chile

Alfredo Lecannelier 1952, piso 3, Providencia. Tel. 2329079.

La NCA-Chile es la asociación que reúne a todas las *cheerleaders* del país. ¿*Cheerleaders* en Chile? ¿Rítmicas y animosas chicas agitando sus pompones al viento como si estuvieran en un partido de fútbol americano? Claro que sí. Y no *cheerleaders* así no más, sino que chicas de primer nivel que incluso han ganado varios campeonatos internacionales, desplazando no pocas veces a sus bulliciosas colegas norteamericanas.

Todo comenzó en 1996 en el colegio British Royal School. Allí se formó una delegación que participó –fuera de competencia– en un campeonato organizado por la NCA, asociación creada en Dallas, Estados Unidos, por el visionario Laurence Hermiker.

Luego, en 1999, instructores de la NCA se instalan en Santiago, y la cosa funciona tan bien que un equipo enviado por el colegio Pitágoras gana el primer lugar de su categoría en un mundial de la especialidad.

Actualmente, los sábados en la mañana se realizan audiciones en el Polideportivo de Ñuñoa. Y, quienes crean que tienen el don, pueden iniciarse allí en los secretos de las torres humanas y piruetas varias.

LUCHA ULTRAVIOLENTA

Alianza de Lucha Profesional (ALP)

Disco Ghost. Pedro de Valdivia 5273. Domingo por medio, a partir de las 20 hrs. $2.000, general. $1.500, estudiantes. $1.000, niños. www.altovoltaje.cl

La historia de la lucha libre en Santiago muta, cambia, cada cinco segundos. Y la verdad es que no es nada de fácil seguirle la pista. Sea como sea, lo cierto es que ahora los fanáticos del ring y las llaves al cuello se dan cita en una oscura disco de Pedro de Valdivia hasta donde llegan, domingo por medio, más de doscientos sicópatas.

Quien organiza las peleas es la ALP (dirigida por Maximiliano, MC), una asociación que reúne a luchadores que antes estaban en Xtreme Lucha Libre y en la FWA (South American Wrestling Association, liga que tenía hasta muy poco un programa en Megavisión). Se cuentan además varios fisicoculturistas que querían demostrar que lo de ellos era más que rígidos músculos.

El show que hoy ofrece la ALP es esencialmente violento. Y nada más *hardcore* se podrá encontrar en todo Santiago. Incluidas mesas y sillas voladoras, al punto que cada semana al menos un luchador termina en la Posta Central con cinco o seis puntos en la cabeza.

Pese a la ultraviolencia, el estilo de la ALP poco a poco se consolida y forja su tradición. No por nada milita allí Santiago Sangriento, un luchador que desde el primer minuto sorprendió a todo el mundo con su mameluco naranja y pelo a lo rasta. La lista incluye a dementes no menos agresivos como Azagoth, Mephisto, Arcángel, TNT, Comeniños y Skorpio, este último un melenudo que bien podría ser vocalista de una orquesta de sound, y que aparece en

el ring con una impresentable malla negra por lo que el público –que clama violencia mientras llueven *suples* y *slams*– lo ha apodado "El Hueco".

GUARDA ABAJO

Helibike

Radal Eco Adventure. Tel. 2442339 y 09-3338719. US$85, promedio, con todo incluido.

Carlos Claussen y su empresa Radal Eco Adventure ofrecen a todos quienes buscan emociones intensas una novedad que desata incontenibles ríos de adrenalina.

Se trata de una aventura realmente única que consiste en un tour de medio día que combina lo excitante de un planeo entre cumbres y valles con el descenso en *mountain bike*. Para eso los aventureros se suben con sus bicicletas a un helicóptero, el cual los traslada –con las bicicletas colgando de una malla especial– a la cumbre de algún cerro bien parado y pedregoso. ¿Qué hacen entonces? Bajan como pueden ya que el helicóptero regresará únicamente con el piloto.

Durante el descenso, los intrépidos pedaleros son asistidos por guías que portan radios de emergencia, por lo que siempre estarán comunicados con la camioneta de rescate. Los propios aventureros, en todo caso, están obligados a llevar casco, caramayola, bombín, cámara de repuesto, gafas y guantes, ya que la idea es hacer el descenso de la forma más segura posible.

En general, las bajadas duran en promedio una o dos horas, dependiendo de las rutas elegidas. Y debe juntarse un grupo de cinco personas como mínimo. Una de las rutas más solicitadas es la huella que baja a pique desde las cumbres de Lagunillas en el Cajón del Maipo. Para recuperar energías, finalizan la jornada con un rico almuerzo. Y juguitos isotónicos.

PANKRATIUM. En la lucha cuerpo a cuerpo las mujeres son imbatibles.

Cristián Tilleman, fisicoculturista

"CADA DÍA ESTOY MÁS GRANDE"

Mide tan solo un metro treinta y cinco centímetros y tiene 26 años. Sin embargo es un pequeño grandioso que durante siete años ha trabajado incansablemente para competir algún día en un campeonato nacional de fisicoculturismo. Y está a punto de lograrlo. Tilleman, quien en sus inicios pesaba 35 kilos, ahora pesa 56. No le faltan más que nueve para ingresar a la categoría 65-80, en la que incluso podría ganar.

Cristián Tilleman nació en Osorno pero vive en Cerro Navia. Y desde hace once años trabaja como empaquetador en un supermercado Montserrat. Luego de vérselas con cientos, miles de bolsas plásticas, parte al gimnasio Reysard donde se prepara durante dos horas cada día para convertirse en campeón. Y bien podría lograrlo.

Tilleman es un conocido "rostro" del fisicoculturismo; una fugaz aparición en el programa *Amigas y amigos* lo llevó a una escalada mediática que ya le ha reportado múltiples apariciones en diversos programas. "Yo siempre salgo en televisión y eso me gusta. Muestro los músculos y poso. Por eso de repente me paran en la calle y me preguntan: ¿cómo lo haces para ser tan musculoso? Y eso da gusto".

–¿Y cómo lo haces para ser tan musculoso?

–Llevo siete años entrenando y me cuido. De partida como bien: seis u ocho veces al día. En la mañana, pizza, clara de huevo, quaker, leche natural, pan integral. Al almuerzo, fideos con atún, pescado, pollo, pavo. Todo eso como yo.

–¿Has pololeado con alguna mujer más alta que tú?

–Varias veces. Incluso con chicas de más de un metro sesenta.

–¿Cuántas veces entrenas a la semana?

-Una hora todos los martes, miércoles, jueves y viernes. Sábados, domingos y lunes descanso. Muchos entrenan todos los días pero eso hace mal. Los gallos que hacemos

El Mercurio

CRISTIÁN TILLEMAN.
Chico pero rendidor.

pesas tenemos que descansar y comer bien.

–¿Cómo te iniciaste en el fisicoculturismo?

–En mi casa, haciendo tiburones y pesas. Fue así como me empezó a llamar la atención todo esto.

–¿Cuáles son tus músculos favoritos?

–El pecho es lo mejor que tengo. Antes tenía 100 de pecho, pero ahora por lo menos debo tener 110. En todo caso me preocupo de todo. Los martes hago piernas y pantorrillas. Los miércoles, hombros y tríceps. Los jueves, espalda. Los viernes, pecho y bíceps.

–¿Cuál es el máximo peso que levantas?

–Ciento treinta libras con los brazos. El rango normal.

–¿No corres riesgos médicos?

–A los 18 años fui al médico y le dije: "Doctor, quiero hacer pesas". Me preguntó cuántos años tenía, y después me dijo que no había problema porque ya estaba desarrollado.

–¿Compites?

–No puedo, pero no por una cuestión de estatura. Lo que pasa es que estoy pesando 57 kilos y tengo que llegar a 65, que es el mínimo. Si Dios quiere lo voy a lograr, aunque a veces creo que el cuerpo ya no me da más.

–Se sabe que en el mundo del fisicoculturismo se usan esteroides. ¿Consumes algo?

–No, yo soy natural. Y, naturalmente, cada día estoy más grande.

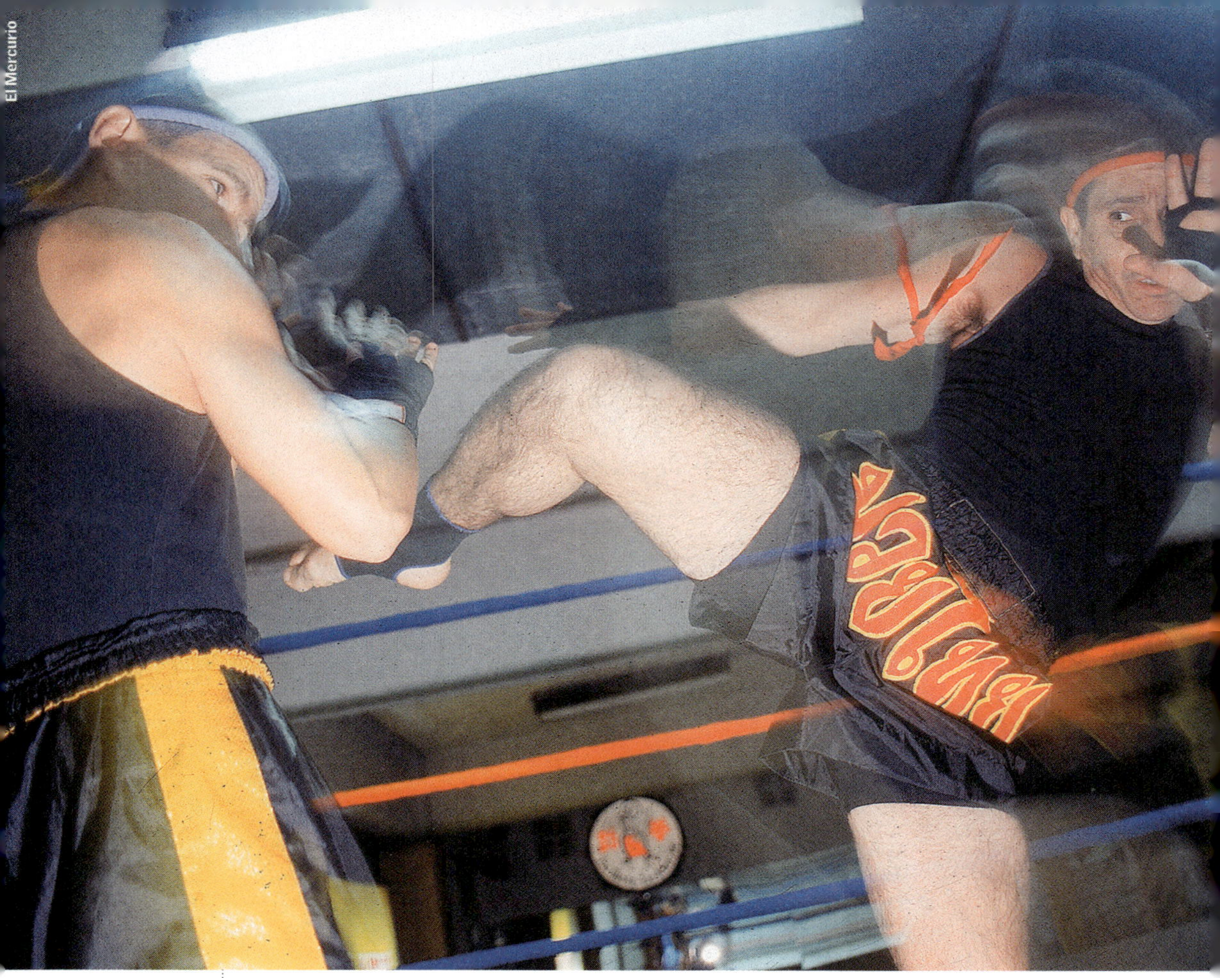

El Mercurio

MUAY THAI. Una semana donde los Hermanos Martínez equivale a un mes en Tailandia.

CONTACTO TOTAL

Muay Thai

Gimnasio de los Hermanos Martínez.
Las Tranqueras 407. Tel. 2012745. $30.000, mensuales.

El muay thai, o boxeo tailandés, es una dura disciplina en la que los contendores se pueden golpear tanto arriba como abajo del cinturón, utilizando indistintamente manos o pies. A esto se suman fulminantes rodillazos, generalmente a las costillas o a la cabeza.

Evolutivamente hablando, el muay thai antecede al kick boxing –el deporte nacional de Tailandia– y, por lo mismo, se practica en medio de un ceremonioso ritual en el que los contendores usan unos vistosos cintillos que acentúan la ferocidad sobre el ring.

El único lugar de Santiago donde se practica este milenario deporte es en el Gimnasio de los Hermanos Martínez, quienes han sido alumnos de grandes maestros como el mexicano Benny "Jet" Urquídez y el francés André Panza.

Mucho de lo que allí se enseña incorpora técnicas desarrolladas por figuras legendarias de las artes marciales; entre ellas Bill Wallace, el padre del full contact (golpes solo arriba del cinturón), quien pese a ser cojo desarrolló una patada capaz de moverse como un látigo a más de cien kilómetros por hora.

A través de un motivante y bien planeado entrenamiento, los alumnos –que suman grados como en cualquier otro arte marcial– terminan sacándole chispas a los postes de luz.

SPOTS BIZARROS

BABY EN ALTURA

Club de Abogados
Huérfanos 1147, oficina 1103, Santiago Centro.
Tel. 6983754. Abierto de lunes a viernes, de 9 a 23 hrs.
Sábados de 9 a 18 hrs.

Para jugar a la pelota en ausencia de oxígeno no es necesario ir a Calama. Basta arrendar la cancha de baby que el Colegio de Abogados tiene en el piso diez de la galería Pacífico, en pleno centro de la capital.

Los leguleyos la construyeron hace más de treinta y cinco años, y para acceder a ella hay tres formas. La más simple es conocer a algún abogado que quiera participar en la práctica. La otra es que alguna institución –laboral o estudiantil– de la que se sea miembro, firme un convenio con el Club de Abogados. Y, por último, basta llamar y reservar una hora en la medida en que la cancha esté disponible.

El recinto, hay que decirlo, no cuenta con ventanas y tiene piso de parquet, por lo que una caída puede destrozar la más dura de las rodillas. Para llegar basta subirse al ascensor.

DOWNHILL DOMINICAL

Cerro San Cristóbal
A los pies de la Virgen.

Santiago ha sido invadido por unos vistosos deportistas que, especialmente los domingos, cruzan la ciudad en unas atómicas bicicletas que más parecen motos. De hecho, siempre andan premunidos de llamativos ropajes diseñados con la más alta tecnología para así amortiguar sangrientas caídas que, de otro modo, serían mortales.

Se trata de los aficionados al *downhill* (descenso), un deporte solo para duros bien duros, los cuales no han encontrado mayor placer que tirarse cerro abajo a todo dar.

Uno de los *spots* ("escenarios") más atractivos de este insano deporte, es la ruta que parte a los pies de la Virgen del San Cristóbal. Claro que no por el lado de los que suben a rezar, sino por el de los que suben a "pagar".

La primera mitad del trayecto consiste en una sucesión de "cortados" a través de los cuales se supera un temible precipicio. Finalmente espera a los velocistas una serie de doble olas que únicamente los capos o "cantantes" pueden superar.

SANTA TERESITA

El Colorado
A los pies de la cancha La Cornisa. Hacia el camino que conduce a Valle Nevado.

Todos saben que bajar por esta virgen y blanca montaña puede significar la muerte. Pero si bien es una tentación prohibida, año a año son más los esquiadores seducidos por este farellón de adrenalínica pendiente. Y de los que se atreven y lo intentan, ninguno sabe si volverá con vida.

El desafío es un gélido precipicio al que se llega esquiando desde el extremo inferior de la cancha La Cornisa del Colorado. Claro que en esta bella pero demoniaca ruta hay sendos letreros que advierten evitar el esquí fuera de pista que ya ha cobrado lamentables víctimas, producto de una avalancha o un canto en falso.

Bautizada por Theo Metners, un norteamericano experto en descensos imposibles en las míticas montañas de Valdez, Alaska, lo cierto es que Santa Teresita puede ser realmente fácil y divertida. Pero también inesperadamente traidora. Y ese es su encanto. Quienes juegan buscando límites saben que ahí rige una sola consigna: "Deja vivir a tus esquíes".

PASEOS

EL TÚNEL DE MATUCANA

Desde la Estación Central hasta Matucana, altura del 1500.

Hay quienes dicen "no puede ser", pero los que saben replican "sí, sí puede ser". Es que el extraño túnel que cruza subterráneamente la calle Matucana es uno de los lugares más misteriosos de la ciudad. Tanto que mucha gente se entera de su existencia solo cuando notan temblores mientras visitan alguna tienda del sector. O cuando se mueve la sala de clases, como suele suceder en las aulas de la vecina Universidad de Santiago.

Más de una versión asegura que en las alcantarillas de Santiago vive un guarén gigante –nuestro propio Yetti *underground*–, el cual sería el responsable de los inquietantes movimientos telúricos. Pero lo cierto es que hacia 1930 se construyó un túnel férreo de dos kilómetros y medio que conecta la Estación Central, pasando bajo el hospital San Juan de Dios y la Quinta Normal, con la poco conocida estación Yungay. Una suerte de pre-metro subterráneo que dejó de llevar pasajeros a fines de 1991, aunque hasta hoy siguen viajando convoyes que transportan carga con destino a Valparaíso. Y es por eso que todo se mueve. Claro que lo del ratón gigante alguien debiera estudiarlo.

LA MINA PERDIDA DEL ERMITAÑO RUZ

En alguna parte del cerro Manquehue.

El cerro Manquehue –del que para asustar a los vecinos se decía que era un volcán activo– está repleto de huellas de conejos, pero también de senderos que no llevan a ninguna parte. Aunque, según dice la leyenda, conduciría a una mina de plata que muchos han buscado en animados paseos dominicales sin que nadie hasta ahora haya podido encontrarla.

El único que conoce el camino con certeza es un viejo de pocos dientes y pocas palabras conocido por su apellido: Ruz, el ermitaño Ruz, un anciano de más de ochenta años que odia a la gente y que no tiene más familia que cuatro dobermans mal educados.

De acuerdo a las tímidas versiones de quienes han logrado hablar con él, la famosa mina no sería más que un pequeño pozo abandonado en el cual cabría apenas una persona parada. En otras palabras, una diminuta mina alguna vez explotada, sin más valor que el cuento que se ha construido en torno a ella.

Sin embargo, según otra versión, todo no sería más que un ardid del viejo Ruz para despistar a los intrusos, ya que el socavón conectaría con un túnel espacio-temporal que permitiría cruzar de un lado a otro del Gran Santiago en cuestión de segundos. Una bizarra carretera natural que enloquecería a los ingenieros del MOP.

Lo cierto, en todo caso, es que llegar donde el ermitaño Ruz es toda una odisea. En auto imposible. Pero una alternativa es internarse caminando desde el sector conocido como Agua del Palo, a los pies del Manquehue, hasta encontrar al viejo. Lo otro es hablar con los arrieros que paran en el sector conocido como Los Trapenses, donde se abren los senderos que conducen a Colina. Ellos conocen a Ruz. Pero, claro, también le temen.

1-2-3, MOMIA ES

Sitio El Mercurio

Inmediaciones del diario El Mercurio.
A los pies del cerro Manquehue.

La palabra Vitacura viene de Butacura, término mapuche que significa "piedra

SANTA TERESA. No todos los que van vuelven.

TOTO. Al chimpancé onanista le gusta masturbarse en público.

grande". Tal era el nombre de un indio que, voluntariamente, se sometió a Pedro de Valdivia para ayudar en la construcción de Santiago. A cambio, Butacura conservó las chacras que ahora corresponden a la comuna de Vitacura, lugar donde se encontraba también un portentoso pucará. Coincidentemente, en esta taquillera comuna hasta hoy se encuentran rastros incaicos. Es cosa de buscar. Por ejemplo, en la calle Espoz, a la altura del 5600, se halló una vez un esqueleto humano, en posición flectada, cuando hacían el hoyo para una piscina infantil.

Por su parte, Fernanda Falabella –quien acaba de terminar un estudio sobre restos arqueológicos en Santiago– menciona en su investigación un fantástico lugar llamado "Sitio El Mercurio", en el cual se habrían encontrado espectaculares vestigios. Y se supone que hay más. Por lo visto, en Vitacura es cosa de caminar y excavar. Caminar y excavar. Los restos, no hay duda, pueden estar mucho más cerca de lo que se podría pensar.

PASEO DE LOS SUEÑOS

Fundación Make a Wish

Mac Iver 484, oficina 116. Tel. 6339778. www.pideundeseo.cl

En unas piletas ubicadas en las afueras de la Estación Central se encuentran las manos de treinta y cinco famosos, todas impresas en unas relucientes y duras placas de acero. Allí están las extremidades de Chayanne, Lucero, Natalia Oreiro y Ricardo Arjona, entre otras grandes luminarias del *show business* internacional. Y, entre los créditos nacionales, se cuentan las manos de estrellas como Margot Kahl, Hernán Hevia, Paulina Nin, Andrea Molina, Eli de Caso, Cristián de la Fuente, Mario Kreutzberger y Marcelo, de *Cachureos*.

El escultórico conjunto es una iniciativa de la Fundación Make a Wish, que fue la que desarrolló el proyecto "Tus manos por una sonrisa", inaugurado en mayo de 2001. Por ello quienes ponen ahí sus manos son elegidos por niños de 3 a 18 años afectados por enfermedades de alto riesgo.

La idea de la fundación, aparte de esto de las manos, es que los niños pidan tres deseos tras lo cual la fundación trata de cumplir uno. Así, en el anecdotario se cuenta el caso de Cristine, de 7 años, que cumplió el sueño de ser carabinero. Por eso en la escuela de la rama, ubicada en Antonio Varas, recibió la unción y su traje verde, e incluso pudo dirigir el tránsito por unos minutos sin que se registraran choques.

CENTROS DE ENTRETENCIÓN

EL MONO ONANISTA

Zoológico de Santiago

Pío Nono 450. Tel. 7776666. Abierto de martes a domingos, de 10 a 18 hrs. Adultos, $1.700. Niños, $600. Adulto mayor, $1.000.

El San Cristóbal siempre ha sido un gran centro de diversiones, amparando a través de su historia muchas iniciativas destinadas al ocio y la recreación. Entre ellas, el Observatorio Lick, donado por Samuel Lick (el multimillonario que se enriqueció durante la fiebre del oro en California) y el funicular construido por el ingeniero Boso Pessoa, que remata en una plazoleta en la que es posible observar un extrañísimo árbol de Guernica, plantado ahí por la colonia vasca.

Sin embargo, lo más atractivo ha sido siempre el vilipendiado zoológico, el cual mantiene hacinadas en sus 2,5 hectáreas a cientos de bestias de todo el mundo. Claro que ninguna de ellas como Toto, el loco chimpancé exhibicionista.

No es estrella de la televisión, pero le encantan los aplausos. No es modelo, pero le fascinan las fotos. No es Raúl Zurita, pero se masturba en público. ¿Quién es? Un disfuncional mono que fue traído desde un zoológico de Holanda cuando era apenas un bebé, tras haber sido capturado en alguna parte de África Occidental.

Toto ha pasado toda su vida en cautiverio. Y es justamente por ello que no alcanzó a desarrollar las conductas propias de su especie, mimetizándose con quienes tuvo más a mano: sus no menos simiescos primos humanos.

No es necesario ser Robeto Rosenzvaig –el experto en sexualidad– para darse cuenta que el comportamiento sexual de Toto no es normal. Toto es raro. ¿Es raro? Sí, es raro. De partida vive con Yury, una mona monona, que para él no es más que una amiga. No hay caso. Con Toto no pasa nada de nada. No obstante, el mono tiene una libido exacerbada, y a diario se masturba frenéticamente ante la atónita mirada de quienes lo visitan.

Todos los días, a partir de las diez de la mañana, Toto posa para su público, exhibiéndose muy erguido, cual campeón de *fitness*, bien parado en sus patas. Sin embargo, cuando no le gusta la audiencia, les tira frutas, verduras y se vuelve a masturbar. Tipo ocho de la tarde, la hora de las teleseries, como buen chileno baja el telón y se va a acostar.

El Mercurio

MIM. Aquí todo se puede doblar.

SE MIRA Y SE TOCA

Museo Interactivo Mirador (MIM)
Sebastopol 90, Parque Brasil, La Granja. Tel. 2807800.
Martes a domingos, de 9.30 a 18.30 hrs.
$3.000, adultos. $1.500, estudiantes.

Aunque quienes lo critican aseguran que el MIM fue un capricho de la ex primera dama Marta Larraechea y jamás tendrá cómo autofinanciarse, lo cierto es que eso es lo que menos importa cuando se conoce por dentro.

Se trata de un deschavetado museo construido por auténticos Giros Sintornillos, quienes han sido artífices de una centena de juegos-exhibiciones frente a los cuales no solo los niños terminan sedientos de ritalín.

Uno de los más espectaculares como concepto, es aquel que invita al mejor estilo Disney a meterse "dentro de un tornado". Y aunque la excitante aventura podría resultar una verdadera estafa, el juego consiste en ingresar a una cápsula vertical en la que una suerte de juguera eléctrica bate el humo que sale de una olla casera que se mantiene oculta. Pero de que es un tornado, es un tornado.

EL SECRETO DE MONGA

Fantasilandia
Avda. Beaucheff 938. Tel. 800-210300.
$4.500, adultos. $3.700, niños hasta un metro cuarenta.

Fantasilandia es el Disney local y, aunque no se vea toda la opulencia y creatividad que sobra en Orlando, nuestro principal parque de diversiones tiene al menos un gran atractivo a nivel internacional: Monga, un bizarrísimo número de transformismo que se viene presentando desde hace ya quince años como "El Secreto de la Pirámide".

Según el guión, Label –una hermosa joven que buscó refugio en un templo habitado por simios– ha caído bajo el poder del temible brujo Ramán III. Por ello es el propio Ramán el que pide al público –que atiborra un pequeño y oscuro recinto– que observe cómo en una celda protegida por gruesos barrotes, la bella Label danza una y otra vez. Hasta que se transforma en Monga, un feo y malhumorado simio que, sin mediar provocación alguna, enloquece tratando de salir de la jaula. Y lo consigue. En ese minuto, ante un público desconcertado, Monga amenaza a los espectadores, se golpea el pecho y lanza manotazos al aire.

Pese a que todo no es más que una histriónica actuación, a comienzos de 2001, Monga fue acusada de agredir violentamente a un joven de 16 años, quien declaró que el mono lo había perseguido en la oscuridad para luego azotarlo contra una pared. Según la víctima, en la enfermería de Fantasilandia le habían tenido que enderezar la nariz "sin anestesia". No obstante, otras versiones dicen que el supuesto ataque de Monga no habría sido más que un invento destinado a desprestigiar al peluche.

Gerardo Vargas, actor que interpretó a Monga durante ocho años, cuenta que el juego dura exactos seis minutos y medio y se repite cada cinco o diez, dependiendo de la afluencia de público. Esto no deja de ser una gran exigencia, considerando que interpretar a Monga requiere mucha agilidad. Por lo mismo, son en total cuatro personas las que dan vida al personaje: dos mujeres en el papel de Label, y dos hombres en el rol del temible y vilipendiado mono.

Ahora, si bien siempre queda el misterio de cómo se logra la transformación, Gerardo aclara que, a pesar de lo difícil que resulta explicarlo, básicamente se trataría de un juego de luces estroboscópicas y espejos. El resto magia. ¿Magia negra?

EL LADO ANIMAL

Granjaventura

Larraín 11095, La Reina. Tel. 2752964.
Abierto de lunes a domingos de 10 a 18.30 hrs.
$1.500, entrada general.

Aquí lo que importa no son las personas sino los sentidos de las personas. Granjaventura está lleno de exóticos animales –incluyendo avestruces y ponys noruegos– para que grandes y chicos tengan un roce directo con el pelo, el cuero, la leche y la baba animal. Además, en esta auténtica granja se desarrollan diversas actividades, como "El sendero del tacto" en el que las sorpresas pueden ser mayúsculas. También se realizan "Juegos de aventuras", en los que se invita al público a tirarse en lianas, trepar a una casa construida en un árbol o bien ir de un lado a otro del llamado Puente Birmano que cruza sobre una quebrada no más profunda que una tina. Una de las actividades favoritas, dicen, es ordeñar a una vaca que vive junto a su simpático ternero. Cosa de gustos.

VIDA DE COLMENA

Granja Apícola

La Parroquia 0332, Casas Viejas, Puente Alto.
Tel. 8425016. Domingos y lunes, de 10 a 19 hrs. $0.

La Granja Apícola está en un gran terreno cubierto de añosos árboles frutales, y algo tiene de Arca de Noé a la chilena, ya que está lleno de gansos, faisanes, ovejas, vacas, en fin.

En todo caso, las protagonistas son las

abejas y, de hecho, la casa está llena de apiarios. Además de hacer miel, aquí existen programas educativos para que niños y adultos conozcan cómo es la vida en una colmena.

Ofrecen también "aviterapias" contra casi todos los males conocidos. Para tales efectos, en la granja producen polen y jalea en forma de cápsulas, comprimidos y gotas. Otros productos que venden son jabones, cremas, e incluso pasta de dientes, todo mezclado con miel. ¿Para qué? Dicen que el polen rejuvenece el organismo y lo hace más resistente, mientras que la jalea real, que es el equivalente a la leche que toman las abejas bebés, sirve para tonificar la piel y reconstituir la potencia sexual. Sin perjuicio de lo anterior, el producto estrella es el propóleo, una sustancia resinosa que tiene el poder de cicatrizar heridas, además de curar úlceras y enfermedades nerviosas. Tema aparte es dejarse picar por una abeja, el non-plus ultra de este lugar, y así experimentar un cúmulo de nuevas y extrañas sensaciones.

TODOS LOS CAMINOS CONDUCEN A ROMA

Baños Turcos Roma

Alameda 3083. Lunes abierto de 10 a 21 hrs. Martes a sábados de 8 a 21 hrs. Domingos de 8 a 14 hrs. Tel. 6811184. $5.500.

Su nombre lo resume. Roma. Sin duda el más alternativo de todos los baños turcos de la ciudad. Funciona desde hace cuarenta y tres años, y está dotado con tres grandes salas: una de vapor, que sirve de antesala. Otra de calor seco y una tercera también de vapor. A ello se agregan noventa y seis cubículos personales que sirven de camarines y colgadores, donde se reciben las sandalias y la toalla, el jabón y el bicarbonato. Sí, el bicarbonato.

Tradicionales clientes de este faraónico sauna han sido Zalo Reyes, Peter Rock, Ernesto Ruiz –"el Tufo"– y el profesor Banderas. Todos ellos y muchos más se han acostumbrado a un servicio sin límite de horario en el uso de todas las dependencias, que incluye piscina y sala de masajes, peineta, desodorante y colonia.

MUSEOS

PERO QUÉ LINDOS DIENTES

Museo Odontológico de Chile

Santa María 0596. Tel. 6781703.

El origen de este museo se remonta a 1960, cuando un grupo de dentistas, animados por la idea de rescatar el patrimonio odontológico nacional, comenzó a reunir muelas, dientes y herramientas varias a fin de dar forma al Museo Odontológico de Chile.

Poco a poco las piezas recolectadas fueron albergadas interinamente por el Museo de Historia de la Medicina, hasta que en 1983 las trasladaron a Santa María 0596, el lugar donde se fijó su residencia.

Actualmente el edificio está a cargo de la Academia Alfonso Leng, organización dependiente de la Facultad de Odontología de la Universidad de Chile, que busca difundir y fomentar la ciencias odontológicas y el perfeccionamiento científico y humanístico de los profesionales de la cultura dental.

Entre las piezas más sorprendentes, figura el primer sillón de dentista que hubo en Chile (1900, hospital San Borja), y algo de instrumental antiguo, como las temibles llaves de Garengeot que servían para hacer extracciones dentarias, además de unos cretáceos fórceps utilizados en el Servicio de Curaciones de Muelas (hospital San Juan de Dios). A ello se agregan dientes de porcelana, prótesis de caucho y unas partituras del melómano doctor Leng.

Lo más curioso y llamativo, en todo caso, es el llamado "cráneo del funcionario Tapia", una de las víctimas del brutal crimen de la Legación Alemana, cometido por Guillermo Beckert en 1909, el cual pudo ser aclarado gracias al análisis que se hizo de la dentadura de Tapia. Junto al cráneo, por ende, hay tarjetas de felicitaciones llegadas al doctor Valenzuela Basterrica por las investigaciones que condujeron al esclarecimiento del crimen. Y un ejemplar del diario *El Mercurio*, del 4 de julio de 1910, en el que se informa de la ejecución de este docto chacal (ver Santiago al Rojo).

FRESCO Y NATURAL

Museo Nacional de Historia Natural

Interior Quinta Normal. Tel. 6804600. Martes a sábados, de 10 a 17.30 hrs.: $600, adultos. $300, niños. Domingos de 12 a 17.30, aporte voluntario.

El Museo Nacional de Historial Natural fue fundado en 1830 por Claudio Gay, aunque el edificio en el que opera hasta hoy –ese con las características columnas corintias– fue construido en 1875, bajo los lineamientos de Paul Lathoud. Este arquitecto francés pretendió crear originalmente una obra renacentista pero, debido a la falta de materiales, terminó entregando una extraña mezcla fundamentada en una chilenísima albañilería de ladrillo y cemento.

El museo, eso sí, tiene una sorprendente colección de serpientes, lagartos, simios, tortugas y miles de otras criaturas. Incluso cosas realmente especiales como un trozo del primer álamo que llegó a Chile y un herbario donado por el Museo de Berlín, y que trajo a Chile R. A. Philippi en 1866, siendo hoy en día una valiosa pieza de colección debido a que el propio herbario de Berlín fue destruido durante la Segunda Guerra Mundial.

El Mercurio

MUSEO DE HISTORIA NATURAL. Formol y naftalina.

SILENCIO EN LA SALA

Museo Teratológico

Departamento de Anatomía Normal, Facultad de Medicina Norte, Universidad de Chile. Avenida Zañartu 1130, altura del 1200 de Independencia. $500, general.

El museo del Departamento de Anatomía Normal de la Universidad de Chile nada tiene de normal. Allí se guardan cientos de frascos que contienen fetos humanos y animales que ostentan terroríficas deformaciones.

Quienes se internen por sus fríos vericuetos se encontrarán cara a cara con sobrecogedores fenómenos de la naturaleza, como encefaloceles (cabezas grandes), acranias (cabezas sin cráneo), o infinitas monstruosidades en quijadas, piernas, manos y brazos. Y no solo eso. La muestra incluye cadáveres disecados, animales en formol, e incluso siameses o guaguas con dos cabezas, con suturas a la vista y los ojos abiertos.

Al centro, sobre un estante, un cóndor disecado domina la nave central, mientras que en una esquina, encuclillada sobre una plancha de plumavit, descansa una momia a maltraer. Al lado de un ventanal hay un cadáver humano disecado que se mantiene de pie con su correspondiente pelo (y uñas y piel), fácilmente observable desde la calle.

La idea de quienes administran el museo, en todo caso, no es tener un MIM del horror, sino un centro de aprendizaje interactivo donde futuros médicos puedan conocer aquellos lamentables errores de la naturaleza con los que tendrán que lidiar.

RAREZAS DEL MUSEO DE HISTORIA NATURAL

Monsieur Martel

Monsieur Martel es un cadáver taxidermizado de raza blanca occidental, ojos falsos de cristal y pelo negro que, con el paso del tiempo, ha adquirido un particular tono cetrino.

Martel habría sido momificado hacia la primera mitad del siglo XX. Su cuerpo muestra dos incisiones, una en el cuello y otra en el vientre, las que sugieren que le fueron extraídos sus órganos. En todo caso, se desconoce la técnica de conservación, pero es probable que se haya usado jabón con arsénico.

¿Quién era Martel? Eso es un misterio sin resolver. Nadie lo sabe. Aunque según Herman Núñez, investigador del mismo museo, hay al menos dos teorías que explicarían el origen de la momia más bizarra del país.

Una de ellas, la más popular, señala que *monsieur* Martel fue un señor aficionado a la vida licenciosa por lo que, poco después de morir, sus camaradas de juerga lo habrían embalsamado a fin de seguir contando con su jaranera presencia. Sin embargo, cansados de andar trayéndolo de un bar a otro, Martel habría ido a parar a una bodega del museo donde actualmente descansa.

La segunda teoría afirma que *monsieur* Martel era la pieza de estudio de un médico que vivió en Santiago en la primera mitad del siglo XX y, al morir, su familia (la familia Martel) lo habría donado al Museo, pasando el cadáver a tener el nombre del doctor que por años atesoró a la momia. No obstante el propio Herman Núñez ha intentado dar cristiana sepultura al cuerpo, lo cual ha sido imposible debido a que no existen certificados de defunción o de nacimiento de ningún ciudadano Martel. Así también, en los listados de estudiantes de medicina de la Universidad de Chile, a partir de 1910 no figuran estudiantes con tal apellido. ¿Quién era entonces Martel? Difícil saberlo. Las momias no hablan.

El falo de la ballena

Hacia 1899 varó en Valparaíso una gigantesca ballena de dieciocho metros que conmocionó al puerto. Meses después su esqueleto fue trasladado a Santiago para ser exhibido en el museo. Y, durante años, sus huesos se mostraron junto a su propio falo que se conservó en una vitrina contigua. Sin embargo autoridades de la época lo consideraron impresentable y fue retirado de la muestra, hasta que otra administración devolvió el cetáceo miembro a su sitio original, donde ahora puede seguir siendo admirado.

La cabeza de la elefanta Fresia

Fresia, la elefanta más famosa que ha batido su trompa en Santiago, murió de vieja en su dormitorio, en 1991, a la edad de 54 años.

Pese a la tranquilidad con que Fresia partió al más allá elefantiásico, su deceso significó un verdadero drama para quienes la veneraban como si se tratara de una queridísima abuelita; ello porque Fresia, una solitaria y longeva elefanta asiática, representó toda la ternura que puede encarnar un paquidermo.

Por lo mismo, la primera decisión fue embalsamar sus cuatro toneladas de arrugas y duro pellejo, tarea en la que se empeñaron los especialistas Richard Faúndez y Ricardo Vergara. Estos recibieron

FRESIA. De la querida elefanta no queda más que su cabeza.

J. E. Jaeger

el encomio de todo un país que quería ver momificada a Fresia. Pero la difícil tarea, que tardaría seis años y costaría más de un millón de pesos, terminó con más de dos tercios de Fresia en el basurero.

Imposibilitados de taxidermizarla por sí solos, Faúndez y Vergara enviaron el cuero de Fresia a una curtiembre, pero en el taller hicieron mal el trabajo y finalmente se pudrió. Solo se salvó la cabeza, la cual fue exhibida por primera vez en el hall de entrada del Museo de Historia Natural a fines de septiembre de 1997, con motivo del aniversario número 167 de este soberbio edificio. Nuestro propio palacio de la naftalina.

Sarcófagos egipcios

Hacia 1940 llegaron al Museo Nacional de Historia Natural dos momias egipcias que habían sido despachadas desde Berlín. Según un artículo realizado por la doctora Grete Mostny, publicado en el boletín del museo del mismo año, ambos sarcófagos provenían de Tebas y tenían entre tres mil quinientos a seis mil años de antigüedad. Uno de ellos traía la siguiente inscripción: "Yo soy Arusa, hijo de Kuino y de mi madre Texo". Y, aunque el sarcófago pertenecía al de una mujer que tenía tallado el nombre Isis-Weret, posteriores investigaciones concluyeron que en realidad se trataba de un hombre. La otra momia, más chica, se llama Henri-Wedjat y fue encontrada en un ataúd de madera perteneciente, posiblemente, a la época del fin del Nuevo Imperio Egipcio (1587 al 952 AC). A poco de haber llegado, los sarcófagos que contenían las momias fueron expuestos en una vitrina de vidrio en el segundo piso, pero ahora se guardan en una bodega del mismo museo.

El museo está abierto al público general. El único requisito es ser mayor de edad y asistir sin ánimo morboso a esta cita con... ¿el morbo?

EL TÍO CHORI

Museo del Tío Roberto

Eusebio Lillo 3922, La Florida. Altura paradero 26 de avda. La Florida. Tel. 8742968.

La casa donde está el minimuseo no tiene número, pero se reconoce fácilmente porque el jardín frontal está repleto de plantas y árboles, tanto que parece una casa encantada. Y probablemente lo esté. Se trata de la casa del Tío Roberto Parra, hoy transformada en un "rincón" gracias a la gestión de Catalina Rojas, la viuda del tío.

En una pieza trasera hay un pequeño archivo. Y en dos vitrinas fabricadas por Luis Solar del Museo de Arte Precolombino, se ha guardado todo lo recolectado por una bibliotecaria profesional, la que ha logrado juntar fotos, ropa, uñetas, guitarras, lentes, peinetas, diplomas, medallas e incluso algunas boletas de honorarios del Tío Roberto. Además, muchos lápices, tres cuadernos de apuntes con poemas escritos de puño y letra, y casetes de sus más célebres rimas; rimas que, la verdad, muchas veces no riman.

SON MIS AHORRITOS

Museo del Ahorro

Bandera 66, subterráneo. Abierto de lunes a viernes, de 9 a 14 hrs. Tel. 6706572. Gratis con previa reserva.

En un laberíntico subterráneo de calle Bandera, donde por años estuvieron unas bóvedas del Banco del Estado, funciona el Museo del Ahorro, uno de los más curiosos de la ciudad. Un lugar repleto de muebles de época, libros, lámparas y todo lo que antaño rodeaba al mundo bancario, incluidos maniquíes que homenajean al clásico empleado de mirada bovina parapetado detrás de la ventanilla.

El museo existe gracias al esfuerzo de su director, Manuel Cea, quien recorrió todo el país buscando piezas que se pudieran agregar a la colección. Así, en el museo se pueden admirar las clásicas libretas rojas donde las abuelitas depositaban los primeros ahorros a sus nietos. Además hay gigantescas y pesadas calculadoras de fierro, extraños billetes y monedas que alguna vez circularon en el país, cajas fuertes, alcancías, e incluso una colección de revólveres que aún huelen a pólvora, y que usaban los cajeros cuando no existían los guardias de azul.

APIÁDATE DE MÍ

Museo Colonial de San Francisco

Londres 4. Tel. 6398737.
Abierto martes a sábados, de 10 a 13.30 hrs. y de 15 a 18 hrs. $1.000, adultos. $300, niños.

Durante la Colonia los curas franciscanos pensaban que la autoflagelación era una técnica útil y eficaz para expiar los pecados. Por eso todos tenían cilicios –o disciplinas de mortificación– que se aplicaban preferentemente en Semana Santa.

En el Museo Colonial de San Francisco hay unos cuantos cilicios que han sobrevivido al paso del tiempo; entre ellos, espaldarios, plantilleros y látigos que se exhiben en la sala de cerrajería.

Un espaldario es una malla tejida con alambre de fierro que sostiene una infinidad de ganchos filosos, hechos con plomo, que debían clavarse en la piel del mortificado. Así, mientras más pesara, más sufrimiento causaba y por ende más expiación. El plantillero es similar, con la diferencia de que es una malla pequeña, como una correa, que servía para envolver un brazo o una pierna. Mientras que el látigo, dotado con puntas de plomo, servía para autoflagelarse la espalda.

Pepe Tren

"UNA LOCOMOTORA ES UN SER VIVO"

José Zagal, "Pepe Tren", es doctor en química, pero su verdadera pasión son los trenes. Por lo mismo, Pepe tiene en su parcela de San Alfonso, en el Cajón del Maipo, siete fantásticos coches que atesora junto a rieles, durmientes y cambios de vía, aunque la estrella allí es la 575, una locomotora a vapor en miniatura que traquetea silbando al viento en medio de una ruta férrea que Pepe Tren construyó especialmente para ella.

Carla Pinilla

PEPE TREN. Su mejor amigo no es un perro. Es un tren.

Durante la semana "Pepe Tren" es José Zagal, un químico de excelencia (doctorado en la Universidad de Cleveland, Ohio) que tiene a su cargo un gran laboratorio en la USACH atiborrado de humeantes probetas y vasos precipitados.

Los fines de semana Zagal se transforma en "Pepe Tren", y entonces todo el humo que es capaz de fabricar se concentra en la chimenea de una hermosa locomotora a vapor, a la que da vida luego de no pocos esfuerzos.

Cuando lo logra el frontis de su casa se repleta de curiosos que observan cómo Pepe da vueltas y vueltas montado en su soberbia máquina, la cual se desplaza por una vía férrea miniaturizada que cruza el jardín, un parrón e incluso un minitúnel.

–¿En qué momento se inicia su fascinación por los trenes?

–Fue de chico, cuando vivía en Talca. Recuerdo que en los veranos lo típico era irse a bañar a algún río, pero yo prefería quedarme en la estación viendo cómo pasaban los trenes. Desde arriba del cerro veías el convoy como si fuera un tren de juguete.

–¿Y cómo decide iniciar una colección?

–En la adolescencia se me pasó el interés por los trenes. Pero por ahí por 1973 estaba viendo una *National Geographic* y entonces revivió la pasión. Aparecía una locomotora a vapor, y decidí comprar un trencito eléctrico. Luego fueron más y más trenes.

–Tantos que en algún minuto decide tener coches de verdad.

–En el verano de 1984 iba caminando por la línea del tren en Pichidangui, y entonces pensé: ¿por qué no me compro unos vagones y me hago una casa? Poco a poco el sueño comenzó a tomar forma hasta que tuve los primeros vagones. Inicialmente un vagón de carga de trocha angosta del tren que iba al Cajón del Maipo, y que compré muy barato porque me lo vendieron como chatarra.

Después compré un coche-casita y un coche-dormitorio. Y así. Todo lo que conseguía lo iba guardando en una parcelita que tenía en San Alfonso.

–¿Qué ha significado esta pasión?
–Un gran dolor de cabeza.

–¿Duerme en el coche-dormitorio?
–Siempre. Se trata de un coche de madera que encontré abandonado en la Maestranza de Chena. Es un coche de 1936, un coche llamado "especial servicio", o sea un coche que tiene varios dormitorios y también cocina.

–¿Y qué se siente?
– Despiertas por la mañana y, como ves que hay vagones por aquí y por allá, es como despertar en una estación de verdad. Sientes como si realmente estuvieras viajando.

–¿Algún rito en el tren?
–Como tengo un trozo de línea bastante larga, a veces me pongo a caminar y me imagino que voy por la línea del tren. Pero el rito más importante es echar a andar la locomotora en miniatura que tengo en la parcela.

–¿De dónde la sacó?
–Traje los planos de Estados Unidos y desde entonces estuve trabajando en ejes, ruedas, chasis y un montón de piezas por lo menos durante doce años, hasta que metí todo en dos cajones y se los llevé a Álvaro Orrego, un amigo que es ingeniero mecánico y que ya había hecho varias locomotoras. Él tardó como un año en terminarla.

–¿Muy difícil hacerla andar?
–Son como dos horas de trabajo. Hay que hacer limpieza, ajuste, lubricación, calentamiento de agua. Si te levantas a las nueve a trabajar, recién a las once la locomotora está empezando a echar humo. Con ella recorro un circuito de 1.200 metros, sentado en el carro del carbón, aunque aparte puedo llevar tres carros más.

–¿Por qué genera tanto entusiasmo una locomotora a vapor?
–La locomotora a vapor, a diferencia de la locomotora diesel o eléctrica, debe respirar para que se mantenga en funcionamiento. En eso se parece a un ser vivo, ya que solo mientras esté viva se puede mover. Lo lindo es que cuando eso ocurre puedes ver las bielas y la fuerza saliendo desde el pistón. La locomotora realmente camina porque una rueda avanza primero que la otra. Y, cuando vas arriba, te das cuenta que no se mueve pareja sino que tira un lado primero y después el otro. Por eso, cuando anda rápido, es como si fuera galopando. Taca-ta-taca-ta. Taca-ta-taca-ta.

CIUDAD

TRIBUNALES. Justicia para Santiago.

J. Molina

HOMENAJE A CONDORITO. Santiago no es Pelotillehue, pero se parece.

ESCULTURAS Y MONUMENTOS

ENIGMA

Monumento a la Libertad de América
Plaza de Armas.

Nadie sabe cómo es que esta monumental pero extraña obra, conocida como Fuente de Rosales, logró quedar justo al centro de la plaza de Armas.

Según la historia oficial, la talla habría sido requerida por Francisco Javier Rosales, encargado de negocios de Chile en Francia, al artista genovés Francisco Orsalino. Sin embargo, otra versión asegura que fue solicitada originalmente por el gobierno de Perú, el que al desinteresarse la cedió al representante chileno.

No obstante, hay un tercer cuento que bien podría aclarar el verdadero origen de esta figura, fácilmente reconocible por unos lagartos que tiran chorros de agua por sus hocicos. En la *Guía de Santiago. Cosas de interés histórico, artístico o pintoresco que pueden verse en lugares públicos o de fácil acceso,* de Carlos Ossandón, se lee que la estatua habría sido encargada por el gobierno ecuatoriano a un taller de Génova, pero tras el derrocamiento del partido que ordenó su ejecución, habría quedado varada en Valparaíso. Los años pasaron y como nadie la reclamó, la escultura nunca volvió a subirse a un barco. Sí a una carreta, que fue como llegó a Santiago.

En 1836 habría sido instalada en la plaza de Armas y desde entonces cada cual ve lo que quiere ver, aunque todos coinciden en que es un homenaje a la libertad de América. Y en ella se observa cómo Minerva da su oblación a una india que ha roto las cadenas de la esclavitud.

La historia se asemeja a la leyenda de la escultura instalada en la plaza de Armas de Puntarenas, Costa Rica. En efecto, la empresa encargada de traer esa escultura desde Europa se habría confundido y, pensando que su destinatario era un mugriento pueblo enriquecido durante la bonanza de la industria bananera, nunca llegó a la próspera y austral Punta Arenas/ Chile, el lugar desde donde efectivamente había sido encargada.

HÉROE NACIONAL

Escultura de Condorito
Parque del Cómic, dentro del Parque Centenario del Llano Subercaseaux.

Tras adjudicarse un concurso Fondart, en octubre del año 2000, el Centro Nacional del Cómic inició la construcción del llamado Parque del Cómic en la comuna de San Miguel, donde se exhibirían cinco esculturas en homenaje a grandes ídolos de la historieta local como Condorito –lejos el mayor antihéroe nacional–, Pepe Antártico, Mampato y su cavernícola amigo Ogú.

La primera en elaborarse fue la de Condorito. Pero dadas las características de la obra –una escultura brillosa y de dudoso gusto que parecía hecha con papel maché–, las protestas de exasperados vecinos no se hicieron esperar y, muy pronto, la efigie se convirtió en el blanco de las críticas de quienes consideraban impresentable tener en medio del señorial parque una obra de tan baja estofa.

Enemigo público número uno del pajarraco fue el alcalde de San Miguel, que daba por hecho que la escultura terminaría en la basura. Pese a ello y al gran barullo que se armó, el Consejo Municipal de San Miguel decretó que el Parque del Cómic no se movería un milímetro de su lugar. Condorito se quedaría ahí.

Terció a favor del cómico pajarraco que en las inmediaciones del parque vivió fray Pedro Subercaseaux, creador en 1906 de Von Pilsener, el primer personaje de la historieta chilena.

ACCIÓN CEMENTO

Homenaje a Jackson Pollock

Parque de los Reyes.

Federico Assler, un moderno artista que regó por más de treinta años esculturas gigantes por todo Santiago, es el autor de la más críptica obra de la capital. Se trata del *Homenaje a Jackson Pollock*, un auténtico laberinto de hormigas con el que Assler rindió su homenaje al artista norteamericano que, hacia 1945, revolucionó la plástica con su bullado *action painting*.

Atraído por el uso (y abuso) del hormigón y el cemento, Assler desarrolló varios hitos urbanos; entre ellos una obra con relieves en los muros del edificio Forum de Apoquindo. Pero el paroxismo del estilo se puede apreciar en esta obra inaugurada en 1996, en la cual un abstracto bloque de concreto reproduce un paisaje mental conformado por profundas quebradas, valles y canales; una insólita geografía que los visitantes pueden contemplar con detenimiento gracias a unos asientos, también de concreto, que Assler afortunadamente puso frente a la obra, los que incluyen unas buenas marcas para acomodar las nalgas.

¿MAPUCHE CON PLUMAS?

Escultura de Caupolicán

Cerro Santa Lucía.

En su obra *Mitópolis*, el cronista Joaquín Edwards Bello se encarga de echar abajo grandes mitos nacionales; entre ellos que Joaquín Murieta nunca fue chileno y que Robinson Crusoe jamás vivió en Juan Fernández.

En el mismo tratado, Edwards Bello se las empluma contra la escultura a Caupolicán ubicada en el cerro Santa Lucía. Esta obra fue realizada por el escultor nacional Nicanor Plaza, un artista de modesto origen –autor de la efigie de Andrés Bello y de las estatuas *Prólogo* y *Epílogo* que adornan el vestíbulo del Teatro Municipal–, que había estudiado en París los cánones del clasicismo griego.

Según Edwards Bello, las razones para pensar que la mole no retrata a ningún cacique local son dos. La más obvia apunta a que los mapuches jamás se emplumaron, por lo que el tocado del rudo cacique estaría de más. Por otra parte, Edwards Bello recoge la anécdota registrada por el escritor y poeta Carlos Acuña, quien afirmaba que la escultura habría aparecido en 1891 como un regalo al presidente Balmaceda. En ese entonces, según Acuña, el señor Luis Thayer Ojeda habría removido una placa debajo de la estatua bajo la cual se leía "The last of the mohicans". Plaza habría participado con la obra en un concurso del gobierno de Estados Unidos destinado a premiar el mejor boceto con el que se rendiría honores al último guerrero de la hollywoodense tribu que dominaba el río Thames. No el Biobío.

HOMENAJE A LA COLA

Sin título

Parque Forestal.

Si Federico Assler ha rendido el mayor homenaje al concreto, Osvaldo Peña ha hecho lo propio con el metal. Así, al menos, lo demuestra su fría y poco expresiva obra, titulada precisamente *Sin título* (1988), en la que con algo de atención –o quizás con mucha– quienes la contemplen distinguirán un grupo de gente que aparece recortada como con tijeras en una barra de fierro. Se trata de un homenaje a la cola –a la cola del banco, a la cola para pagar la cuenta de luz, del agua, en fin– y en ella se alcanza a

¿CAUPOLICÁN? Si los mapuches no usaban plumas, ¿quién es este señor?

José Alvujar

PLAZA ALMAGRO. Los celtas también visitaron Santiago.

distinguir a un ciudadano que lee el diario, a una señora con guagua en los brazos y a una pareja. No por nada el *leitmotiv* en la obra de Peña ha sido confrontar los avatares de la vida cotidiana y sus conforts. Sin título. Sin palabras.

EL STONEGHEN CHILENO

Monumento a Pedro Aguirre Cerda
Plaza Almagro, Santiago Centro.

Siete enigmáticas rocas, dispuestas en círculo, conforman el neolítico monumento a Pedro Aguirre Cerda en la plaza Almagro. Se trata de la obra del escultor Lorenzo Berg –alumno de Henry Moore en el Royal College of Art–, quien se empeñó en homenajear el legado del ilustrado presidente radical haciendo emerger, por cada uno de sus logros, unos prehistóricos monolitos que recuerdan el santuario celta de Stoneghen en Inglaterra.

Realizada en crípticas condiciones, la escultura –que originalmente contemplaba una llama al centro– quedó a medio hacer y la empresa constructora con serios problemas financieros. Pese a ello la obra fue terminada más tarde por Galvarino Ponce, el verdugo del cincel, otro escultor de dudoso gusto y responsable de numerosas obras de poca gracia, entre ellas la escultura al alcalde Patricio Mekis en el frontis del Teatro Municipal.

CINÉTICAMENTE HABLANDO

Monumento al general René Schneider
Rotonda Kennedy, Las Condes.

El arte cinético y el constructivismo geométrico logran su mayor expresión en Santiago en dos larguiruchos trozos de metal de bases poligonales, símbolos de la pureza, rectitud y valentía del soldado, con los cuales el escultor Carlos Ortúzar –educado en el Pratt Institute– rindió en 1972 su particular homenaje al general Schneider, asesinado en trágicas circunstancias.

Pese a estar ubicado en un punto de alto tránsito vehicular, lo cierto es que hoy son pocos los que reparan en esta magnánima escultura, que fue la primera de gran formato en la capital. Son pocos también los que logran adivinar cuál es el sentido de esta enigmática obra que refulge incluso de noche. Pero tal vez el artista no buscó otra cosa que un minuto de silencio. Y vaya que lo logró.

A LA CARTA

Carta de Pedro de Valdivia a Carlos V

Cerro Santa Lucía, Santiago Centro.

En los faldeos del Santa Lucía, entre las calles Victoria Subercaseaux y Santa Lucía, se levanta el único monumento a una carta que existe en el mundo. Se trata de una escultura de Samuel Román Rojas, ideada por el escritor y pintor Alberto Ried Silva, que da cuenta de un extracto de la carta que Pedro de Valdivia envió al emperador Carlos V el 4 de septiembre de 1545. La talla de Román Rojas reproduce un sentido extracto de la epístola. En uno de sus párrafos, dice así: "Esta tierra es tal que para poder vivir en ella y perpetuarse no la hay mejor en el mundo, dígolo porque es muy llana, sanísima, de mucho contento, tiene cuatro meses de invierno no más, que en ella si no es cuando hace cuarto de luna, que llueve un día o dos, todos los demás hacen tan lindos soles, que no hay para qué llegarse al fuego". ¿...?

CASI UN OBELISCO

Obelisco de Santiago

Parque Balmaceda, Providencia.

En Santiago no hay ningún gran obelisco como el que distingue a Buenos Aires, pero la ciudad tiene uno pequeño y grisáceo que está en pleno parque Balmaceda, a solo unos metros de la torre Telefónica.

Se trata de una réplica exacta de los obeliscos que estaban colocados en los Tajamares del Mapocho cuando este cruzaba Providencia, los cuales se disponían a modo de remate del muro que contenía las crecidas. Cuando se eliminó ese brazo del río, fueron retirados los tajamares y sus obeliscos, salvo este que se guarda como un recuerdo que ya nadie recuerda. Aún más: nadie sabe exactamente cuándo ni quién lo puso en su actual ubicación.

PLAZAS Y FUENTES

LA LÍNEA DEL MEDIO

Plaza Pedro de Valdivia

Pedro de Valdivia con Bilbao.

Grandes rocas sensualmente agujereadas conforman el nuevo rostro de esta plaza que, ya en 1976, había sido remodelada por un equipo encabezado por Germán Bañen, eso cuando la plaza fue partida en dos, perdiendo toda su gracia.

Blanco de críticas desde entonces, hoy no lo es menos, luego de que los arquitectos Jorge Iglesis y Leopoldo Prat volvieran a intervenirla, reservando un buen metraje de ella a unas descomunales esculturas monolíticas realizadas en piedra por Francisco Gacitúa, posiblemente para acentuar el carácter estrambótico que siempre ha tenido este lugar.

Pero actualmente el conjunto sí que llama la atención. En vez de un solo puente, ahora parece haber varios entre los huecos, planos de aguas y enigmáticas formas que ya no cortan la plaza en dos, sino en miles, millones de partes.

RÍO DE ORINA

Plaza del Poeta

Chucre Manzur y Márquez de la Plata, Bellavista.

Este curioso rincón capitalino, inaugurado en 1997, es la única plaza de Santiago que es al mismo tiempo plaza, fuente, anfiteatro y baño.

Obra de Antonia Lehmann y Luis Izquierdo –quienes diseñaron el trazado sobre la base de un anteproyecto presentado por el arquitecto Jaime Márquez–, se trata de una extraña plaza que, al menos conceptualmente, parece unida por un surco de agua que la recorre entera para terminar en un enigmático pozo a la entrada de la casa de Neruda.

Llama la atención un plano de agua superior que permanece apoyado sobre el muro de una casa vecina. También es interesante la miniacequia que recorre cada asiento de este anfiteatro, punto de encuentro del carrete de Bellavista todos los fines de semana, razón por la que no es precisamente agua lo que al final fluye por su fino trazado.

MEDIOEVO EN SANTIAGO

Plaza Concha y Toro

Al centro de la manzana comprendida por las calles Erasmo Escala, Avda. Brasil, Alameda y Maturana.

A primera vista parece la plaza de una villa medieval. Está rodeada de inquietantes edificios de claras reminiscencias francesas. Así también, la plaza –de 17 x 17 metros.– es el punto de encuentro de sombrías y misteriosas callejuelas en las que no es difícil perderse. Sin embargo, tras la incertidumbre inicial y por alguna extraña razón, después de dar vueltas y más vueltas, siempre se llega a esta misma plaza que está custodiada por cuatro destartalados edificios que se sostienen por milagro, pese a sus llamativas fachadas repletas de finos detalles.

Hace unos años, por iniciativa de la revista *Vivienda y Decoración* de *El Mercurio*, la fuente y la plaza fueron rebautizadas como Plaza de la Libertad de Prensa. Buen nombre para un rincón urbano caracterizado por un lineamiento raro y poco común.

El Mercurio

FUENTE DE LOS DESEOS. Monedas para la Moneda.

FOCAS QUE REFRESCAN

Fuente Alemana

Parque Forestal.

En 1910, cuando se celebraba el centenario de la independencia nacional, la colectividad alemana regaló a la ciudad de Santiago esta magnífica fuente, obra del escultor Gustavo Eberlein.

La fuente es una particular interpretación de lo que significaba Chile para el artista. Saltan a la vista la gloria y riqueza de sus trabajadores, características que están representadas en unas figuras semidesnudas que aparecen cargadas de frutas.

El monumental conjunto es, en definitiva, un barco–metáfora (del Chile que se mueve) impulsado por el velamen que sostiene un forzudo, al tiempo que unas festivas focas celebran el avance arrojando agua por sus hocicos.

En la nave, la mujer que va en la proa sostiene una corona, símbolo de la gloria, mientras que en la popa, sentado en un cofre, un hombre dirige el rumbo con un caduceo en la mano, bastón heráldico, insignia de Mercurio, que alguna vez fue emblema de la medicina e higiene y hoy lo es del comercio.

Curiosamente, la Fuente Alemana se convierte todos los veranos en una alberca pública cuyos bañistas, santiaguinos de tomo y lomo, han permutado la higiene por

la gracia de ahorrarse unos buenos pesos en una piscina como la gente.

PIDE UN DESEO

Fuente de los Deseos

Patio de los Naranjos, Palacio de La Moneda.

La Fuente de los Deseos de Santiago es el equivalente a la Fontana di Trevi de Roma. Por ello, la tradición obliga a tirar una moneda dándole la espalda, al tiempo que se pide un deseo. Si se cumple el deseo o no es una incógnita, pero lo cierto es que las monedas no se quedan allí mucho tiempo ya que, según disposición de la Primera Dama, Luisa Durán de Lagos, estas son recolectadas para ayudar a financiar una campaña destinada a dotar de paletas, colmillos y molares a mujeres pobres que han perdido sus dientes.

La fuente está ubicada en el Patio de los Naranjos de La Moneda, obra magna del arquitecto Joaquín Toesca, quien tardó años en levantarla, no sin protagonizar en el intertanto un agitado escándalo con su infiel mujer que, se dice, corría desnuda por el frontis del neoclásico palacio.

Fue mandada a hacer bajo el gobierno de Juan de Henríquez (segunda mitad del siglo XVII) y el responsable de ejecutarla fue el armero Alonso Meléndez, quien diseñó una pila de bronce fundido que originalmente estaba en el centro de la plaza de Armas. Posteriormente, Vicuña Mackenna la trasladó al Santa Lucía. Y, en 1935, llegó al Patio de Honor de La Moneda. Sin embargo, tras la restauración de la hecatombe causada por el asalto de los Hawker Hunters en 1973, la trasladaron al famoso Patio de Los Naranjos.

Para conocerla una buena idea es tomar el tour por La Moneda que, los últimos domingos de cada mes, permite visitar la dichosa fuente y su entorno.

FUENTE ALEMANA.
No hay lomitos, pero sí bacterias.

GÁRGOLAS EN SANTIAGO

Santiago no es Praga, pero de todos modos sorprende con góticos rincones que comunican laberintos que se abren a laberintos. Y a laberintos. Y a laberintos. Cabezas –y rostros– de esta desquiciada trama son las gárgolas, extrañas piezas ideadas originalmente para verter el agua de techos y fuentes. Sin embargo, tal como ocurrió en otras ciudades del mundo, además de ser utilizados como elementos decorativos, se transformaron en bizarros íconos para protegerse contra el demonio. Aquí una reseña para hallarlas.

Cienfuegos 41

Cienfuegos 41 es la sede de Colo-Colo, pero también un verdadero catálogo abierto del gargolístico gusto que reinaba en los inicios del siglo pasado. Ciertamente, Cienfuegos 41 es un temible caserón, siniestro de arriba a abajo; tanto que cerca del propio escudo de Colo-Colo resalta un macabro animalejo. Además, todas las columnas y pilares del edificio tienen una que otra gárgola. No obstante, es la infinidad de desquiciadas formas adosadas a los muros y al techo lo que más llama la atención. De partida, sorprende un esqueleto que sujeta un muro y, en la entrada, un lagarto que devora a una serpiente, mientras que sobre una de las puertas hay un panel de madera que tiene tallado un cura que aparece rodeado de cuadrúpedos animalejos. Claro que en este edificio, construido en 1926, las gárgolas más grandes son las cinco bestias de la torre central.

Vicaría de la Educación

Está en calle Cienfuegos 51, y en la parte superior del muro hay once paneles con gárgolas esculpidas. Además, en una de sus esquinas, otras dos siniestras esculturas custodian el balcón del tercer piso de este edificio construido en 1920.

Basílica del Salvador

En Huérfanos con Almirante Barroso se levanta la basílica del Salvador. Aqui, más de trece gárgolas comparten concreto con santos y ángeles que protegen la neogótica edificación. La construcción de la basílica se inició en 1870, pero solo se inauguró veintidós años después, en 1892, cuando los arduos trabajos redundaron en un hermoso y sobrecogedor templo declarado monumento nacional en 1977. Lamentablemente, quedó en deplorables condiciones tras el terremoto de 1985.

Las gárgolas están sobre los santos y ángeles que decoran las puertas secundarias de la basílica. Y, en cuanto a sus formas, algunas desconciertan con sus alas y plumas y otras con sus similitudes a murciélagos y monos. En todo caso, la profusa galería de bestiales hechuras incluye, justo a la entrada principal, cuatro monstruos de rostro humano cuyas extremidades rematan en formas batracias.

Merced 84

Es una construcción de departamentos diseñado por Luciano Kulczewski en 1928, y destaca por su audacia formal. Limita al costado poniente con un edificio tipo renacimiento español del argentino Martín Noelm. Y, desde que fue construida, ha sido característica su eterna oscuridad. También su balcón en el séptimo piso. Pero especialmente, el monstruo mitológico esculpido en cemento, símbolo del espíritu libertario del arquitecto. Como en pocos otros sitios, esta gárgola revela claramente su funcionalidad como desagüe de las aguas lluvia. Se trata de una gárgola rosada

GARGOLISMO. Un mal capitalino.

El Mercurio

que mira hacia abajo con la cola entre las piernas. Deplorable actitud.

Calle Livingstone

La calle Livingstone guarda entre sus húmedos caserones pareados, de inspiración Tudor, la mayor concentración de gárgolas de la ciudad. Por lo mismo, ya en el número 34, turba los sentidos un emplumado bicharraco, con rostro humanoide, que sostiene un farol. Pero eso es solo la primera sorpresa ya que, una vez acostumbrado el ojo a la oscuridad del pasaje –tal como sucedería al entrar a un cine–, se repara en que prácticamente todas las casas ostentan alguna pequeña gárgola moldeada en el estuco; algunas, bastante a mal traer, pero otras muy bien conservadas. Tal es el caso del gótico caserón de Livingstone 84, el cual despliega en una pared lateral dos expresivas gárgolas que ejercitan diabólicas muecas. Según asegura un mito urbano, esta sería una casa embrujada que ha permanecido deshabitada por largo tiempo. Y, como otras construcciones del sector, el misterioso inmueble lleva la rúbrica del arquitecto E. Costabal, quien la habría diseñado hacia 1929.

EDIFICIOS. PASAJES. CASAS. CITÉS

LAS TRES ESQUINAS

Gay, Unión Latinoamericana, Molina.

Toda ciudad tiene sus engendros, y el "edificio triangular" de Gay con Unión Latinoamericana califica para ser considerado uno de los hijos mutantes de Santiago.

El edificio, en efecto, tiene tan solo tres esquinas y está ubicado en una suerte de isla que termina en un ángulo agudo. De ahí su forma. En todo caso, se trata de una obra de evidente atractivo, en la que destacan unos balcones de madera en el segundo piso, los que le otorgan a la construcción cierto (no mucho) aire señorial.

NOSTALGIA POR EL MONO

Artesanos 871.

Este edificio, que limpio y aseado revelaría lo mejor de su estilo francés, está asociado con un tremendo sentimentalismo que aflora cada vez que se recuerda que ahí estuvo por años uno de los neones que más identidad han dado a Santiago: el letrero de Aluminio El Mono. Y, siendo sinceros, la verdad es que las Torres Gemelas eran a Nueva York lo que el letrero de Aluminio El Mono era a Santiago.

Pese a ello, el edificio de tres pisos que está en el sector de La Vega está bastante a mal traer y, siendo sinceros una vez más, da cero estatus vivir en él.

EL TITANIC CHILENO

Edifico Titanic

Moneda 1884.

Pese a que fue construido a comienzos del siglo XX, el edificio Titanic, más conocido como palacio Larraín, nunca se hundió. Lo que no deja de ser una gracia ya que eso ha permitido que esta ululante mole, que recoge en su fachada lo más representativo del *art nouveau*, aún siga llamando la atención de los transeúntes que se impresionan con sus mareadoras ventanas curvas.

Construido por encargo de la familia Larraín, el Titanic chileno está constituido, en el fondo, por tres grandes casas que estaban organizadas en torno a un patio cuadrado. La más grande era la del primer piso, y las otras dos ocupaban el segundo y tercer piso.

El Titanic no tiene mástiles ni calderas, pero sí un torreón en la esquina, donde destacan unos formidables balcones y una soberbia cúpula que ha desafiado a los tiempos.

EL SOMIER DEL TESORO

Pasaje de la Mendiga Millonaria

Molina con Alameda.

María Inés Gajardo, "la Mendiga Millonaria", murió sobre un raído somier sueco por una neumonía mal cuidada, dejando una fortuna de mil millones de pesos que hasta hoy no tiene herederos.

Corría 1996 y, alertados por el mal olor que salía de la casa, los vecinos del pasaje encontraron el cuerpo sin vida de la huraña anciana que en vida parecía no tener ni amigos, ni familiares, ni menos dinero. Sin embargo, María Inés Gajardo era dueña de cinco propiedades y seis cuentas bancarias, una de las cuales tenía depositada la suculenta suma de quinientos veinticinco millones de pesos. Pese a ello, en el momento de su deceso, la excéntrica anciana contaba entre sus escasos bienes con una cómoda de madera, una tetera, un juego de loza incompleto, una radio, un televisor en blanco y negro y un calefón Splendid.

Todos eso fue subastado en la Dirección de Crédito Prendario –la Tía Rica– en 209 mil pesos, los que se sumaron a la fortuna de la anciana. Entonces solo faltaba encontrar al heredero. Claro que, según el Registro Civil, María Inés era soltera. Aunque pronto surgió un supuesto marido que nunca fue encontrado. Y también unos sobrinos que, sin mayor éxito, reclamaron el dinero.

Aparte de esta historia, el pasaje tiene cero atractivo. Claro que ir y buscar la casa de María Inés no deja de ser bizarro. Entretenido. Y bizarro.

DE MIEDO

Pasaje Hurtado de Rodríguez

Entre Huérfanos y Compañía.

El pasaje mide exactos 12,5 metros. Recorrerlo es cautivante, ya que es uno de los rincones más góticos y originales de la ciudad. Tanto que hasta da miedo estar ahí.

La verdad es que todo el pasaje está repleto de eclécticas casas que lucen provocativos frontis estilos tudor y grecorromano. Es decir, se trata de una amalgama de estilos que redundan en un conjunto de casas de temer, casi todas de dos y tres pisos que dan directo a la calle. Para conocer el lugar lo mejor es ir de noche. Y ojalá no solo. Por si las moscas.

MOLINOS HOLANDESES

Casas Luis Cepeda

Luis Cepeda esquina Carrión.

Aunque en San Bernardo, al sur de Santiago, existe toda una villa que fue construida con la misma tecnología holandesa con la que se levantaron los diques y la Maestranza (alguna vez el principal centro industrial de Sudamérica), lo cierto es que las casas que están en Luis Cepeda con Carrión también parecen holandesas; aunque eso sea solo una ilusión. De todos modos, aunque sin molinos ni magnolios, este es el rincón más parecido a Amsterdam en todo Santiago.

EL CASTILLO ROJO

Casa Roja

Plaza Camilo Mori, Bellavista.

Santiago no tiene Plaza Roja pero sí Casa Roja, también conocida como Castillo Lehuedé (1923). Obra del arquitecto Federico Bieregel, es el edificio más característico del barrio Bellavista y, pese a lo que todo el mundo cree, en realidad no es una casa sino un edificio que alberga varios departamentos intercomunicados a través de una escala central.

Mezcla de castillo con palacio alemán y casa chilota, cuenta con unas vigas de madera que le confieren cierto estilo tex-mex. La Casa Roja podría ser perfectamente algún día un restaurante. Sin embargo, pasa el tiempo y esta construcción, de sólido aspecto gracias a su zócalo de piedra, aún sigue siendo nada más que un misterio. Aunque más misteriosos son sus habitantes.

UNA CASA QUINTA

Casa Art Déco

Manuel Montt 2632, Providencia.

Esta casa quinta es la casa más expresiva de Santiago. Lejos. No cabe ninguna duda. La amplia construcción de tres pisos, que para rematar tiene un torreón de tres niveles encima de todo el tinglado, se caracteriza por el exceso de elementos decorativos que incluso invaden el jardín. Eso sí, afortunadamente, no hay ninguno de esos monos de yeso, tipo duende o negro dixie, que están tan de moda.

CITÉ. Un lugar para perderse. Literalmente.

El Mercurio

Esta casa, que fue construida con piedras de distintos colores, llama la atención por sus inexplicables ventanas octogonales, además de los incontables detalles que demuestran que sobre gustos no hay nada escrito. Basta mirar sus pilares, ánforas y balaustradas. ¿Una casa bizarra en Santiago? Bueno. Aquí tienes una.

CAMINO A LA PENI

Cité José Miguel Infante

José Miguel Infante 1692.

En Santiago hay cientos, quizás miles de cités, aunque por lo general se los encuentra en los barrios venidos a menos y alejados del centro.

Un cité que rompe con la norma es el que está en uno de los sectores más antiguos de Providencia, en las cercanías de Irarrázaval, a solo unos pasos de la comuna de Ñuñoa.

Seguramente no fue el mismo arquitecto de la Penitenciaría de Santiago quien lo diseñó, pero lo cierto es que el parecido con una calle de la "Peni" es asombroso.

Ubicado en un sector donde predominan las fachadas continuas y no hay antejardines, el cité es un interminable laberinto que recuerda las "calles" de cualquier cárcel pública.

COLOSO CON BUEN CLIMA

Casa de Josué Smith Solar

República 550.

Smith Solar es el autor de colosales obras como la Universidad Técnica Federico Santa María y el Club Hípico de Santiago. Nació en Chillán en 1867 y, como su padre era un ingeniero norteamericano experto en la construcción de molinos, estudió arquitectura en el Politechnic College of Philadelphia y después abrió un estudio en Chicago.

Mezcla de arquitecto e ingeniero, Smith Solar aprendió en Estados Unidos los secretos que más tarde le permitirían erigir no solo los edificios más "modernos" de Santiago (como el Ministerio de Hacienda), sino también extrañas construcciones como las casas más singulares de Papudo. En aquel balneario, de hecho, Smith Solar tenía su residencia de veraneo, donde aprovechaba de editar e imprimir junto a sus diez hijos el diario *La Pulga*, que vendía entre los veraneantes para así financiar un policlínico.

Como es propio de Santiago, gran parte de los planos e ilustraciones de lo que ideó en la oficina que tenía arriba de La Bolsa terminó en manos de unos cartoneros, eso luego de que ninguna universidad chilena los quisiera recibir. Por lo mismo, tal vez lo más cercano a su "mano" que sea posible admirar en Santiago es la personalísima casa de República que construyó en 1923, eligiendo ese sector porque tenía "mejor clima" que Providencia.

Sobran allí sus clásicas perspectivas y también sus extrañas y osadas geometrías.

COLLAGE INGLÉS

Cité Matucana

Matucana 530.

Por una extraña regla jamás escrita, los cités suelen ser edificaciones inexplicablemente anómalas. Especialmente el cité Matucana, que no solo es raro sino también bonito. En serio.

Se trata de una obra del arquitecto Bertrand Vidal, diseñada y construida en 1914. Y lo primero que asombra es la espectacular reja de fierro. Las casas, en todo caso, no son menos llamativas, y se distinguen por los diferentes materiales utilizados en su construcción, que van desde ladrillos y maderas hasta tejuelas de alerce. Todo eso redunda en unas pintorescas moradas que evocan las casas rurales inglesas. De hecho, cierra el cuadro, en el que no faltan palmeras requetechilenas, dos torres con grandes *bowindows*. En definitiva, un lugar noble y provocativo en el que abunda el verde que invita a la jardinería.

PERO QUÉ ENCANTO

Casa Duende

San Alfonso. Tel. 8614019.

Sergio Andrade, artesano y arquitecto autodidacta, descubrió por casualidad –y necesidad– una refinada técnica para construir con neumáticos. Esta fue la base con la que edificó una rarífica casa, tipo Hansel y Gretel, que impresiona a todos quienes van de paseo al Cajón del Maipo.

La factura es ciertamente ecológica, ya que Andrade utiliza para sus construcciones los desechos que encuentra en el camino que va desde las Vizcachas a Baños Morales. Por lo mismo, el grosor de los muros que hace depende del aro de las ruedas que logra recoger. Tal concepto se fundamenta en que los neumáticos se trabajan como si fueran ladrillos. Y, para ir ganando altura, se clavan y luego se rellenan con barro, paja o piedras. Las ventajas son el bajo costo y la flexibilidad del material, lo que redunca en casas de goma que rebotan para los temblores.

POBLACIONES

LA CIUDAD DE LOS CIEGOS

Población Luis Braille

Entre las calles San Francisco y Salesianos, a la altura del paradero 9 y 1/2 de Gran Avenida.

Ernesto Sábato, el escritor argentino, bien podría haber vivido aquí. Es que la población Luis Braille –que consta de dos pasajes que suman sesenta casas de un piso– fue construida en los años cincuenta especialmente para los no videntes. Por ello la villa fue popularmente conocida como "La Ciudad de los Ciegos", aunque en realidad se llamaba población Santa Lucía, en honor a la Sociedad Protectora de los Ciegos Santa Lucía que ordenó su construcción en 1944.

Hoy en la población ya no quedan ciegos, aunque sí sus descendientes, ninguno de los cuales padece el mal. "Originalmente –recuerda Iván, hijo de uno de los primeros ciegos en habitar la villa– solo vivían no videntes, pero hace unos años la Sociedad Santa Lucía vendió la población ya que, con el tiempo, los ciegos comenzaron a morir y sus descendientes a vender las casas, desvirtuándose la idea original".

Actualmente, la villa se llama Luis Braille en homenaje a los primeros habitantes. En esos años, eso sí, todas las casas eran blancas. Hoy están pintadas de colores.

LOS CLAROSCUROS DE LUCIANO KULCZEWSKI

Luciano Kulczewski García –el más gótico y oscuro de los arquitectos que han dado forma a Santiago– nació el 8 de enero de 1896 en Temuco, y pocos años después fue enviado por su padre, un ingeniero francés de origen polaco, a estudiar al Instituto Nacional. Entonces uno de sus profesores sería el propio Pedro Aguirre Cerda, a quien después le dirigió su campaña presidencial, triunfante con el Frente Popular en 1938.

En 1913 Kulczewski entró a estudiar arquitectura a la Universidad de Chile y, a poco de haberse iniciado en el arte de escalímetros y maquetas e influenciado por su maestro de taller José Fortaleza, se declaró admirador del *art nouveau* y del gótico más duro. Así, toda su obra quedaría marcada por extrañísimas formas y auténticos caprichos de estilo.

Hombre de principios, inconformista y reformador, Kulczewski –quien solía usar un anillo con un escudo nobiliario– fue miembro activo de la generación que dio especial fuerza al movimiento obrero. De hecho fue uno de los fundadores del Partido Socialista y el autor de su inconfundible bandera.

Persona de bajo perfil, en todo caso, el único cargo de relevancia que ocupó fue el de administrador de la Caja del Seguro Obrero, tiempo que coincide con que Kulczewski se lanza a hacer villas populares que heredan su espíritu gótico.

Luego de su deceso, parte de sus cenizas fueron esparcidas en el cerro San Cristóbal. Y, por indicaciones suyas, en 1978 el resto fue diseminado en París, cerca de las tumbas de Chopin y Napoleón.

Estados Unidos 201

En Estados Unidos esquina Namur está la casa de Kulczewski; vivienda que diseñó el propio maestro y que, según los expertos, es la que mejor representa sus góticas aspiraciones. Pero también su ingenio, ya que tras adquirir un pequeño sitio con forma de triángulo escaleno de indecorosas proporciones (la hipotenusa, que da a la calle, mide apenas veintidós metros), se las ingenió para crear una cómoda casa de tres habitaciones que incluye una gran terraza en el techo.

Quienes visiten la pétrea fortificación descubrirán extraños perros moldeados en el hormigón, más una infinidad de ventanas ojivales y gárgolas de metal que otorgan a la construcción un inconfundible aire de castillo encantado: la marca de fábrica de Kulczewski.

Piscina escolar

La sobrecogedora mole de fierro, concreto y vidrio de Santa María 983 es la edificación más inquietante de todo Santiago.

Diseñada por Kulczewski durante el gobierno de Carlos Ibáñez del Campo, la piscina está repleta de terrenales vericuetos que contrastan con una soberbia cúpula –el lucernario central vidriado– que ya se la quisieran en algunas catedrales.

Hay que decirlo. La piscina escolar, hoy injustamente abandonada a los hongos, es una de las obras más bellas y bizarras de la capital. Fue construida hacia 1930, luego que Luciano quedara maravillado con la Exposición de París. Y, pese a la casi ausencia de elementos decorativos propios del *art nouveau*, tiene un juego de luces y sombras que realmente emociona. Según dicen los expertos, es también uno de los más serios intentos por hacer una arquitectura realmente chilena, pese a los evidentes aires de estilo mudéjar.

Casas de avenida Francia

Las casas 1441, 1451, 1485 y 1705 de avenida Francia son todas casas Kulczewski.

El conjunto crea un escenario urbano de fantasía, ya que las viviendas de inspiración *art noveau*, de uno y dos pisos, están cubiertas con figuras de extraños animales. Las casas tienen también sorprendentes lámparas y algunas de ellas rejas con forma de telaraña.

Estación del funicular

La construcción del funicular de Santiago se inició en 1922, y la primera parte de la obra entregada fue el insólito castillo medieval, adornado con dos torres en su acceso principal, que hasta ahora es el lugar donde se compran los boletos y se espera el carro.

Construida con piedra canteada de caras regulares, la estación guarda en su interior unas delirantes figuras moldeadas en estuco de cemento, entre las que se cuentan gnomos y enanos. Para lograr el efecto, Kulczewski tuvo la colaboración de finos artesanos que trabajaban en la obra con el estuco aún húmedo, rompiendo el dogma de la época que aconsejaba instalar ornamentación prefabricada. Un leal compinche para esta y otras aventuras fue el maestro Francisco Allera, natural de San Remo.

Comunidad Keller

Esta población luce algunas de las características más notables del *art nouveau*. Fue diseñada por Kulczewski en 1925. Y, solo en apariencia, es una callejuela más de la laberíntica Providencia, aunque una mirada acuciosa revela faroles de fierro forjado, y otros detalles que muestran la personalidad de este arquitecto que bien pudo haber sido teletransportado.

Declarada "Zona Típica" por el Consejo de Monumentos Nacionales en 1991, el conjunto de casas de uno y dos pisos, ubicado entre las calles Manuel Montt y Luis Barrios, se adelantó en el tiempo a las recomendaciones que después haría el urbanista austriaco Karl Brünner para las viviendas económicas. Hoy vivir ahí es, de algún modo, un lujo. Y no precisamente por los precios. No se pregunte por qué y anímese a un paseo.

El Mercurio

LUCIANO KULCZEWSKI. El Gaudí chileno llenó Santiago de exóticas formas.

MUCHA AGUA

Chuchunco City

Barrio delimitado por las calles 5 de Abril por el norte, Mailef por el sur, General Amengual por el este y avenida El Estero, por el oeste. Comuna de Estación Central.

Luis Morales Herrera, profesor de estado y autor de la inquietante obra *Voces de Chuchunco*, asegura que Chuchunco (dícese en Chile de un lugar que está muy lejos) significa en verdad "abundancia de aguas"; ello porque, justamente, en este rincón de la ciudad conectaban varias acequias con el mismísimo Mapocho que antiguamente bajaba por la llamada Alameda de las Delicias, hoy consagrada a otros torrentes y otras delicias. Cuento aparte es que Chuchunco quedaba muy lejos del centro por lo que se empezó a acuñar la expresión "queda en Chuchunco" o "Chuchunco City", generándose la errónea idea de que Chuchunco no existía.

En los tiempos de la Colonia, Chuchunco fue tierra de encomenderos, convirtiéndose con los años en el fundo conocido como San José de Chuchunco, propiedad de la familia Rivas Vicuña. Una de sus últimas dueñas, Luisa Rivas, donó doce hectáreas a una orden religiosa. Más tarde se vendieron terrenos y, Reforma Agraria de por medio, se comenzaron a construir las primeras casas.

Chuchunco es ahora una animada miniciudad, que limita con célebres poblaciones como la villa Kennedy, la villa Brasilia y la aún más famosa villa Francia; alguna vez noticia porque un célebre e inmundo vertedero de basura, el vertedero Errázuriz ("el Chernobyl chileno"), causó grandes estragos y vómitos entre sus habitantes. En todo caso, hay que decir que solo el nombre de su consultorio –Consultorio San José de Chuchunco– recuerda actualmente su verdadera identidad. Identidad que la pobla rescata en su propio medio de comunicación: *La voz de Chuchunco*, un tabloide de circulación irregular que dirige el propio Morales Herrera.

SANTIAGO OCULTO

Población Huemul

Franklin y Bío-Bío.

Es obra del arquitecto chileno Ricardo Larraín Bravo. Al centro tiene una plaza rodeada con todos los edificios públicos, más un teatro, una escuela, locales comerciales de dos pisos y viviendas de solo uno.

Se trata de la vivienda obrera en versión Larraín Bravo, bastante más digna y decorosa que las que concibe el Serviu.

Honrosamente, en estas construcciones de albañilería estucada y fachadas continuas simples tuvo una casa Gabriela Mistral.

IGLESIAS Y RELIQUIAS

FRAY ANDRESITO

Iglesia de la Recoleta Franciscana

Recoleta 220. Tel. 7372826.

Si bien la biografía de fray Andresito menciona habilidades tan curiosas como el don de profetizar, el de comunicarse telepáticamente y el de sanar, el hecho más sorprendente se produjo poco después de su muerte. Dice la historia que, cuando se realizaban sangrías para bajar la fiebre que atormentaba al religioso, uno de los hermanos guardó en un recipiente parte del plasma del fraile, el que días después fue encontrado aún en estado líquido. Y hoy, a más de un siglo de su fallecimiento, la sangre sigue sin coagularse. Y sin que existan razones científicas que lo expliquen.

Andrés García Acosta, fray Andresito, nació en 1800 en las Islas Canarias, España.

SANTOS EN LA CATEDRAL. Están ahí pero nadie sabe quiénes son ni qué hicieron.

De origen muy humilde, viajó siendo aún un muchacho a Uruguay, donde tomó contacto con los franciscanos, incorporándose como "hermano donado"; es decir, se puso al servicio de los religiosos, teniendo por ello que practicar las costumbres de la orden. Eso sí, aunque nunca hizo los votos religiosos, fray Andresito fue reconocido por su sentido de la humildad y alegría en el servicio a Dios.

Fue en 1839 cuando llegó a Chile, iniciando de inmediato sus labores en la iglesia Recoleta Franciscana. Allí se destacó por su animado sentido del trabajo mientras recorría la ciudad juntando limosnas para la reconstrucción del templo. Poco tardaron los santiaguinos en reconocer sus insólitos poderes que, entre otras cosas, le permitían reconocer en los rostros de los enfermos el mal que los afectaba.

Lo más curioso es que fray Andresito profetizó el día y la hora de su muerte, ocurrida el 14 de enero de 1853.

Actualmente, parte de la sangre que no coagula se mantiene en un relicario de la Recoleta Franciscana –declarado monumento nacional en 1973–, la que es exhibida los 14 de cada mes en una misa ofrecida en memoria del limosnero. En 1999, algunos centímetros cúbicos fueron enviados al Vaticano, y ahora el plasma está siendo analizado como parte del proceso de beatificación de Andresito.

HUESOS SANTOS

Catedral de Santiago

Plaza de Armas. Tel. 6962777.

En la antigüedad era cosa común que, al ser fundado un obispado, el Vaticano enviara reliquias para bendecir a la naciente iglesia madre; razón por la cual todas las catedrales del mundo tienen reliquias de santos en su interior, a fin de conmover la fe de los creyentes.

La catedral de Santiago, cuya construcción inició el maestro Antonio Acuña en 1748, no es la excepción. Aunque sus santos no son, por decirlo de alguna manera, de "primera división". Incluso el registro y obra de algunos de ellos la Iglesia los ha borrado de su disco duro.

Así las cosas, en la catedral (monumento nacional desde 1951) están sepultados algunos restos –léase huesos, cartílagos, en fin– de varios santos que ya ni siquiera tienen presencia en el santoral católico. Entre ellos San Venturini, San Celfi, San Fortunati, San Adauti, San Honorati, San Laeto, San Pacifici, San Erasmi, San Vitalis, San Felicis Martis, San Honestae, San Jucundi, San Clementis, San Verbanis, San Marcus y San Macrino Mártir. Solo de este último se tiene más información, e incluso en la catedral, a un costado del altar mayor, se atesora una figura que lo representa. Como bien lo dice su nombre, de Macrino Mártir se sabe que murió sacrificado un día 17 de septiembre, y bajo la reproducción de su cuerpo están enterrados algunos de sus huesos.

Otra reliquia de incalculable valor que se guarda en la catedral de Santiago corresponde a la falange de uno de los dedos de Santa Teresa de Los Andes: falange que, por cierto, se conserva en un altar.

LA VERDADERA CRUZ

Basílica de la Merced

Merced 628, esquina Mac Iver. Tel. 6330691.

Es para no creerlo, pero las reliquias relacionadas con Cristo no son patrimonio exclusivo del Vaticano. Así lo demuestra uno de los altares de la basílica de la Merced, donde se encuentra una fracción de la cruz de Cristo: la Verdadera Cruz. Una pequeñísima astilla, cierto, pero astilla al fin y al cabo.

¿Cómo llegó a Santiago? Según el padre Arturo Galaz, sacerdote a cargo de la basílica, habría sido una donación del rey Alfonso XIII de España, quien la habría regalado en 1912 a los mercedarios chilenos.

El altar donde está resguardado el santo pedazo de madera honra al Cristo de Burgos, y corresponde –desde la entrada– al tercero hacia la derecha. Se reconoce fácilmente porque está lleno de placas de

ACEITE DE SAN SERAPIO

San Serapio es un santo de la orden de los mercedarios, compañero de San Pedro de Nolasco (su fundador), que fue martirizado y crucificado por los moros en el año 1240. Como le arrancaron las vísceras, la iglesia lo nombró "Patrono y Protector de los Enfermos".

Su fiesta se celebra cada 14 de noviembre, ocasión en que la orden bendice y entrega el famoso aceite de San Serapio. Además, todos los 14 de cada mes, hay una misa en la que se repite el ritual. Este aceite funciona del siguiente modo: se unge la parte enferma del cuerpo o, si la enfermedad es interna, se bebe solo o mezclado con algún rico alimento, ya que se trata de aceite común y corriente. Es la fe del creyente la que lo convierte en algo especial.

El altar de San Serapio es el segundo desde la entrada a la izquierda, y el aceite se consigue en la misma Basílica o en la oficina parroquial. ¿El precio? Aporte voluntario.

J. E. Jaeger

LA VERDADERA CRUZ.
Una astilla de la cruz de Cristo llegó alguna vez a la capital.

agradecimiento por milagros concedidos. Y, en un sagrario de mármol, protegido por una puerta de cristal, hay un receptáculo de plata que contiene en su centro la minúscula pero grandiosa reliquia.

MILAGRO PEREGRINO

Carillón de la Merced
Todos los días, a las 12.30 hrs.

Enrique Santos Discépolo, el famoso cantor de tangos, visitó Santiago a fines de la década del 20 y, al escuchar el característico sonido del carillón de la Merced, quedó tan impresionado que a su regreso le compuso un tango. En una de sus partes, la letra dice más o menos así: "Yo no sé por qué extraña razón encontré, Carillón de Santiago que está en la Merced, con tu voz inmutable, la voz de mi andar, de viajero incurable que quiero olvidar/ Milagro peregrino que un llanto combino/ Tu canto como yo se cansa de vivir y rueda sin saber dónde morir.../ Penetraste el secreto de mi corazón, porque oyendo tu son la nombré sin querer/ Y es así como hoy sabes quién era y quién fue, la que busco llorando y... que no la encontraré/ Mi vieja confidencia te dejo, Carillón/ Se queda en tu tañir, y al volver a partir me llevo tu emoción como un adiós". Tan, tan.

DIVINO CLON

Parroquia del Santísimo Sacramento
Arturo Prat esquina Santa Isabel. Parque Almagro. Tel. 6383189.

La basílica de los Sacramentinos, la única en su tipo en el país, es tan magnífica que alguna vez fue el Templo Votivo Nacional. Pero contemplar toda su majestuosidad no se compadece con su increíble secreto: una cripta subterránea con la misma forma y dimensión que ostenta la iglesia superior. Es decir, una catacumba fastuosa e impresionante que sostiene una iglesia clon que enmudecería al propio Borges.

Hace algún tiempo la iglesia subterránea se prestó para la realización de eruditos conciertos, pero finalmente cerraron sus puertas porque, según el padre Rafael Cabrera, "la gente solamente iba a escuchar música a un lugar que fue concebido para rezar". Pese a ello, la iglesia se puede visitar en horarios de oficina, previa consulta al mismo padre Cabrera. Que es uno y no dos.

La congregación de los Sacramentinos fue fundada en Francia en 1856, llegando a Chile cincuenta años más tarde. Construida a comienzos del siglo XX, siempre se ha dicho que la basílica es una copia calcada del Sacre Coeur de Montmartre. Pero una gran diferencia es que, en la fuente que está frente a la entrada principal, en vez de juntarse turistas se congregan vagabundos a afeitarse y lavarse por presas.

ÁNIMAS DE DÍA CLARO

Iglesia de las Ánimas

Teatinos 765. Tel. 6961279.

La iglesia de las Ánimas es una pequeña capilla dotada con no más de veinte bancos, construida a escala humana por lo que no existe el característico juego de sombras y luces de las grandes catedrales. Allí solo se hacen misas por el alma de los muertos, antiguos y recientes, y es por esa razón que en la entrada hay unos sobres para inscribir deudos.

Hace un tiempo en la iglesia de las Ánimas se encontraba el único santo negro que existía en Santiago, el cual un buen día fue inexplicablemente retirado. Pese a ello, esta se distingue porque es la única en la que los santos no parecen estar agripados y, por el contrario, figuran en extremo sonrientes. Sorprende también una figura de Cristo que domina la nave central, la cual impresiona sobremanera porque se trata de un Cristo que está de pie y no clavado en la cruz.

HOTELES Y RESIDENCIALES

BRUMA Y FORESTA

Hotel Foresta

Victoria Subercaseaux 353. Tel. 6396261.
$18.000, habitación single. $23.000, habitación doble.

Guido Vallejos, el creador de la mítica revista *Barrabases* (que aún sigue vendiéndose pese a su producción artesanal) es el dueño del más original de los hoteles capitalinos: el Foresta, un clásico y familiar hotel de tres estrellas y siete pisos, dotado con treinta y cinco piezas, siete de ellas en suite.

El Foresta ocupa un gran edificio de departamentos que Vallejos, dibujante y empresario editorial, compró en 1959 con las ganancias obtenidas por la exitosa revista *Pingüino*, altamente especializada en la bohemia de aquellos años. Poco después, en 1968, inauguró este hotel que por mucho tiempo se destacó por la presencia del pianista Choche Mérida en el bar Don Rodrigo.

Como concepto hotelero, el Foresta no se diferencia mayormente de otros de su misma categoría en el centro (Montecarlo, Riviera, Santa Lucía). Sin embargo, no es casualidad que sea el hotel favorito de muchos artistas alternativos cuando visitan Santiago. ¿La razón? El Foresta se enorgullece de una soterrada excentricidad, de la cual dan cuenta dos armaduras en el living continuo a la recepción. Eso más unos sugerentes cuadros de Juan Francisco González y una obra de José de Rokha, hermano de Pablo, que tal como la obra del vate se enorgullece de una visible demencia. Especialmente destacable, eso sí, es la Sala de Revistas en la que Vallejos atesora una reproducción de *El abrazo de Maipú* que se guarda dentro de una caja de vidrio. Ahí mismo hay una reproducción del Morgan, el barco ballenero en el que navegó Ismael tras la captura de Moby Dick.

JAPANIMATION

Hotel Nipón

Barón Pierre de Coubertin 62 (ex Marcoleta).
Tel. 6351010. Entre US$50 y US$80 diarios.

Este inusual y poco ortodoxo hotel pertenece a Patricia Vidal y a su marido, el japonés Masamoto Saome, quienes también son propietarios del famoso restaurante Japón, el cual existe hace ya más de veintitrés años, mientras que el hotel Nipón hace diez.

Está dotado con treinta y dos habitaciones, y se caracteriza por su decoración oriental en la que destacan

Claudio Vera

TOUR MORTAL. Danilo Sáez, poeta, es el relacionador público del cementerio. Y el único guía turístico.

X TOUR

Hace ocho años que el Cementerio General abre sus puertas al turismo. Y, para tales efectos existen distintos tours. Todos coordinados por Danilo Sáez, poeta, relacionador público y experto en tumbas del mismo campo santo, quien, entre otras cosas, enseña a distinguir en terreno la presencia de fantasmas (que según Sáez no existirían) de los "humos fatuos": vapores que emanan de la tierra consagrada.

Entre los paseos que ofrece Sáez, hay uno dedicado especialmente al mundo de la política, ya que todos los presidentes de Chile –salvo Gabriel González Videla y Bernardo O'Higgins– están sepultados en este cementerio. Ofrece, también, variadas combinaciones entre las que se contempla una visita a las tumbas y mausoleos relacionados con la vida artística y cultural de la República; todo, naturalmente, desde el más allá.

Poeta a rabiar, Sáez proclama que el Cementerio General podría definirse como el "templo que guarda el tesoro de los sentimientos". Tal vez por la alta concentración de pirámides, edificios góticos, columnas griegas, templos mayas y frisos neoclásicos que abundan entre sus pacíficas callejuelas.

Si bien los tours son gratis, para realizarlos hay que enviar previamente una carta, dirigida al director del cementerio, solicitando la visita.

Sr. Eleazar Robles Meza. Profesor Alberto Zañartu 951, casilla 225, Correo Central. Tel. 7379469. E-mail: cementeriogral@netline.cl

ELVIS JR. Su padre era músico. Cuestión de genética.

adornos y figuritas japonesas, además del *takonoma* que domina la sala de estar. Y eso tiene especial sentido si se considera que sus huéspedes son básicamente japoneses. Pensando en esto mismo, el clásico desayuno americano o continental aquí es sustituido por el "desayuno japonés" donde *corn flakes* y tostadas son reemplazados por arroz, pescado y sopa miso.

En cuanto a la animación, destaca el pub karaoke del subterráneo, que abre de lunes a sábado, desde las nueve de la noche hasta las dos de la madrugada. Es gratis para los pasajeros, aunque las visitas deben desembolsar dos mil pesos por cover.

EL CENTRO ESTÁ EN BELÉN

Hotel Belén

Avda. Matta 314.

Este hotel, que por fuera más parece una disco o un *night club*, está en el portal Eliseo del Campo, el único edificio con algún grado de urbanidad en el barrio. Aún más, si alquien se decidiera a hacer un *brochure* comercial de avenida Matta se daría cuenta de que la única imagen reconocible es justamente este portal, del cual un arquitecto escribió lo siguiente: "es una fachada con un equilibrio propio de un edificio clásico y con mayor perspectiva hasta podría tratarse de un palacio".

Vaya. Por lo mismo, el hotel Belén –el verdadero centro de todo lo que ocurre allí– es un auténtico solaz en una avenida en la que día a día no solo se extinguen los peatones.

PERSONAJES BIZARROS

LA LOCA DEL CARRITO

Torres San Borja.

La señorita Isabel, más conocida como "La Loca del Carrito", se ha convertido en un ícono pop de la capital, tanto o más que la torre Entel, eso gracias a su infaltable carro de supermercado y al pañuelo en la cabeza tipo Madres de la plaza de Mayo.

Lleva más de diez años viviendo bajo las torres San Borja, a unos pasos de la peluquería Jaque de Diagonal Paraguay. Ahí, todas las noches, arma su tienda hecha con las frazadas que guarda en su carrito, "donación" del Unimarc, en el que también atesora discos inservibles y muñecas desguañingadas que vende a precios irrisorios. De hecho todas las mañanas, afuera de la panadería Mac Pan, más de un transeúnte compra alguna de sus baratijas, siendo parte fundamental de su catálogo unos herméticos panfletos fotocopiados ("facsímiles electroquímicos") escritos por la señorita Isabel en un bizarro léxico que utiliza hispanismos del siglo XIX, No por nada la señorita Isabel se considera a sí misma "la secretaria ejecutiva de Diosísimo".

Madrugadora por esencia, toma desayuno muy temprano en la panadería que está frente a su casa-tienda. Y, según dicen las niñas que trabajan allí, odia a las mujeres y por norma no habla con ninguna. De hecho, cada vez que alguna fémina se le acerca, le refriega frases del tipo "sé que engañas a tu marido". En todo caso, los principales enemigos de la señorita Isabel son los abogados y los comunistas. "Se rayó durante el golpe", es una de las frases recurrentes de quienes aseguran conocerla mejor. Son ellos los que también dicen que tiene un gran apego a Pinochet, tanto que una vez a un perro dálmata le gritó "perro comunista".

La señorita Isabel, hay que decirlo, es hombre. Pero, pese a que viste falda, jamás usa ropa interior femenina y nunca se baña pero sí se limpia con alcohol. Cómo no. Dicen que era un estudiante de arquitectura que, luego de tener una revelación, rayó para siempre la papa. Dicen también que "el Vikingo", el dueño del café internet vecino al Museo de Bellas Artes es su hermano.

EL BAILARÍN SORDOMUDO

Estación Central.

Su nombre es Pablo Benjamín Villegas Corona, tiene veinticinco años y la mitad de ellos los ha pasado bailando en el bandejón central de la Alameda al llegar a Matucana.

Este joven baila por una propina y sin parar, desde las once de la mañana hasta la medianoche, e incluso adecua sus ritmos a las circunstancias. Su último hit es el "Aserejé" y para cada 18 de septiembre le hace al pie de cueca. Sin música por supuesto, porque Pablo Benjamín es sordomudo.

ELVIS JR.

Víctor Manuel con Placer.
Sábados y domingos, de 11 a 13 hrs.

Todo el mundo lo conoce como "Elvis Jr.", pero su verdadero nombre es Héctor Benavente. Ahora toda una estrella ya que, durante meses, tuvo su propio espacio en el *Jappening con ja*. Claro que no ha sido esa la única incursión mediática de Héctor "Elvis" Benavente. Hace unos años, en el programa *Noche de ronda,* le regalaron una batería que según él "nunca pudo sacar". Aunque hay testigos que aseguran que sí lo hizo y la vendió.

Héctor Benavente nació en Valdivia y a los once años se vino a Santiago, instalándose en una barriada del San Cristóbal.

Aunque el instrumento ha ido cambiando con el tiempo, su actual batería está compuesta de tarros, tambores y discos de lavadora. También saca desafinadas melodías de un extraño aparato fabricado con una manguera, un nailon y una corneta de bicicleta.

Según Benavente lleva treinta y cinco años "dándole color a la música". Y, a estas alturas, se declara un artista innato que tiene "el ritmo en la sangre": "Es que mi padre –explica– era profesor de música".

Benavente es también un impenitente viajero. Y, de hecho, sin más compañía que un letrero de cartón en el que se lee "Soy epiléptico", ha recorrido Chile de arriba a abajo. Para cada Teletón, por ejemplo, deja su tradicional esquina en el Persa Bío-Bío y entonces parte sin mirar hacia atrás. "En ese momento –dice él– pongo el tarro y lo que gano lo regalo. Claro que no todo, porque soy loco pero no tonto".

ENANO CUIDADOR DE AUTOS

Santa Beatriz, al lado del Servicio Nacional de Turismo.

En Santiago siempre, léalo bien, siempre, aparece sorpresivamente un cuidador de autos, incluso en los momentos más inoportunos. Y este lamentable axioma nunca es más certero que cuando aparece Marcelino Figueroa, curicano de 40 años y un metro de estatura, pidiendo una moneda.

Marcelino lleva cinco años trabajando desde las ocho de la mañana hasta las tres de la tarde a un costado del Servicio Nacional de Turismo. Antes se dedicaba a la fotografía y después fue planillero de Tur Bus. Ahora vive en Cerrillos y está soltero.

LA VIEJA DE LOS PERROS

Dardignac con Loreto.

La señora Luisa Pozo, de sesenta años, vive en una antigua casona, blanca por fuera y oscura por dentro, repleta de hermosos y antiguos muebles, todo envuelto en un nauseabundo olor que llega a asustar. Eso porque esta solitaria y excéntrica anciana vive en compañía de treinta gatos y veinticinco perros.

Criada en un fundo cercano a Santiago, donde se acostumbró a vivir con una alta densidad de bichos domésticos, la señora Luisa no solo tiene el inusual hobby de recoger perros y gatos abandonados, sino que además sale todas las noches a aplanar las calles en busca de más perros y más gatos que alimentar. Para lograrlo compra todos los días veinte kilos de pollo, ocho de posta y ocho de cazuela. Todo esto lo cuece y luego reparte entre sus comensales. Por eso, entre comidas y veterinarios, Luisa asegura que gasta tres millones de pesos mensuales. O más. ¿Corazón de abuelita? Exactamente.

MEDIOS

LAS CONFESIONES DE PERCY

Revelación

Madrid 1221. Tel. 4410186.

Percy Eaglehurst Ramos es el padre de Pepe Antártico. Y también el padre de *Revelación*, la única revista capitalina especializada en ovnis y experiencias paranormales.

Hacia 1917, el papá de Percy sacaba una revista en las salitreras y fue ahí donde también le picó a su hijo el bicho editorial. Sin embargo, el porfiado Percy estudió ingeniería y educación física, decidiéndose tiempo después por las artes plásticas. En todo caso, fue tempranamente que creó a Pepe Antártico, todo un hito en la historia del cómic chileno.

Pero en el norte también se desató en Percy una inusual afición por los sucesos insólitos, y no fue sino hasta que se casó por segunda vez que decidió fundar una revista. Eso porque, según dice, un vidente de apellido Godoy le auguró que el medio "triunfaría en América". Y así ha sido.

Revelación ya tiene diez años de vida, gracias a su fuerte contenido "espiritual", pero también a unos artículos que dan cuenta de sucesos extraordinarios ocurridos en Santiago. Entre ellos, el caso de una niña que llamaba todos los días a la revista y decía que podía visualizar cosas. Un día llamó para informar que había visto un accidente en Perú, poco antes de que el famoso avión Fawcett lleno de pasajeros chilenos se desplomara en Arequipa.

TURBIO

turbiedades.cl

Se autodefine como un "informativo sobre la sexualidad oculta de los chilenos". Y, por lo mismo, lo primero con lo que el navegador se encuentra es un menú que ofrece fuertones platos como reportajes sobre sexo y salud, cultura erótica, webs turbios y crónicas mundanas. Además un diccionario de términos turbios llamado Sopenca.

Con no pocas visitas semanales, este sitio es de lo más depurado que se puede encontrar para acceder a la cultura auténticamente *underground*. Prueba de ello es que constantemente publican artículos "jot", como uno dedicado al Lola, nada más ni nada menos que la última disco de Santiago con servicio *drive-in*. "Recomienda este sitio a tus amigos", dicen en turbiedades.cl

CAFÉ, CAFÉ

www.cafeconpiernas.cl

Este es el sitio favorito de los cafeinómanos de Santiago. En un primer pantallazo, revela un listado con los más de ochenta cafés con piernas que hay en el centro de Santiago; entre ellos, el American Coffee, que realiza campeonatos de tiro al blanco con dardos.

Se trata de un meritorio sitio web que tiene activos innumerables links a través de los cuales se accede a otros sitios de cafés como Afrodita o Cubita.

Otra alternativa es comunicarse con cafesantiago@latinmail.com. Ellos son dos adictos que ofrecen una guía para ubicar y conocer todos los cafés de la ciudad.

MEDIANOCHE

Santiago Night

$980.

Hace más de dos años circula en algunos quioscos una pequeña revista mensual, impresa en papel de diario, de cuatro o cinco cuartillas, altamente especializada en topless, cafés con piernas, *bôites* y moteles de la ciudad.

Aparece todos los meses y quienes la editan aseguran vender más de diez mil ejemplares. Todos destinados a un público que, según el director de *Santiago Night*, no busca más que entretención noctámbula.

Esta revista se consigue también en los cafés con piernas y, aunque no sean tantos sus lectores, se agota cuando publican artículos con sugerentes títulos como "Las mujeres también pagan", donde informaban sobre la creciente prostitución masculina en Santiago.

CENTRO

OLIVER. Las chicas suben y bajan en un ascensor.

José Alvújar

TIENDAS

ME PARECIÓ VER UN LINDO CANARIO

Panamtur
Huérfanos 987. Tel. 6332004. Productos desde $1.000.

Cuando León Katliarenco fundó Panamtur hace cincuenta y cuatro años, se trataba de una particularísima agencia de turismo que operó durante dos décadas en Agustinas. Por aquel tiempo, Katliarenco viajaba como enfermo por todo el mundo. Y de Hong Kong se trajo el mítico canario de plástico que hasta hoy es signo inequívoco de que se está frente a la tienda más surrealista del centro.

Tras convertirse en casa de cambios, luego central de llamadas telefónicas, más tarde agencia de Lotería y enseguida compraventa de radios usadas, Panamtur mutó finalmente en lo que ahora es: una ecléctica mercería, especializada en productos realmente extraños, como esa gangosa alarma de autos que advierte: "Este auto está retrocediendo, este auto está retrocediendo...".

Con en el paso de los años, Panamtur ha crecido exponencialmente. Y hoy, además de la casa central en el centro, existen otros seis locales en los que es posible hallar artefactos tan disímiles como unos punzones para llevar en el auto y que, mediante shocks eléctricos, permiten despertar cuando uno se queda dormido al volante. No acepte imitaciones. Y reconozca los auténticos locales Panamtur por los inconfundibles canarios Katliarenco.

PANTY LEWINSKY

Industria Nacional de Calcetines
Mac Iver 286. Panty Lewinsky de lycra, $4.200.

Una calcetinería es, por definición, un aburrido lugar donde lo único que se puede hacer es comprar lateros calcetines e hilados varios. La excepción es la tienda de Abraham Kunkar Rabah quien, pese a su edad, se mantiene al frente de un antiguo local –que se precia del look años cincuenta– llamado, precisamente, Industria Nacional de Calcetines. Tal depósito de calcetas cortas y largas, soquetes anchos y estrechos, es atendido por un ejército de amables y regordetas señoritas, ninguna de las cuales se hace problemas en ofrecer el producto más exitoso de la tienda: la "panty Lewinsky", un invento nacional dotado con la mejor *performance* para el confort femenino, y que se publicita en la vitrina bajo un cartel que dice "para estar siempre lista". Tal producto, que rinde un homenaje a la famosa becaria que tan finos servicios ofreció al ex presidente norteamericano Bill Clinton, se ha convertido en la sensación entre los turistas que aplanan el *down town*, pero también en el blanco de protestas de santiaguinos radicalizados.

DE TODO PARA SER REINA

La Casa Blanca
Puente 786. Tel. 6961081.
Sucursal Catedral 1081. Tel. 6961686.

La Casa Blanca fue fundada por la familia Abugarade durante los locos años veinte en las inmediaciones del Mercado Central, y desde entonces venden a empresas y colegios todo lo necesario para coronar a una reina. Incluidas las coronas que durante mucho tiempo utilizaron las Misses Chile y las reinas elegidas en uno que otro programa del alicaído Canal 13.

La filosofía de la Casa Blanca no es otra que hacer realidad el sueño de que toda reina tenga su correspondiente atuendo de reina. Y es por eso que ofrecen desde un set ultrabarato, que incluye corona y banda de no tan principesca calidad ($4.000), hasta exclusivas coronas hechas con evidente dedicación ($36.000).

En la Casa Blanca todo depende de los materiales y su origen. Aunque hay muchas baratijas importadas directamente desde Hong Kong, ofrecen también exclusivas artesanías manufacturadas por pacientes artesanos, como es el caso de las bandas que vienen con letras pintadas a mano.

QUE VIVAN LOS NOVIOS

Rubinstein

José Miguel de la Barra 460. Tel. 6386020-6333855.

No son pocos los personajes –especialmente del mundillo político–, que mandan a hacer sus más finos ropajes a Rubinstein. Claro que no solo ellos. Entre los destacados caballeros del mundo deportivo figuran los señores Ríos, padre e hijo, cuando se casó el Chino.

Según la leyenda, en vísperas de su matrimonio Marcelo llegó a la tienda del centro en compañía de su papá, y fue éste quien exigió que el traje fuera blanco. El comentario del Chino fue: "Me voy a parecer al Bombo Fuica". Y de hecho, así ocurrió.

Para efectos prácticos hay que decir que Rubinstein –local que lleva setenta años confeccionando y arrendando provocativos ternos y trajes de gala–, funciona del siguiente modo: primero hay que ir a elegir el modelo. Y eso sí o sí, ya que la oferta es demoledora. El segundo paso es ir, por lo menos dos días antes del evento, a probarse y pagar, tras lo cual lo único que queda por hacer es retirar el atuendo.

En cuanto a los modelos ofrecidos son todos más que tradicionales. Incluso se puede arrendar un modelo con chaqué, que aparece en una descolorida fotografía de hace al menos cuarenta y cinco años, con la salvedad de que en Rubinstein han extraviado el sombrero.

SE PEGA COMO ESTAMPILLA

Hobbyteca

Alameda 949, edificio Santiago Centro, local 140-L. Tel. 6882313.

La filatelia es fértil territorio para las más inusuales colecciones y esto nunca ha estado más cerca de ser cierto que en Hobbyteca, una pequeña tienda que solo conocen los verdaderos amantes del sello postal. Ahí es posible encontrar desde estampillas brasileñas con olor a madera quemada –utilizadas en la conmemoración de una campaña de prevención de incendios forestales–, hasta sellos de la República de

¿SE VENDE?

En la ventana del tercer piso de un edificio de San Antonio esquina Monjitas hay una estatua de Jesucristo que mira a la calle. Se trata de un Cristo de yeso de unos cincuenta centímetros de altura. La figura luce una túnica café y está situada detrás de los barrotes de una ventana, a un costado de la cual hay un cartel que dice "Se vende". ¿Se vende? Sí, se vende. Claro que no hay que tratar con Dios ni con algún arcángel. Los interesados deben entenderse con el propietario de la oficina 302, perteneciente al edificio de departamentos de San Antonio 510. Actualmente el inmueble está ocupado por una agencia de empleos que trabaja con inmigrantes peruanos.

PUCHERO A LA
ESPAÑOLA
CALLOS A LA
MADRILEÑA
SALMON

Guinea hechos con oro y plata, o bien unas estampillas emitidas en el Congo que incluso traen hologramas. En Hobbyteca, además, venden cosas tan insólitas como billetes de goma que no rebotan.

LOCOS LOCALES DE GA-GALERÍAS

LOS POLLITOS DICEN

Avícola Kelly

Merced 821. Galería Santiago, local 25. S/T.

Si las galerías del centro suelen ser una inexplicable suma de inexplicables tiendas que atienden las inexplicables necesidades de inexplicables clientes, lejos lo más inexplicable de todo es el local que, ya por más de sesenta años, tiene la Avícola Kelly en la galería Santiago.

Llama la atención una inusual vitrina, alta y angosta, intensamente iluminada por una luz cegadora que a simple vista parece una de esas máquinas para sacar ositos y chocolates con grúa. Sin embargo lo que hay dentro no son premios sino pollitos y patos de un día.

Según un aviso pegado en la céntrica avícola, los lunes y jueves son los días en que llega la mercadería más fresca (pollitos de un día), pero durante toda la semana se ofrecen gallinas ponedoras y todos los insumos necesarios para quienes crían... pollitos.

REVITALIZANTES DE CUERPO Y MENTE

Plassex 2000

Merced 839. Galería plaza de Armas, local 66. Tel. 6955447.

Lo primero que sorprende de la galería plaza de Armas es la alta concentración de peluquerías. Claro que sorprenden también unos pequeños locales en los que es posible encontrar desde revistas eróticas a productos para la hechicería y el bienestar general. Entre estas últimas, destaca la tienda del local 66, en la cual el producto estrella es el Plassex 2000, un revitalizante sexual con poderes afrodisíacos, prescrito especialmente para aquellas "personas de gran actividad física e intelectual". En todo caso no es la única especialidad de la tienda, ya que también se consigue Spassedan, un producto que, según explican unas niñas vestidas como enfermeras, actúa "sobre el sistema nervioso como tranquilizante natural, ayudando a combatir problemas de sueño, depresión, irritabilidad y estrés".

En el local 66 ofrecen, además, un enigmático producto llamado Vital Kam, del cual se lee en la etiqueta: "Se ha comprobado que las sustancias activas de este producto influyen en distintos tipos de células del sistema inmunológico humano, regulando su función y reproducción. Así inhibe células cancerígenas, ayuda a crear barreras para el desarrollo de quistes y úlceras, y es también cicatrizante de heridas". Todo eso dice.

TE VOY A ENSEÑAR UN TRUCO

La Casa de los Trucos

Galería Catedral. Catedral 1063, local 511. Entre la Plaza de Armas y Bandera. Tel. 6713547.

Este es el lugar de Santiago donde más fácil es comprar zapatos de payaso de todos los números. Y colores. En todo caso no es la especialidad de la casa, ya que lo que más se vende son artículos para despedidas de soltera (delantales con peludos colgantes o *gadgets* especializados), amén de bromas para todas las edades y humores.

Promotor de la Casa de los Trucos es el Mago Palitto, un artista de chaqueta y humita roja cuya tarjeta de presentación dice "Artista internacional, video-televisión, anima fiestas y cumpleaños". Y por cierto

Palitto realiza a diario demostraciones de todos los productos de la tienda en la plaza de Armas. En esas ocasiones, Palitto va sacando, desde el interior de una destrozada maleta, encendedores que tiran agua, naranjas que al exprimirlas se transforman en penes, más un sinnúmero de sorpresas imposibles de resumir.

SÁCALE BRILLO

Reparadora Alemana

Huérfanos 1055. Galería Edwards, local 1049.
Tel. 6983829.

No se puede pasar frente a esta reparadora de calzados sin meditar en los propios zapatos o, aun más, en los propios pies. Bajo un colérico muñeco que clavetea tachuelas mecánicamente hay una curiosa máquina que dice: "Gratis lustre sus zapatos". Frente a ella se arman en forma espontánea dos colas –para zapatos oscuros y claros– sin otro objeto que pasar el calzado bajo un grueso esmeril más gastado que cualquier Mago Pad. Como si eso fuera poco, en este palacio del pie es posible encontrar desde un corrector de juanetes nocturno ($10.500) hasta grasa de caballo para impermeabilizar todo tipo de calzados ($850). Eso más innumerables regalos que se agradecerán para un merecido descanso, como plantillas de acupuntura y separadores de dedos ($3.800).

LECTURA ALTERNATIVA

Libros Cadena del Amor

Huérfanos 1052. Galería Mac-Clure, local 35.
Tel. 6984080.

Mercedes Miranda es para muchos una gran gurú y para muchos otros una gran charlatana. Pese a ello, esta mujer –cuyo eslogan ha sido siempre "trabajar para unir a la humanidad"– ha construido una extraña fraternidad de incondicionales fans. Tal vez por lo mismo, Mercedes Miranda se ha mantenido activa a través de muchísimos años. La mejor prueba es la infinidad de obras que ha publicado con esperanzadores títulos como *El mundo pide amor, Luz para los hombres* y *Tus deseos y antideseos*. Curiosamente, ninguno de estos libros, la mayor parte de los cuales son verdaderos *best-sellers* "alternativos", se pueden encontrar en las librerías tradicionales. Solo se puede acceder a estas obras por dato. Y uno de ellos es la tienda de pañuelos, camisetas y calcetines de la galería Mac-Clure, en la cual tienen incluso los títulos de la señora Miranda traducidos al griego, alemán, francés y portugués. Victoria Sarantis, la propietaria del local, también vende a domicilio.

PASEO AHUMADA

EL RAMBO CHILENO

Morandé con Huérfanos.
Desde las 13 hrs., intermitentemente.

Sigisfredo Victoriano Venegas, "el Rambo", lleva más de veinte años vendiendo *La Segunda*, para lo cual se disfraza del personaje más relevante del día, la semana o el mes.

Sigisfredo se convirtió en suplementero luego de que su mujer lo dejara con dos niños chicos. Y desde entonces –gracias a que unos diareros le regalaran cinco ejemplares para que salvara el día–, se pone todas las tardes a gritar *La Segun--nn-da-aaa*, en la esquina de Huérfanos con Morandé. Sigisfredo ya tiene más de cincuenta disfraces que se ha hecho él mismo, entre ellos el de lata de bebida. Pero su clásico es el de Rambo, con cintillo incluido, a raíz del cual una turista argentina lo denunció a Carabineros por

LA UNIÓN CHICA. La grandeza del centro.

EUROCENTRO UNDERGROUND

El Eurocentro (Ahumada 85) es un laberinto de tiendas y oficinas ubicado en la esquina del paseo Ahumada con Moneda. A simple vista no ofrece nada muy diferente a lo de cualquier otro centro comercial pero, bajando al primero de sus dos subterráneos, se llega a un bizarro mundo -lejano al tráfico oficinesco- en el que sobrecogen tiendas que son el sueño de los escolares y la pesadilla de sus padres.

Fashion Rock

Local 0124. Su rubro es la lucha libre y todo lo relacionado con la WWF. Por eso, aparte de afiches y videos, venden poleras con las caras de gordos de temer como The Rock y Steve "Cold" Austin ($5.900). También es posible encontrar videos y la exclusiva WWF Magazine.

Phendex Rock Tatoo

Local 0128. Venden todo lo necesario para hacer tatuajes. "Autorizados por el Servicio Nacional de Salud", reza un aviso en la vitrina, y entre los esterilizados productos que son parte de la oferta se cuentan agujas, tinturas y máquinas ($49.000). En todo caso, no es el único local en su clase. Sólo unos pasos más allá, en el 0221, está Ritual -International Tatoo Shop-, donde han comenzado a incursionar en el piercing extremo, según se colige de unas sanguinarias fotos pegadas en la vitrina.

The Knife

Local 0123. Es una tienda especializada en todo lo que tiene que ver con el hermético y tenebroso mundo *dark*. Por lo mismo, ofrecen desde exclusivas poleras que nunca destiñen, hasta música oscura, esencialmente gótica, pasando por esposas y lencería fina.

New Marijuana Rock

Local 0122. Es la más artesa de las tiendas del Eurocentro. Pero para no ser menos ahí venden desde papelillos y muñequeras punk hasta tinturas para el pelo, inciensos y copias en VHS del clásico liceano *The delicate sound of thunder* ($5.000). Además, su catálogo incluye pipas diabólicas ($8.000), preservativos con sabor ($990) y papelillos del tamaño de una sábana. También poleras de Bob Marley (obvio), pero también de Iron Maiden y Metallica.

Sheperd

Local 211. Las tiendas más bizarras del Eurocentro están en el primer subterráneo. Sin embargo, Sheperd -que está en el segundo piso- es la excepción. Se trata de la más sofisticada tienda de rock cristiano, donde venden cientos, miles de discos, de músicos que realmente te pueden llevar al cielo.

PASEO AHUMADA. Locura, esmog y melancolía.

terrorista. Inolvidable es también el traje de Chupacabras con el que asaltó a plena luz de día a Ricardo Lagos.

EL DOBLE DEL CHAVO

Ahumada con Huérfanos. Tel. 6454131.

Se instala arriba de un taburete y a sus pies despliega una infinidad de recortes de prensa que guarda en unas hojas de plástico. Allí se resume toda su carrera como doble del Chavo.

El ocurrente artista se llama Sergio Sánchez. Y se trata de un tipo que viste bototos, pantalones rotos, camiseta a rayas, suspensores de trapo, y el infaltable gorro con el que Roberto Gómez Bolaños inmortalizó al inolvidable niño/proleta.

El resto del parecido se logra con un correcto maquillaje más un bizarro artefacto bucal que le pone sonido al cuento, y cuyo clímax se produce cuando a Sánchez le da la garrotera y para que se siga moviendo el público debe tirarle monedas.

LOS TELETUBBIES

Ahumada al llegar a la Plaza de Armas. Sábados y domingos, todo el día. A veces, días de semana en la tarde. $1.500, la foto. Tel. 3799278.

Los Teletubbies que todos los fines de semana acentúan el ácido carácter del paseo Ahumada, nada tienen que ver con los muñecos de *Chile Tuday.* Y nada tienen que ver tampoco con las habituales promociones que se realizan en las grandes tiendas. Los Teletubbies del paseo Ahumada tienen que ver sencillamente con la familia Ponce, un querendón clan originario de Iquique, que emigró a la capital por la falta de trabajo en el norte.

Así las cosas, es toda la familia la que participa en este oficio que consiste en animar a los niños –y a sus papás– para

Ulises Nilo

EL ELVIS DE QUILICURA. Mil pesos le costó el traje en una tienda de disfraces.

que se tomen fotos con La-La, Poh u otros integrantes de este descerebrado grupete de infantes.

Son los niños de la familia Ponce los que se ponen los trajes de Teletubbies y actúan. Los disfraces, hechos por ellos mismos, han ido mejorando con el tiempo. Y, paralelamente, el papá toma las fotos. Claro que cuando el negocio no anda muy bien y hay que recurrir a más trucos, mamá Ponce se viste de Barney.

EL ELVIS DE QUILICURA

Ahumada con Huérfanos (o pasaje Bombero Ossa). Todos los días, a cualquier hora.

Pedro Ortega se dedicó durante años a plastificar carnés. Y, de tanto trabajar con la identidad de otros, un buen día decidió cambiar la suya. En ese preciso instante se convirtió en doble de Elvis. Para lograrlo Pedro Ortega recorrió miles de tiendas, hasta que en Franklin dio con un traje de Presley. Nacía entonces el "Elvis de Quilicura", un versátil artista que utiliza para sus rutinas una radio que compró en la feria por mil pesos, más un amplificador que le costó tres mil. Ya en el calle, este hombre de sesenta y nueve kilos, cuarenta años y cuatro hijos, se contorsiona hasta lo indecible, al tiempo que canta sobre unos casetes del Rey bien carreteados, ya que aún no consigue sus propios *soundtracks* del Presley original.

CONVENCIÓN DE SORDOMUDOS

Ahumada con Alameda, a la salida del Metro Universidad de Chile. Todos los viernes, desde las 18 hrs.

Nadie sabe de qué hablan. Pero está claro que a veces no solo conversan sino que también se insultan. Y quién les va a decir algo. Se trata del encuentro semanal de los sordomudos, los cuales llegan todos los viernes al paseo Ahumada a comentar los avatares de la semana. Para ello levantan las manos y, con una velocidad sorprendente, intercambian opiniones y discuten sin que nadie entienda nada. Nada de nada.

CONJUNTO NEHUÉN MAPUCHE

Ahumada, a la salida de la estación del metro Universidad de Chile.

Tum-tum, tum-tum, se escucha una y otra vez, desde las nueve de la mañana hasta las nueve de la noche, de lunes a lunes, todos los días del año, a la salida del metro Universidad de Chile.

Tum-tum, tum-tum. Bis. Tum-tum, tum-tum. Es la hipnótica melodía que sale de un kultrún manejado por un sonámbulo anciano, cuyo ritmo ancestral es acompasado por el batir de unas campanitas y una calabaza que sostienen dos mapuches que acompañan al caballero.

La *performance* no es un recital sino una armónica manifestación que día a día, mes a mes, realiza el conjunto Nehuén Mapuche, oriundo de Carehue, en protesta por el racismo, la discriminación y la xenofobia. Por esta razón se hacen acompañar de una cartulina blanca, a modo de papelógrafo, en la que figuran garabateados con plumón la larga lista de lonkos y guerreros asesinados desde principios de siglo durante la Pacificación. Los ancianos también ofrecen sanaciones a domicilio, y reciben monedas a cambio de hojas de canelo para proteger el hogar. Tum-tum.

OBSERVACIONES ASTRONÓMICAS

Grupo Aldebarán

Plaza de Armas, frente a la Catedral. Tel. 6255380. 09-7109451. Desde las 18 hasta las 24 hrs. $200, por persona, por tres minutos de observación.

Mientras esté despejado, cinco astrónomos aficionados –todos miembros del grupo Aldebarán, que en árabe significa "el que sigue"– instalan sus potentes telescopios para escudriñar los cielos.

A pesar de la contaminación imperante y por módicos doscientos pesos, ellos ponen a disposición de los transeúntes dos telescopios reflectores y tres refractores, desde los cuales se pueden observar la luna y sus cráteres, la estrella Alfa Centauro, Marte y, en verano, Saturno y Júpiter, planeta, este último, del que incluso se ven sus lunas Ganímides y Calixto. La observación es acompañada de mini charlas, de no más de tres minutos. Luego los incrédulos peatones deben rotar. "El que sigue", "el que sigue", dicen entonces los miembros de Aldebarán.

Mario Muñoz

ALDEBARÁN. No verás las lunas de Júpiter, pero sí las luces de la plaza.

BARES, RESTAURANTES Y PICADAS

ESCALERA AL CIELO

777

Alameda 777. Abierto de lunes a viernes, de 11 a 5 AM.

El 777 se hizo famoso como "el camino al cielo", luego de que lo popularizaran sus más fieles clientes: los artesanos lisiados de la acera del frente, quienes llegaban incluso en silla de ruedas tras subir una penosa escalera, larga e inclinada, al final de la cual el premio era una descomunal bacanal de comida y alcohol.

En este lugar había antes una residencial. Pero la señora Marcia, dueña del 777, compró el inmueble y desde 1987 es lo que es. ¿Qué es? Una chacotera picada, especialmente recomendada para devorar a altas horas de la noche el inigualable caldo de patas ($1.500) o bien el exclusivo Borgoña 777, que además de fruta y vino lleva coñac.

Emotivo momento en la historia del 777 –alguna vez el sitio preferido del mundillo alternativo– fue la mítica visita de Mike Patton, el líder de Faith No More. Entonces estaba también presente Luciano Cruz-Coke, quien acercó su silla para conversar con Patton. Pocos segundos después, Patton le preguntó a Cruz-Coke si prefería a Kiss o a Queen.

–Kiss –repondió Cruz-Coke

–Lo suponía –dijo Patton, y entonces no le habló más en toda la noche.

Grandes momentos bizarros.

Uno de los actuales comensales del 777 es Nicanor Parra, el famoso antipoeta, a quien le preparan especialmente ricas y humeantes anticazuelas.

MEJOR QUE EN NUEVA YORK

Manhattan

Pasaje peatonal Rosa Rodríguez 1373. Tel. 6880221. Viernes, música en vivo desde las 18.30 hrs.

Antes del atentado que echó abajo a las Torres Gemelas, el Manhattan no llamaba mayormente la atención. Hoy, en cambio, no son pocos los que se detienen frente a la entrada, incluso a tomarse fotografías. La razón es que el restaurante, que está ubicado en el subsuelo del poco transitado pasaje Rosa Rodríguez, se anuncia con una gigantesca paleta retroiluminada de Manhattan de noche, en la cual lucen sanas, gigantescas y esplendorosas las Twin Towers.

Como si eso fuera poco, en un muro de los comedores hay una pintura cubista en la que, otra vez, se roban la película los ahora destruidos rascacielos. En todo caso lo más entretenido del Manhattan es el animado Bar de Joe: "Atendido por el propio Joe". Bastante bullanguero, el restaurante es todos los viernes animado por una orquesta de música en vivo, tras lo cual el delirio colectivo queda a cargo del dicharachero DJ Juan Carlos Pérez, quien arma el mambo con mucho merengue, sound, rock & roll y chachachá.

EN OFF

Indianápolis

Alameda 940. S/T.

De día, en el Indianápolis se pueden degustar sabrosas mechadas con tallarines, aunque también humildes hot-dogs medianamente bien preparados. De noche la cosa cambia del cielo a la tierra. Literalmente. Y por una razón bien simple: el Indianápolis es, lejos, la fuente de soda más *extreme* del centro (está prácticamente en el *off down town*) y cuando la cosa realmente se anima, el segundo piso –donde funciona una oscura discoteque– es visitado por lo más graneado del lumpen que a diario aplana el centro de la capital. Pese a ello, el Indianápolis es un lugar bastante tranquilo y ameno, incluso entretenido. Vale la pena la incursión-excursión.

VITRINA HIPERCALÓRICA

Portal Fernández Concha

Frente a la plaza de Armas. Locales 22, 19, 932 y 918.

Una pasada ligera por este lugar, sin prestar a nada mayor atención, revela un caos humano, un verdadero panal de gente yendo de un lado a otro. Una observación más acuciosa, en cambio, devela un sitio intrigante que, solo por la alta densidad de prostitutas caribeñas que se concentran en los departamentos de los pisos superiores, lo convierten en lo más parecido a La Habana en Santiago.

La comida que allí se consigue, sin embargo, es auténticamente capitalina. De partida porque este barroco portal, que en algún pletórico pasado lleno de gracia se llamó portal de Sierra Bella, está repleto de diminutos y horrendos locales como el Quick Lunch (22) o el Don Pepe (19), que se especializan en hot-dogs que chorrean mayonesa hipercalórica. Operan, además, fuentes de soda como el Nuria (918), de cuya excelsa gastronomía hay una muestra en unas vitrinas dignas de museo de arte contemporáneo. No menos impactante es el local de la Pizzería Ravera (932), la primera pizzería que hubo en Chile, donde se han inventado platos de exportación, como la pizza churrasco, que junto con la masa y

BARRIO ROJO

Durante meses y meses, autoridades capitalinas han especulado con la idea de que la metrópolis tenga un barrio rojo autorizado, al mejor estilo de ciudades como Amsterdam o San Francisco. Sin embargo el proyecto parece estar lejos de concretarse, pese a que en realidad tal barrio se ha conformado espontáneamente en las inmediaciones del cerro Santa Lucía, entre las calles José Miguel de la Barra, Huérfanos y Merced.

Velvet

Está en la esquina de Huérfanos con Santa Lucía, y se trata de una librería de reciente data en la que ofrecen un amplio surtido de películas porno de Europa y Estados Unidos. Para sistematizar los pedidos cuentan con un finísimo catálogo, y también con un televisor interior en el que permiten echar un vistazo al material que, en promedio, cuesta $7.000.

Olympus

La dirección exacta es José Miguel de la Barra 412. Es una boutique gay instalada en el mismo lugar donde estuvo un curioso café que, emulando el *chic* de los cafés con piernas, hizo lo suyo con unos coquetos mozos a los que se les recalentaba la leche. La cosa es que cuando el negocio ya estaba prendiendo les quitaron la patente, y ahora los mismos empresarios han vuelto a la carga con una tienda en la que venden desde colaless masculinos hasta camisas y pantalones, todo muy ajustado.

Freeshop Club

En Huérfanos 530 se encuentra una librería en la que venden lustrosos ejemplares de clásicos como *Playboy* o *Ebano*. Se suman auténticas rarezas, como revistas y videos orientales, que transforman al local en la versión soft porno de Japanimation. También hay videos, dvds y cidís. Revistas, desde $3.000. Videos, desde $5.000.

Cowboys

Pasadas las ocho o nueve de la noche, la esquina de José Miguel de la Barra con Merced se repleta de vaqueros que han convertido el lugar en un verdadero paseo de los deseos ocultos. Ya en el crepúsculo, la esquina es ocupada discretamente por decenas de muchachotes enfundados en jeans. Y, por lo mismo, poco más tarde la cosa se pone negra como hormiguero de ¿hormigas?

la salsa de tomates lleva una achicharrada posta a la plancha.

HOT DOWNTOWN

ORTOPEDIA PURA

Afrodita

Phillips 451, oficina 1903. Tel. 3679232.
www.sexshopafrodita.cl

En el mismo y señorial edificio donde alguna vez vivió Jorge Alessandri, un respetable ex presidente de la República, hoy opera el mayor porno shop capitalino; una tienda en la que se pueden encontrar desde vaginas y anos vibradores hasta bombas de vacío que prometen hacer crecer el sexo masculino en varios centímetros.

La tienda es totalmente legal pero, como si se tratara de una consulta clandestina, los clientes que llegan hasta el doceavo piso son atendidos uno a uno, razón por la cual existe una sala de espera donde todos se terminan viendo las caras. Por lo mismo el ambiente en Afrodita es tenso y nervioso como el aleteo de una polilla. "Es que lo que yo vendo –dice Pamela, la propietaria– es pura ortopedia".

SUBIENDO/BAJANDO

Oliver

Mac Iver 437. Tel. 6334687. Abierto de lunes a sábados, de 13 a 21 hrs. $1.500 la bebida. $3.000, la invitación. $55.000, el privado.

No es fácil entrar. Hay que acostumbrar los ojos como en el cine a la falta de luz. Pero una vez logrado aparece un amplio living repleto de regordetes sillones, frente a los cuales una pantalla gigante proyecta una y otra vez videos soft-porno. Felicitaciones. Acaba de llegar al Oliver, un lugar de película donde capuchinos, cortados y expressos son servidos por un plantel de chicas en bikini que además atiende todo tipo de consultas privadas en los despachos del segundo piso.

El epicentro, en todo caso, es un escenario en el que curvilíneas mujeres aterrizan desde el cielo gracias a un ascensor decorado con tiritas de plástico tipo carnicería de barrio, el cual conecta los camarines con el proscenio iluminado por focos robotizados. Así, en cada número, una niña baja desde el techo, luego se contorsiona hasta quedar desnuda, y finalmente se vuelve a meter al montacarga, aprieta un botón verde y ¡zas! Desaparece con una gracia que ya se la quisiera David Copperfield.

PELÍCULAS DE GALERÍA

Gallery

Merced 832, locales 40-41-42-43-52.
Videos triple X, $1.500 por 48 horas.

La galería Casa Colorada fue durante años el mejor lugar para comprar y vender todo tipo de artículos fotográficos. Pero hoy el foco está centrado en un singular conjunto de tiendas-clones, en cuyas vitrinas se exhiben decenas, cientos, miles de dvds, videos y cd-roms, todos con tiernos y deshinibidos títulos como *Entrada por atrás*, *Tesoros vírgenes* y *The penetrator.* Algunos, incluso, pertenecen a bizarras categorías como "videos *kinky*" (estrellas con alguna deformación física), o "videos *vixxens*" (protagonizados por mujeres con senos gigantes).

Frente a cada uno de estos locales, todos propiedad de Marco Gallardo, el Hugh Hefner chileno, día a día una verdadera procesión de oficinistas de cuello y corbata desfila con natural lentitud. Esta Meca de la pornografía es siempre atendida por ágiles dependientes de cortavientos azul que, cada vez que tienen la ocasión, hacen la pregunta de rigor: "¿Es usted miembro?".

A fin de cuentas, Gallery es lo que se llama un "club de video", y a él se ingresa sin más trámite que presentando una fotocopia del carnet de identidad, más algún otro papelucho que acredite un domicilio conocido. Y listo. La inscripción es gratuita, e incluso da derecho a arrendar una primera película, con una segunda totalmente gratis.

CINE DURO

Hard Cinema

Galería Teatro del Ángel. San Antonio 255. Tel. 6333605. $2.000. Rotativo hasta las 21 hrs. $1.000, los miércoles.

Donde alguna vez funcionó una diminuta sala de cine-arte a la que no iba nadie, y antes de eso la sala de teatro El Ángel, a la que iba aún menos gente, hoy opera el Hard Cinema que, como bien lo dice su nombre, es un pequeño cine especializado en películas fuertes. Fuertonas.

No es de extrañar entonces que, luego de casi dos décadas en que sus dueños trataran de arriar gente para que se regocijaran con el arte del siglo XX, hoy hay quienes se agolpan en la puerta tratando de ver alguna de las sudadas películas que allí se exhiben; material que cambia todos los lunes.

El cine es un cine-cine, con butacas, pantalla blanca, cojo, y todo lo que se puede esperar de un cine salvo palomitas de maíz, que en el Hard Cinema son reemplazadas por los videos triple equis que están a la venta.

SE ACEPTAN DEVOLUCIONES

Casa del Cómic

Bandera 648, piso 2, local M. Desde $500 (Quirquincho), hasta $12.000 (Private). Cambios entre $300 y $1.000.

En esta sobrecargada librería es posible encontrar todo tipo de revistas eróticas, tanto para hombres como para mujeres, pero también para travestis y gays.

Aunque la lista es larga, entre las revistas para hombres figuran títulos como *Playboy* o *Cheri*. Mientras que para las damiselas hay no menos excitantes ejemplares de *Playgirl*. Para gays, en tanto, está *Hon Cho*. Y para tendencias aún más especiales, o definitivamente radicales, las brillosas *Private* o *Travesti Cover*.

Otra cosa que distingue a la Casa del Cómic, aparte de los extraños títulos y temas que abarca, es que una vez comprado un ejemplar se puede cambiar con el solo desembolso de $300 o $1.000. El único requisito, por cierto, es que las revistas tienen que venir limpiecitas. Como nuevas.

VÍA DE ESCAPE

Sala Apolo

Diagonal Cervantes 802. $2.000.

Ricardo Carrasco es argentino, pero de padre chileno, y allende los Andes es presidente de la asociación que reúne a todos los pornógrafos desde el Chaco a la Patagonia.

Decidido a ampliar el negocio en nuestro país, Carrasco invirtió un buen día cuarenta mil dólares con objeto de transformar un pequeño cine (el ex cine Riviera), en el que se ofrecen funciones rotativas sobre una pantalla gigante, claro que en formato video.

El cine abrió a principios de 2001, pero pronto fue clausurado. La razón no fue la calidad de las películas (Carrasco ha sido siempre un amante del cine arte) sino la falta de acceso adecuado para los minusválidos y vías de escape. Por eso, una vez solucionados los inconvenientes, fue el propio alcalde Lavín quien asistió a la inauguración, tras la cual se comenzó a proyectar la película *Apelación sexual*, de Leonardo Barrera (el mismo de *Confesiones de una adolescente ninfomaníaca* y *Hanito, el genio del placer*), que trata de un reo que sale de la cárcel después de siete años, y entonces se quiere vengar de la jueza.

GUÍA DE CAFÉS CON PIERNAS

Ya en la Colonia, a estos humeantes locales –mezcla de café y chingana–, se les conocía con el nombre de "trucos", en alusión a un juego parecido al billar que se introdujo en Santiago hacia 1812. Según los cronistas, el primer café se instaló en Santiago en 1775, media cuadra al oriente del templo de Santo Domingo. Y se trataba de un reconfortante garito cuyo dueño era un tal señor Goroztiza. Otros locales célebres fueron el Café de la Baranda, en Monjitas, y uno que estaba en el portal Fernández Concha y respecto del cual José Zapiola, un ilustrado argentino que llegó a Chile con el Ejército Libertador, escribió lo siguiente: "anegado en porquería, he visto en un solo día lo que no vería en ciento...".

Café Los Tribunales

Amunátegui 309.

Es uno de los cafés más tradicionales del centro, y está justo al frente de un moderno edificio que alberga decenas de juzgados. Por eso entre su clientela habitual se cuentan circunspectos abogados, juniors y actuarios.

Durante el día el café Los Tribunales es atendido por cuatro chicas enfundadas en una ceñida lencería que nada deja a la imaginación, atuendo que para las fiestas patrias se complementa con sombreros de huaso de cartulina. En el último tiempo, además, se exhiben ahí los resultados del Campeonato Femenino de Baby que se realiza en Lampa, y en el cual las cafeteras defienden las camisetas de clubes como Ipanema, Do Brasil y De Phe a Pha, otros cafés de la cuadra.

Café Venus

Galería San Agustín, local 9.

Las chicas se pasean semidesnudas. Pese a ello este café podría tener más de algún parangón con otros del centro. Sin embargo, hay un detalle que marca la diferencia: se trata de un televisor de diecinueve pulgadas que se mantiene prendido todo el día, y en el que transmiten *ad infinitum* la programación del Canal Playboy. Tal vez por lo mismo, una vez a la semana se realiza el Día de la Conejita, efeméride que se celebra con las cafeteras paseándose por el local mientras hacen ostentación de sus pompones y orejitas rosadas. Tal éxito ha tenido el evento que ahora tienen también el Día de la Colegiala. El Día de la Enfermera. Y más.

Café Ikabaru

Pasaje Matte. 957/956.

Unos gigantescos vidrios polarizados no permiten adivinar lo que existe detrás. El Café Ikabaru es, ya al mediodía, una auténtica disco que recibe a sus clientes con un espectacular cielo en el que titilan estrellas al ritmo de una enfebrecida rockola. No menos fuerte es la impresión de ver unas cafeteras estilizadas como jirafas, que atienden con pelucas de colores sobre zapatos plásticos de mareadores terraplenes, mientras se mueven sobre una tarima que está a más de veinte centímetros del suelo. Debería llamarse Café Vértigo.

Café Barón Rojo

Moneda 726. Agustinas 717.

Su dueño es Miguel Ángel Morales y gran parte del éxito que han tenido los "cafés con piernas" en Santiago se debe al genio de este empresario que inventó el ya mítico, aunque hoy alicaído, "minuto millonario". La historia es conocida y se resume en que un día Morales –a quien también se le atribuye una fantasiosa parcela atendida por cafeteras en topless–, decidió que cada vez que se decretara el "minuto feliz" las chicas dejarían caer sus sostenes. Fuera de eso, este café es como cualquier otro café, aunque ahí son decenas los que terminan con acidez, esperando el dichoso minuto que tarda en llegar.

Mercurio

TGO.
AL ROJO

ALICE MEYER. Si no fue el Topo Gigio ni Santander, ¿quién?

CRÍMENES

IMPOSTURA EN LA LEGACIÓN

El caso Beckert
Ex Embajada de Alemania.

Guillermo Beckert nació en Nüremberg, Alemania, en 1870. A los 19 años llegó a Valdivia, trasladándose luego a Santiago donde se desempeñó en los más variados oficios; entre ellos administrador de una chacra en el Llano Subercaseaux. Posteriormente, en 1905, Beckert entró a trabajar a la legación alemana (actual embajada), ocupando años después el cargo de canciller, entonces una suerte de contador.

Amigo de lo ajeno, Guillermo Beckert aprovechó el puesto para cometer una serie de desfalcos, hasta que en 1909, consciente de que sus delitos quedarían al descubierto, decidió fingir su propia muerte. A modo de preparativo se autoenvió anónimos con amenazas de muerte, encargó un pasaporte para un tal Ciro Lara Mottl y, finalmente, compró unas patillas postizas, un traje de cazador, un rifle, municiones y varios metros de mecha.

El plan de Beckert era simple y despiadado, pero aparentemente perfecto. Para ejecutarlo, entró amparado en la oscuridad de la noche al edificio de la legación y asesinó al portero Ezequiel Tapia con un mazazo en el cráneo. Tras rematarlo con un puñal, lo vistió con sus propias ropas y procedió a quemar su rostro con fuego, incendiando acto seguido el inmueble. Tal como lo había planeado, el humeante cadáver fue identificado como el de Guillermo Beckert, ofreciéndosele todos los honores de un alto dignatario en su funeral. Inesperadamente, en el velatorio del día anterior, el suspicaz doctor Valenzuela Basterrica sustrajo la mandíbula para estudiarla y llegó a la conclusión de que no era la del funcionario Tapia (ver Museos Bizarros).

Poco después, en un control fronterizo, sería detenido Ciro Lara Mottl mientras intentaba cruzar a Argentina. Al contrario de lo que había planeado, Beckert terminó sus malogrados días en el temible patio Siberia de la Penitenciaría de Santiago, donde murió fusilado.

MUERE, RATA

Los pasteles envenenados
Alameda 231.

El sábado 21 de febrero de 1931, Pham Van Loc, natural de Saigón y auxiliar del cónsul de Francia en Santiago, visita al matrimonio francés formado por Roberto Witte y Lucienne Casseneve. Van Loc, secreto enamorado de Lucienne, lleva de regalo unos apetitosos pasteles. Witte, muy agradecido, se zampa uno de inmediato. Pero enseguida se lleva la mano a la garganta. Dice que siente un sabor amargo. Sufre convulsiones y se desploma.

Van Loc no hace más que mirar extrañado y, tras reunir hasta la última migaja de los dulces, se marcha indignado diciendo que reclamará en la pastelería. Pero, en cambio, bota los pasteles a un basurero y se esconde en una pensión. Desde allí alegará su inocencia, no sin pedir a través de un aviso en el diario que todo aquel que hubiera comprado pasteles ese día testificara a su favor.

Más tarde, vestido de mujer, se entrega a la policía asegurando que fue Lucienne Casseneve la que consiguió el veneno y lo puso en el pastel de su marido. De este modo, el caso se enreda y, para dilucidarlo, se ordena que ambos sospechosos testifiquen en el Instituto Médico Legal, en presencia del cadáver de Witte.

"Juro ante el cadáver de mi amigo que yo lo maté de acuerdo a lo que me pidió su esposa y que fue ella la que me proporcionó el veneno", dice Van Loc. Sin embargo, poco después se sabe que el saigonés había preguntado dónde comprar estricnina para matar ratones y le habían vendido un frasco con la cantidad suficiente para matarlos a todos.

De acuerdo a la numeración, la casa del matrimonio Witte-Casseneve corresponde a algún lugar en la cuadra que actualmente ocupa el edificio Diego Portales, inmejorable sitio para saborear pastelitos.

MACHETEO ARISTÓCRATA

El abrazo de Barceló

Holanda 456.

En los años 30, Roberto Barceló, un hombre fuerte e impulsivo, miembro de las temibles milicias republicanas, atraviesa serias dificultades económicas. Entonces, reiteradamente, le pide a Rebeca Larraín Echeverría –su aristocrática mujer– que lo socorra para no terminar en la inopia. Pero la mujer se niega, entre otras cosas, por el exiguo amor que a esas alturas sentía por su marido.

Un día, luego de recibir una orden de embargo de la International Machinery Company, Roberto Barceló se encierra con su mujer en un salón y discuten acaloradamente (el único presente, aparte de la pareja, es el hijo de ambos), hasta que Barceló saca una Colt automática de doble seguro y fulmina a Rebeca por la espalda. Días después, Barceló alegaría en su defensa que el proyectil se había disparado accidentalmente cuando pretendía abrazar a su mujer, razón por la cual la prensa acuña el irónico término "El abrazo de Barceló".

Finalmente, el 23 de noviembre de 1936, la Corte Suprema declara por unanimidad la pena de muerte a Barceló, quien fue fusilado tres años más tarde. Curiosamente, en los anales de la abogacía chilena se considera que la sentencia fue producto de un error del abogado Galvarino Gallardo, quien insistió en apelar luego del fallo de la Corte de Apelaciones que solo había condenado al miliciano a cadena perpetua.

Con desgarradores detalles, todo lo que entonces ocurrió está profusamente narrado en el libro *Agonía de una irreverente*, de Mónica Echeverría. Según esta obra, la casa de los Barceló-Larraín estaba ubicada en Holanda 456, aunque actualmente la numeración no corresponde a ningún inmueble. Aún quedan, en todo caso, algunos caserones que en los locos años treinta perfilaban el exclusivo y educado vecindario.

LOGIA BLANCA ENNEGRECIDA

El crimen del anticuario

Merced 628.

En 1974, el anticuario Luis Manuel Latorre fue encontrado muerto en su departamento. Tras rápidos peritajes, la policía se dirigió a una maloliente pieza de la calle Dieciocho, donde vivía Ramón Astorga, un barnizador de 30 años que solía prestar sus servicios al anticuario. Y no solo aceitándole los muebles. A cambio de dinero, Astorga intimaba con Latorre, elegante homosexual del no menos elegante sector de Merced. Pese a ello, cuando se descubrió el cuerpo, se pensó que podía corresponder a un crimen de la ya mítica Logia Blanca: una misteriosa hermandad de fanáticos obsesionados con poner fin al vicio y la corrupción.

En todo caso, luego de que Astorga negara un encuentro con el fino mercader, en la misma habitación se encontró ropa manchada con sangre. Caso resuelto. El mueblista era el culpable. Desequilibrado por los cinco mil escudos que necesitaba para pagar el arriendo, había visitado a Latorre con objeto de ofrecerle sus servicios. Y ante la negativa de este, decidió acuchillarlo.

Esa no sería la primera ni la última vez que la prensa nacional mencionaría la existencia de aquella críptica hermandad obsesionada con las buenas costumbres. La Logia Blanca también aparece involucrada en la muerte del abogado Marino Elgueta, ocurrida en el departamento 806, de Santo Domingo 1083. Su cuerpo fue encontrado por vecinos alertados por un insoportable hedor. Años después, en 1987, una seguidilla de siete crímenes a homosexuales también sería atribuido a la Logia Blanca. Pero su autoría nunca pudo demostrarse, y la mayoría de los asesinatos quedó impune. Coincidentemente, tan solo un año después de esos crímenes, la Logia Blanca volvió a ser señalada en la acuática muerte de Fernando Nuncio Matera en Viña del Mar, quien apareció sumergido en la tina de su departamento atado de pies y manos. Cabe destacar que ese mismo año, pero en Santiago, Andrés Soriano Montero figuraba estrangulado y golpeado brutalmente en el cráneo. Supuestamente, otra víctima de la oscura hermandad.

El Mercurio

EL ENANO MALDITO. Tenía cara de culpable.

LO CULPARON POR FEO

El Enano Maldito

Hotel Sama (ex Princesa). Londres 49.

El 28 de enero de 1968, en la pieza número 2 del Hotel Princesa, ubicado en Londres 49, fue encontrado el cuerpo sin vida de Marta Irenia Matamala, una joven prostituta que había sido brutalmente degollada.

La policía encargó entonces un retrato hablado del asesino y, tras breves diligencias, fue detenido Moisés Muñoz Merino, a quien, por su baja estatura y rostro poco agraciado, la crónica roja de la época llamó "el Enano Maldito".

Muñoz Merino, ante el clamor popular, fue sentenciado sin miramientos, aunque demasiado rápido ya que tras dos años y seis meses en la cárcel fue absuelto. Era mayo de 1978 y había sido detenido José González, el verdadero homicida. Insólitamente, el Enano había sido juzgado por feo.

Sin embargo, Moisés Muñoz debió completar en la cárcel diez años y un día como el efectivo autor de cuatro violaciones y un robo. "He hecho muchas cosas malas en mi vida, pero nunca he sido un asesino", declaró el Enano Maldito cuando por fin salió libre.

Hace unos años, el hotel Princesa, ubicado en el misterioso barrio París-Londres (un inexplicable experimento urbano realizado a principios del siglo XX, y en el que se encuentran casas de los más variados estilos) cambió de nombre y fue remodelado. Actualmente se llama hotel Sama y, aunque

Gastón Acuña

HOTEL SAMA. Antes se llamaba Princesa. Aquí el Enano Maldito habría matado a su reina.

todavía es bastante parecido al original, ya no existe la pieza número 2.

EL PALACIO DE LAS TORTURAS

Ana María de los Alicates

Gay 2096.

Hacia fines de 1971, Ana María Gutiérrez –de 17 años– y Carlos Fernández, "el Loco Guatemalteco" –de 41–, compartían en Gay 2096 una casa que ellos mismos habían bautizado como el "Palacio de las Torturas". Para ejercer su afición al sadismo, la pareja ponía avisos en distintos diarios de la capital, con el objeto de atraer adolescentes a los cuales luego convencían, u obligaban, a que los acompañaran en retorcidos ritos sexuales. De hecho Ana María sería conocida en el ambiente policial com o "Ana María de los Alicates" ya que, una vez investigados los delitos allí perpetrados, se descubrió que le gustaba usar un alicate para cercenar pezones y testículos de sus víctimas.

Actualmente el número 2096 de la calle Gay no existe. En todo caso, la antigua numeración corresponde a la puerta clausurada de una gran casa esquina pintada profusamente de azul, a la cual se ingresa por otra entrada. Una vez cerrado el caso, el Palacio de las Torturas fue vendido una y otra vez, hasta que el inmueble lo adquirió la Federación Nacional de Sindicatos de Trabajadores del Área de la Construcción, Maderas, Áridos, Servicios y Otros, por lo que el derruido caserón hoy no tiene otro encanto que el particular interés turístico con el que se pueda admirar.

EL JARDINERO DE LA MUERTE

Roberto Haebig

Dardignac 81.

Abril muertes mil. Hacia 1959, en medio de una infernal tormenta otoñal, Roberto Haebig, un fino y corpulento ladronzuelo de metro noventa y ocho, invita a Leonidas Valencia Chacana –un conocido comerciante del Mercado Persa– a su casa en Bellavista para discutir el precio de unas alfombras que había robado. Sin embargo, todo no era más que una treta del excéntrico Haebig, quien clamaba venganza por sentirse estafado en un negocio anterior. Por eso, ya en casa, le indica al comerciante que busque debajo del catre la mercancía, descargando en el acto

calidad internacional
que pas
EL FRACASO DE CONTRERA
ERCILL
hoy
SMOG
SANTIAGO SE ASFIXIA
que pas
EL FRACASO DE CONTRERAS
nacer
burda Fanta
en labores

DEL
PACIFICO
en venta
AQUI
CEROY
nbres BANDERA 335
RA Bellini
DOLOROSO FINAL
MUERTO
APARECIO
RODRIGO

dos balazos en su cabeza.

Acto seguido entierra el cuerpo en un hoyo que habían cavado en su patio unos maestros y limpia todo prolijamente. Pero días después descubre que Milo Montenegro, el mozo de la casa, sabía del crimen, por lo que manda cavar otro hoyo. Y cuando estuvo listo, desenfunda su Máuser 7.65 y repite la escena con el nuevo protagonista.

Desquiciado con su propio horror, el 31 de diciembre del mismo año, faltando pocas horas para el Año Nuevo, Haebig contrata a los mismos jornaleros y los alerta de la posible existencia de un cementerio incaico. Así, tras cavar cincuenta centímetros, las palas se topan con dos cuerpos y un cacharro de greda que el propio Haebig se había agenciado.

"¡Tenemos un hallazgo arqueológico!", anunciaba minutos después Roberto Haebig a un radiopatrulla de Carabineros. Naturalmente, la policía no le creyó. Los cuerpos aún estaban con ropa, e incluso en el bolsillo de un pantalón había monedas de 1959 y una placa dental ostentaba una tapadura de acrílico.

Por eso bastó un trago de buen whisky durante el primer interrogatorio para que Haebig reconociera sus crímenes. No faltaba más. Él era un hombre educado y

LA POESÍA ES UN CRIMEN

Durante sus días a la sombra, Haebig escribió un manuscrito llamado "La torre del silencio," nunca publicado, en el cual recuerda desde su trabajo con Boris Karloff hasta sus inicios en la delincuencia mientras trabajaba en el hotel Carrera. Sin embargo, en ninguna de esas notas menciona nada de sus brutales crímenes. Pese a ello, queda para la posteridad uno de sus poemas escrito en la Penitenciaría de Santiago, publicado hace unas décadas en la revista *VEA*. Dice así:

Doce campanadas

Bajan de la torre
como doce fantasmas
arrastrando la imagen de Dios
(La desolación me lame el alma como un perro amigo)
Y prosigue la lucha interminable
de mi conciencia con las sombras
y de mis sombras con la luz de Dios
En lucha tan desigual busco en vano
los hijos que no nacieron
y el color de unos ojos
que no supe conquistar
Pero al fin surge el sueño
como una bendición divina
pero Satán espía..., detrás de mis párpados
me hace ver las cuatro pupilas
que apagó mi mano
fulgurar en un cielo de horror y espanto.

con mundo: en su tarjeta de visita se leía "Roberto Haebig Torrealba. Ingeniero naval. Diplomado en USA". Pero todo no era más que otro engaño, ya que de experto naviero lo único que tenía era haberse embarcado de pavo en Valparaíso cuando aún era un adolescente y huía de casa. Claro que suerte afuera no le faltó y Haebig terminó trabajando en Hollywood como doble del actor Boris Karloff.

Ya en prisión, la United Press y la revista *Cruceiro* ofrecieron a Haebig cinco mil dólares por sus memorias. Y una productora mexicana ofreció filmar el caso, conocido como "El jardinero de la muerte" (seguido por CBS con cámaras instaladas en el mismo juzgado). Pero Haebig se negó, cumplió su condena, se volvió a casar y terminó sus días en un asilo de ancianos de Santa Rosa.

En cuanto a la casa de Dominica, fue vendida en doce millones de pesos a un señor de apellido Santa María. Actualmente el caserón está en pie, pero cuando los curiosos visitantes se acercan a consultar, una señora levanta su escoba y los maldice.

MALDITA PRIMAVERA

Marino de Voz

Estadio Español. Nevería 4855.

Fiebre de sábado por la noche. Es primavera y en septiembre de 1972 se organiza una fiesta en el estadio Español. La joven María Adriana Echazarreta Amunátegui llega convencida de que será una noche mágica y especial.

Y lo es. Ya de madrugada, los amigos de la hermosa chica notan su ausencia e intrigados porque no se había despedido de nadie, comienzan a buscarla. Pero no la encuentran. María Adriana había desaparecido. Y su cuerpo será tiempo después descubierto en los jardines del mismo estadio.

Tras una corta pero intensa investigación y, mediante un retrato hablado, se logró descubrir que el homicida de la señorita Echazarreta había sido el argentino Pablo Marino de Voz, quien había dado muerte a la mujer sorprendido por los a veces sofocantes aires primaverales.

LA MATÉ PORQUE LA QUERÍA

El compadre Fluhman

Hotel Valdivia. García Valenzuela 045.

Eda Meli, casada, dos hijos, parte muy temprano a la feria con el objeto de comprar algunas verduras para el almuerzo. No obstante, al regreso, su Peugeot blanco –repleto de papas y zapallos– hace una escala en el hotel Valdivia donde ha planeado un fugaz encuentro con Mario Fluhman Vargas, comerciante, con quien Eda tiene una relación extramarital hace ya quince años.

La cita es a las diez y media. Eda planea partir luego a preparar el almuerzo de Emilio Saray, su marido y a la vez compadre de Fluhman. Sin embargo, los besos y abrazos se prolongan más de la cuenta. Eda se queda dormida y, cuando despierta, con horror se da cuenta que son cerca de las dos de la tarde. Muy tarde. Eda, dando por hecho que su marido –fiscal de la Compañía de Teléfonos– los ha descubierto, pide a su amante que la mate. Fluhman no lo piensa dos veces. Saca su pistola y le propina un tiro en la cabeza.

Luego se levanta. Sale de la pieza y maneja hasta su casa con la intención de tomar unas cosas y regresar al Valdivia. Su mujer, al verlo tan raro, le pregunta qué le pasa. "Eda murió. Yo la maté", responde Fluhman, tras lo cual sigue su atáxico itinerario.

Al llegar al hotel, Fluhman, compañero de Saray en el mismo equipo de básquetbol, se encierra en la pieza donde aún está el cuerpo

EL ÁRBOL DE DELFÍN DÍAZ. Otro testigo que no puede hablar.

El Mercurio

de Eda y entonces llama a la policía.

Los minutos se hacen eternos. Decenas de personas se agolpan frente a la habitación, exigiéndole al experto en canastas que abra la puerta. Fluhman amenaza con suicidarse. Pero los suicidas nunca avisan y finalmente abre el cerrojo. "Yo la maté, pero la sigo queriendo", confiesa cuando se entrega.

El abogado de Mario Fluhman sería Edmundo Rutherford, sobrino nieto de Ernest Rutherford, premio Nobel de Química en 1908, el mismo que defendió a José Rubio, el "Loco Pepe", logrando para su defendido una pena no difícil de cumplir tras la cual el compadre del año quedó en libertad (ver Noche Bizarra).

LA ANCIANA MILLONARIA

El asfixiante chaleco de lana

Alameda 2590.

En abril de 1963, la señora Zoila Elena Troncoso Valdivieso, una anciana solterona, millonaria y sin hijos, muere golpeada y asfixiada con un chaleco de lana en su mansión de sesenta habitaciones.

Sospechosos del crimen y del robo de valiosas joyas y no poco dinero fueron los sobrinos de la anciana Jorge y Manuel Troncoso Droguett, y sus primos Guillermo y Sergio Guzmán Troncoso.

La coartada de Guzmán fue que el día del crimen se había venido caminando desde San Bernardo a Santiago y luego, cansado, había regresado en micro. Intrigado por la hazaña, el juez que investigaba el caso ordenó reconstituir la caminata. Guzmán tuvo que cumplir el recorrido. Y, ante la mirada atónita de periodistas y fotógrafos, efectivamente lo hizo.

Pero finalmente se supo que el culpable era el padre de los hermanos Troncoso, el que estando preso por estafa, se arrancó un domingo de la cárcel y pasó a pedirle dinero a la anciana. Pero, ante su negativa, todo terminó en un alevoso crimen. Extrañamente, el anticuario Valencia Chacana, uno de los asesinados en "el caso del jardinero de la muerte", figuraba en la libreta de acreedores de la millonaria.

PURO TEATRO

El ahorcado por la mano negra

Instituto Chileno Francés. Merced 298.

1974. Instituto Chileno-Francés. Domingo. 8 AM. En unas horas más darán la función dominical de *La mano y la gallina*, una obra infantil policial que se anuncia en el frontis del instituto con un gran letrero en el que destaca la huella de una mano salpicada con intrigantes manchas de sangre.

Coincidentemente, el primero en llegar al edificio de Merced es un guardia que al abrir la puerta se topa con Arnoldo Retamal, el sereno, cuyo cuerpo oscila como un péndulo mientras cuelga, sostenido por una pitilla plástica, en el ala nororiente del hall central.

Aparentemente el hombre se ha ahorcado. Sin embargo, los misterios sin resolver son propiedad del teatro. Y la verdad es que tras un fallido intento de robo, la mano negra fingió un ahorcamiento de plástico luego de haber propinado un golpe mortal al sereno.

MISTERIO SIN RESOLVER

Alice Meyer

Shangri-La, Lo Barnechea.

El 15 de diciembre de 1985, cerca de las 19 horas, Alice Meyer, 24 años, salió a dar un paseo en moto a los cerros de Lo Barnechea y nunca volvió. Alice, una energética chica, cuya abuela fumaba puros y era dueña del restaurante München de Providencia, fue encontrada con fractura de cráneo y semidesnuda dentro del legamoso canal El Tranque, en el sector conocido hoy como Shangri-La: un sitio habitual para paseos en motos y bicicletas, que aún guarda no pocos de los espinos y eucaliptos que fueron testigos de uno de los más bullados asesinatos acaecidos en la ciudad. Claro que nunca se supo quién la mató. Pese a que el caso provocó un extraordinario revuelo durante años, nunca nadie fue encarcelado como definitivo autor de este crimen y las investigaciones siempre estuvieron plagadas de extraños sucesos e insólitos vuelcos.

De partida, el día anterior al crimen, Alice Meyer había estado en una glamorosa fiesta en Isla de Maipo, a la que también habían asistido Eliseo Salazar y Raquel Argandoña, cuando aún eran marido y mujer. En todo caso, más allá del natural morbo, las pistas iban por otro lado. Diez días después de la muerte de Alice Meyer, Delfín Díaz –miembro de una banda que se hacía llamar Los Parafinas– fue encontrado colgando de su propio suéter en un eucaliptus de Lo Barnechea, con los testículos sangrantes y el reloj de Alice Meyer en su muñeca.

Parecía el fin del caso, pero no. Pronto se supo que Delfín, junto a José Antonio Contreras, alias el "Topo Gigio", y Mariano Hermosilla, habían estado bebiendo en un negocio de la plaza San Enrique el mismo día del crimen. Interrogado una y otra vez, el Topo Gigio terminó inculpando a Mario Santander, testimonio que coincidía con el del cuidador de unos terrenos en Barnechea, quien aseguraba haber visto pasear a Alice en compañía de un hombre moreno, corpulento y de barba, tal como el fenotipo del nuevo sospechoso. Aun más, testigos arriba de un jeep, habrían visto a la pareja forcejeando en el lugar exacto donde se habría cometido el crimen.

Parecía el fin, pero tampoco lo era. Tiempo después, con Santander ya en la cárcel, el Topo Gigio se desdijo de sus acusaciones, y fue él quien terminó en la cárcel mientras Santander salió libre. Y hasta ahí llegó el célebre caso. Que cada cual saque sus conclusiones. O que mejor visite el lugar de los hechos, donde está permitido hacer picnic, bajo la atenta mirada de rapiñentas aves de mal aliento.

POSEÍDO POR SATANÁS

El último de los DDPP

Villa Conhabit. Coyhaique 7178, Cerrillos.

Es como para un reportaje de la revista *Insólito.* Este crimen se descubrió solo diez años después de haber ocurrido. Y por milagro.

Conmovida por la visita de Juan Pablo II a Chile en 1987, la hija de Juan Carlos Saldivia confiesa a la policía que, junto a su madre y hermanos, habían matado a su padre hacía ya una década.

Según su relato, Benita Aldunce, cansada del maltrato de su esposo, convenció a sus hijos que Satanás se había apoderado de su cónyuge. Así, tras largos días de angustia, les llama y les dice que, en comunicación directa con espíritus, estos le habían ordenado acabar con "el maldito". Después del crimen lo sepultaron en el patio, y la esposa denuncia que agentes secretos han detenido a Saldivia, convirtiéndolo así en el más desaparecido de los detenidos desaparecidos .

En relación a la Villa Conhabit, poco y nada se puede decir. Aparte de que allí ocurrió este crimen, no hay ninguna otra razón para visitar esta latera y monocorde población.

MATINÉ, VERMOUTH Y NOCHE

El Verdugo

Teatro Oriente, Pedro de Valdivia 099.

El 18 de octubre de 1965, un balazo acabó con la función de la película *Karin: la reina adolescente*, que proyectaban en el cine Oriente de la plaza Pedro de Valdivia.

El autor del disparo había sido Hernán Verdugo, un hombre de 35 años, alto, de rostro aguileño y lentes de aumento enmarcados en carey oscuro, quien terminó siendo el verdugo de Juan Astaburoaga, al cual su mujer, Carmen Hortal, lo engañaba con el propio Verdugo hacía ya siete años.

"Me fregaste, desgraciado. Pero no importa, porque ahora sí que te voy a matar", dijo Astaburoaga, de 38 años, cuando recibió el proyectil. Pero poco más pudo agregar. La bala le había destruido el ligamento de Bertín, cerca del hueso iliaco, y Astaburoaga murió desangrado.

Juan Astaburoaga había sido en su juventud futbolista, llegando incluso a jugar como puntero derecho en la Segunda División de Universidad Católica, donde conoció a figuras como el propio "Sapo" Livingstone. Aun más, en 1953, Fernando Riera y el "Chuleta" Prieto lo tentaron con la idea de jugar en Venezuela en el Club Vasco-Caracas.

A su regreso se casó y comenzó a trabajar en la editorial Zig-Zag. Tuvo cuatro hijos con Carmen Hortal, pero ella, claro está, lo engañaba con Verdugo, a quien el propio Astaburoaga le había dado varias golpizas: la primera de ellas durante el verano de 1959 en Algarrobo. Y después cuatro o cinco más en diferentes lugares de Santiago.

Cuando intentó la última, Verdugo y Carmen se habían sentado en la platea alta del cine Oriente. Ella en la butaca 15 y él en la 17 de la fila E. Eran casi las diez de la noche y Astaburoaga tocó el hombro de Verdugo. Esta vez, eso sí, el patas negras no aceptó ser golpeado y sacó un revólver.

Actualmente el cine está totalmente remodelado. Y, aunque las numeraciones ya no coinciden con aquellos desdichados asientos, la sala aún mantiene un aire que intriga e inquieta.

NO ME MATE, COMPAÑERO

El loco asesinato de Willy Oddó

Frente a Marín 014.

Roberto Sepúlveda Pérez, un travesti de 17 años, asesinó a puñaladas al famoso compositor y ex miembro del grupo Quilapayún, Willy Oddó, la madrugada del 7 de noviembre de 1991, alrededor de las dos y media.

Willy venía de una reunión con amigos en el Prosit de Plaza Italia, una fuente de soda ciertamente bizarra y centro neurálgico del mundo gay en aquellos años. Posteriormente, tras subir a su vehículo y enfilar hacia Irarrázaval, detuvo la marcha en la esquina de Vicuña Mackenna con Marín, el más tradicional sector de travestis de la ciudad. Sepúlveda Pérez se montó en la camioneta del duro intérprete del *Pueblo Unido*, conversaron un rato, y entonces la camioneta siguió hasta detenerse frente a un popular motel de medio pelo, solo conocido por su dirección (Marín 014). Poco después, tras un confuso altercado, tres puñaladas en la zona del hombro, punzantes como rasgueo de charango, hicieron que el artista se desangrara en menos de lo que se cuece una salchicha.

Al día siguiente del funeral, la policía detuvo al travesti, el cual luego de ser declarado imputable en primera instancia por ser menor de edad, fue encarcelado y terminó contrayendo sida. Según Sepúlveda jamás quiso matar a Willy. Solo asustarlo. Y vaya que lo logró, compañeros.

BRUJERÍA MORTAL

El caso de Ema Pinto

Cano y Aponte 1080, departamento B, Providencia.

En julio de 1998, en el departamento que arrendaba en la calle Cano y Aponte de Providencia, fue encontrado el cuerpo sin vida de Marcela Casanueva, una joven asistente social que se desempeñaba en el Ministerio de Vivienda y Urbanismo.

Marcela había sido brutalmente degollada con un corvo, y su cuerpo desangrado permanecía maniatado sobre una cama, cerca de la cual se hallaron dos puros con indicios de que habían sido encendidos. No obstante, la única pista apuntaba a un hombre de barba que un taxista había divisado en las inmediaciones del sector.

Pero fue la insólita y voluntaria declaración de una nutricionista llamada Ema Pinto, dueña de Modelín Ltda. –centro de estética y obesidad de creciente fama en Santiago–, la que impuso al caso un giro imprevisto.

Por una parte, Pinto declaraba poseer unas grabaciones obtenidas gracias a un extraño centro de espionaje llamado La Casa del Espía (ver Tiendas y Servicios Bizarros), en las que se vinculaba a su ex marido tanto con Marcela Casanueva como con un supuesto tráfico de sicotrópicos que ella habría estado investigando. Por otra, Ema declaraba haber tenido un sueño en el que el mismísimo Trauco entraba al departamento de Marcela y la mataba sin piedad.

Caso resuelto. Ema Pinto, habitué de mentalistas y brujas urbanas (ver Santiago X) fue inculpada de degollar a Marcela Casanueva con un cuchillo para despostar. Sin embargo, el gran elemento inculpatorio habría sido el material onírico entregado por la propia Ema: un hecho inédito en la historia del derecho penal chileno que terminó vinculando un crimen con magia negra.

El 30 de septiembre de 1999, Ema Pinto se ahorcó utilizando un barrote de su celda en el Centro de Orientación Femenina. Y, pese a todo el tiempo que ha pasado, no son pocos los transeúntes que se detienen a observar el triste y gris departamento en

El Mercurio

WILLY ODDÓ. Se siente, se siente, Willy está presente.

FERNANDO HERMOSILLA LÓPEZ. ¿Volante o maleta?

el que se cometió uno de los más insólitos asesinatos que recuerde la no menos insólita memoria gris capitalina.

DESCUARTIZAMIENTOS

EL DESCUARTIZADOR DE LA BAILARINA

La sierra de Hermosilla

Paradero 25 de Vicuña Mackenna.

El 4 de febrero de 1992, el taxista Fernando Hermosilla López recogió en su Chevrolet Opala a Mónica Silva Díaz, una bailarina de topless que esperaba locomoción en la esquina de Huelén con Providencia.

Poco después, ambos se pusieron a beber y entonces enfilaron por Vicuña Mackenna hacia el paradero 25, sitio en el que el Opala apagó sus luces. Luego siguieron tomando, y de tanto tomar el taxista pensó que la mujer le había robado dinero. En ese momento empezaron a discutir, pero las cosas no se calmaron sino hasta que Hermosilla desencajó un desatornillador en la cabeza de la copetinera. Enseguida la ocultó en el portamaletas y se dirigió a un polvoriento potrero de Lonquén. Ahí comenzó a descuartizarla, tarea que solo interrumpió de madrugada cuando decidió regresar a la capital para comprar una sierra y con ella mejorar el corte.

Finalmente, Hermosilla López metió todo en sacos de arpillera. Algunos los enterró en ese mismo lugar. Otros los dejó caer en el canal San Carlos, en la esquina de Tobalaba con Larraín.

¿DE QUIÉN ES ESTA PIERNECITA?

Las cajitas de agua

Sector aledaño a la Escuela de Derecho de la U. de Chile.

Ismael Gatica, limpiador de alcantarillas del sector donde hoy está ubicada la Escuela de Derecho de la Universidad de Chile, encontró una pierna humana envuelta en hojas de diario el martes 6 de junio de 1923. Ese mismo día, pero en la tarde, el propio Gatica halló envueltas las vísceras. Y al día siguiente, en un canal cercano, apareció un tercer paquete con el tronco de un hombre sin cabeza ni manos.

Los trozos habían sido envueltos con hojas del diario *La Nación*. Siguiendo esa pista, la policía descubrió que entre los suplementeros de la capital faltaba Efraín Santander, "El Águila", quien convivía con la también diarera Rosa Faúndez.

Hasta la casa de la mujer llegó la policía, descubriéndose que, después de una riña, Rosa le había saltado al cogote al "Águila" y lo había ahorcado. Durante la noche intentó meter el cadáver en una caja, pero como no le cabía, decidió cortarlo y lanzarlo en pedazos a los canales de la ciudad. Hasta el último momento la mujer negó su autoría. Entonces la escoltaron a la Morgue enfrentándola con los trozos de Efraín. Ella seguía negándolo, pero en ese instante trajeron la cabeza de su esposo recién aparecida. "Yo lo maté, pero sáquenme de aquí", dijo entonces.

Cuando llevaba cinco años de prisión, Rosa Faúndez fue dejada en libertad por buena conducta y regresó al quiosco de Jofré con Lira. Se volvió a casar y murió en 1968.

¿DÓNDE SE HACEN ABORTOS?

El médico descuartizador

Bulnes 80, departamento 67.

A fines de 1984, la modelo y cosmetóloga Patricia Pérez Pinochet, que entonces trabajaba en el hotel Carrera como secretaria de una empresa de arriendo de automóviles, conoció a un camarógrafo argentino de la NBC. Poco después la mujer quedó embarazada y, sin pensarlo dos veces, el tipo le dio el dinero para que se hiciera un aborto segundos antes de partir a Buenos Aires. Patricia Pérez se dirigió entonces al departamento 67 de Bulnes 80, donde la esperaba el doctor José Manuel Altamirano Vallejos. Minutos más tarde se inició la intervención, pero Patricia jamás saldría de aquel pabellón. Al menos entera.

Altamirano Vallejos era un impostor. Y, de los secretos del bisturí, solo sabía lo que había aprendido como auxiliar paramédico en un policlínico de Conchalí. Así, Patricia murió víctima del incorrecto uso del tiopentonal sódico, un usual anestésico. Decidido a borrar la evidencia, descuartizó a la modelo y embaló sus restos en diferentes paquetes que desperdigó por algunos canales de Santiago. Y una parte fue hallada bajo un puente en El Monte.

Posteriormente el llamado "Médico Descuartizador" logró huir a Paraguay, donde fue detenido por cometer una estafa y luego extraditado a Chile.

Finalizada la investigación policial, el departamento en cuestión lo arrendó el Centro de Radiología Cochrane. La secretaria del centro, eso sí, asegura sonriente no tener la menor idea del descuartizamiento que ocurrió una noche que se desmembró en la memoria.

PRIMER CORTE

El Matarife

Avenida Departamental s/n.

El bestial descuartizamiento ocurrió el 23 de abril de 1994. Héctor Alegría Niño, oriundo de la sureña localidad de Convento Viejo –donde su padre tenía una carnicería en la cual aprendió las artes de matarife– vivía con una mujer y el hijo de ésta en un departamentito de avenida Departamental.

Alegría Niño acostumbraba golpear a la mujer, hasta que un día el niño, Luis Saavedra González, le reprochó en su cara el trato que le e staba dando a su madre. Inexplicablemente, el carnicero se ofuscó a tal punto que tomó un cuchillo y lo mató. Luego, con la pericia con la que se degüella al ganado, Alegría Niño descuartizó al infante y arrojó sus restos al canal que

STGO. AL ROJO GUINESS

Pura mala suerte

A poco de iniciada su publicación, la revista *Manos Arriba*, especializada en crímenes y noticias bizarras acaecidas en la capital durante los años cincuenta, aseguraba que Desiderio del Carmen Ramírez Ramírez tenía el récord en el torneo oficial de puñaladas. Según el ácido magazine, Desiderio había dado muerte a su mujer con veintidós estocadas, la noche de Navidad de 1948.

Interrogado por los ministros de la Corte cuando fue condenado a veinte años de cárcel, el acusado habría dicho: "Nos acostamos esa noche muy bebidos. Y entonces ella me dijo que nos matáramos, insistiendo en que quería ser la primera víctima. Le di en el gusto, pero después de haberle pegado tantos tajos quedé *recontra* cansado y me dio flojera matarme esa misma noche. Me dormí y en la mañana, cuando aprestaba a suicidarme, llegaron los carabineros. Pura mala suerte, Usía".

El Mercurio

EL FRANCOTIRADOR DE LAS CONDES.
Disparaba postones a las nalgas de colegialas.

El francotirador de Las Condes

Roberto Alerán Peralta, de veinte años, fue detenido el 31 de enero de 1990 por Carabineros, acusado de disparar postonazos a cuanta lola pasara bajo su departamento en Colón a la altura del 8600. Por su bizarro delito, Alerán Peralta ingresaría a los anales del crimen como "el francotirador de Las Condes".

El primer sicópata de La Dehesa

El carpintero y recolector de arena Jaime Carter Torrejón, conocido en el hampa como "el Palo Jaime", violó a más de veinte mujeres –entre ellas la esposa de un diplomático– antes de ser condenado a cadena perpetua en mayo de 1996.

Carter Torrejón se especializaba en robar residencias del barrio alto, y tras esta marea de asaltos fue conocido en la prensa como "El Sicópata de La Dehesa". Tal apodo, por cierto, no se debía a los virulentos atracos sino a que Carter Torrejón jamás se retiraba sin antes abusar sexualmente de las mujeres que encontraba en los domicilios: fueran asesoras del hogar, dueñas de casa, e incluso amigas de paso. Coincidentemente, uno de los elementos que lo incriminó al ser detenido fue la colección de gargantillas con los nombres de las víctimas que atesoraba el Palo. Sin embargo, pese al vergonzoso *handicap* que ostentaba su expediente, el sicópata fue sentenciado por dieciséis delitos. Solo siete de ellos por robos con violación.

corre por el costado norte de avenida Departamental.

CRÍMENES EN SERIE

SECUESTROS HARDCORE

Los sicópatas de Maipú

Carlos Valencia 6029, Lo Prado.
Los Canarios 530, población Los Claveles, Maipú.

Entre el 31 de diciembre de 1994 y el 27 de julio de 1995, David Joel Calisto Núñez y Julia Alicia Quijada Salinas secuestraron y violaron a diez niñas para grabar películas pornos, cercanas al *snuff,* que luego eran vendidas en Italia.

Todos los secuestros, salvo uno, se realizaron entre las ocho y doce de la noche en la comuna de Maipú. Julia Alicia, disfrazada de enfermera, se bajaba indistintamente de un Renault 18, un Chevrolet Monza o una Fiorino pidiendo ayuda para encontrar una posta u hospital.

Ya en el macabro set, las niñas eran lavadas con jabón de glicerina. Las obligaban a consumir drogas y alcohol. Luego las violaban y filmaban y, durante el fin de semana que duraba el secuestro, eran alimentadas con leche chocolatada.

En tanto fueron sumándose las denuncias, la policía siguió la que parecía ser la única pista certera. "Todas las víctimas –dice el Coronel Valdivia (experto en seguridad ciudadana del programa *Buenos días a todos*)– recordaban un olor químico identificado como silicona, material utilizado en talleres donde se trabaja con aluminio".

Con ese dato, Carabineros cercó a los sicópatas. Sin embargo, solo dieron con una fábrica de estructuras de aluminio alertados por un velorio doble. Claro que llegaron tarde. La noche anterior, en el dormitorio del segundo piso del taller de avenida San Pablo, los sicópatas habían decidido suicidarse.

Increíblemente, la policía no sabía a quiénes estaban velando. No obstante, existía la sospecha, e inmediatamente regresaron agentes encubiertos haciéndose pasar por amigos de Calisto, un hombre que solía viajar al extranjero con pasaporte español falso a nombre de José Antonio Jometón López. Cuando los agentes subieron al segundo piso encontraron las pelucas y el delantal de enfermera de Julia Alicia, la que habría estado embarazada durante el tiempo en que se cometieron los abusos. Además se encontró un equipo Pioneer con ciento cincuenta discos compactos y, según Valdivia, un casete de las violaciones al que curiosamente se le perdió la huella.

CHILEAN PSYCHO

El Niño del Trebal

Todo Apoquindo.

Juan de Dios Barahona –el "Niño del Trebal"– cometió a fines de los años cuarenta más de setenta atracos y veintiocho asesinatos, gran parte de los cuales fueron ejecutados en los polvorientos caminos del entonces emergente Apoquindo. Etiquetado según el léxico policial de la época como un "pillo de baraja", durante la pubertad explotó en Barahona un irreprimible instinto delictivo que desataría en él una ambición desenfrenada por poseer dinero, lo que por cierto no estaba acompañada de un igual deseo de trabajar.

Luego de una seguidilla de emboscadas sin éxito, la policía logró detenerlo. Pero, pese a que los abogados exigieron la inmediata pena de muerte para el asesino de casi una treintena de personas, la defensa sacó a relucir un certificado de nacimiento en el que se constataba que Juan de Dios tenía menos de 21 años. Sí, era un niño: el Niño del Trebal, el mayor asesino en serie que recuerde la negra y desdibujada memoria capitalina.

ANIMITAS

Las animitas de Santiago se levantan en sitios donde han ocurrido horrorosos crímenes. Según creencia popular, el derrame de sangre –en un momento que no correspondía– consagra el terreno, en concordancia con lo que la Iglesia Católica llama el "bautismo de sangre". En ese momento la animita se transforma en el hogar del alma de la víctima, y desde entonces se da por cierto que puede resolver mandas o hacer milagros.

Alicia Bon

Frente a la entrada del estadio de Colo-Colo en Pedreros.

En junio de 1944, una niña de 17 años llamada Alicia Bon salió de su casa asegurando que iría a la vermouth de una película dominguera. Sin embargo, tras tomar una micro y otra, Alicia fue al encuentro de un joven estudiante de medicina llamado Guy Pelissier, quien la esperaba en su Chevrolet plomo, patente IH 3222, en la esquina de Portugal con Diez de Julio. Caída la tarde, el auto se perdió en los caminos de tierra del sector de Pedreros, hasta detenerse a unos cien metros de Vicuña Mackenna. Poco después, el doctor saldría de ahí con la mujer muerta en sus brazos.

Conocido como el "crimen de La Florida", el caso causó gran revuelo debido a la juventud y belleza de Alicia, pero también por el natural morbo que generaba un joven doctor, apuesto y adinerado, y potencialmente sicópata: más aún cuando él mismo había disparado en la escena del crimen dos veces su pistola Browning 7.65. Pronto se detuvo a Juan Castro Bulboa y Guillermo Gómez Gómez, quienes, agazapados en las zarzamoras, planeaban asaltar a la pareja. Por ello Bulboa, un experto cazador de conejos, disparó su carabina del 45, y la bala al chocar en el parabrisas se partió en dos hiriendo a Pelissier y matando a Alicia. En el lugar del crimen, a la entrada del estadio de Colo-Colo, existe actualmente una animita que recuerda esta tragedia.

Carmencita y Orlita

Cementerio General.

Apenas había cumplido diez años cuando Carmencita fue salvajemente asesinada. Se estima que murió entre 1942 y 1944, pero aunque la fecha del crimen se desconoce con precisión, su tumba en el Cementerio General está siempre repleta con velas y placas que agradecen su divina ayuda.

A poca distancia de la animita de Carmencita está la de Orlita, más conocida como "Orlita la novia". Y, aunque lo de ella no corresponde a un crimen, las circunstancias de su deceso no dejan de ser menos bizarras. Orlita murió en 1943, a los 18 años, segundos después de pronunciar el sí en su matrimonio. Por lo mismo, Orlita fue sepultada vestida de blanco. Y, durante muchos años, se dijo que su madre llegaba todos los días al cementerio y sacaba el cuerpo del ataúd para peinar a la niña.

Marinita

Interior Parque O´Higgins, frente a la cancha de patinaje.

Marina Silva Espinoza, "Marinita", de seis años y medio, fue violada y degollada por Pedro Castro, su padrastro, el 25 de mayo de 1945.

Castro tenía celos de Marinita porque consideraba que su madre le daba a ella más cariño que a él, y el sanguinario crimen –en el que la niña ni siquiera pudo gritar porque era sordomuda– ocurrió al pie de un frondoso olmo que aún se yergue melancólico frente a la elipse del parque O'Higgins.

J.E.

LA ANIMITA DE PEDREROS. Velas encendidas todo el año recuerdan la extraña muerte de Alicia Bon

El aniversario de la muerte de Marinita se celebra todos los 28 de mayo, y ese día la animita se colma de muñecas de plástico y vestidos que la gente cuelga en las ramas del olmo. No obstante, durante todo el año, son cientos las velas que permanecen encendidas en su memoria, aunque no hay mayores devotos que los jinetes del Club Hípico, quienes regularmente llevan cajones con velas. Claro que por cien pesos todas las visitas pueden sumarse a la devoción.

Romualdito

Esquina de San Borja con Alameda. Estación Central.

Nadie sabe la fecha exacta. Pero el crimen habría ocurrido alrededor de 1925.

Romualdo Ibáñez acababa de salir del hospital, caminaba tranquilamente por el sector de Estación Central, y en la madrugada lo asaltaron para quitarle quince pesos, un chal y la vida.

La animita de Romualdito es un ennegrecido muro repleto de placas por favores concedidos, y las señoras Lucila y María se encargan a diario de limpiar el lugar y mantener las velas prendidas. En octubre de 1993, en el Teatro Carrera (donde ahora funciona la disco Alameda), Cristián Uribe estrenó su propia versión teatral de la historia. La obra se llamaba *Rumualdito, ánima de día claro*. En ella se cuenta la vida de Rumualdo Ivanni Zambelli, un chico italiano de 18 años, a quien en 1933 lo habrían matado luego de que un policía a caballo disparara cuando intentaba detener una riña. Y, justo en ese momento, el gañán que lo asaltaba le propinó una estocada mortal. Claro que esa es una más de las múltiples versiones que hay de la historia.

El Mercurio

DE PELÍCULA

SIN ALIENTO. Para hacer esta película se usaron distintas locaciones, entre ellas el helipuerto de San Francisco.

SILENCIO EN EL SET

JULIO COMIENZA EN JULIO

Silvio Caiozzi, 1976-1978.

Casa del ex fundo San Juan de Chena. Camino a Melipilla, entre las calles San Juan de Chena y Paracelso. Cinco minutos en auto después de la FISA.

Era julio. Era invierno. Llovía y hacía frío. Apenas quedaban quince días para el inicio del rodaje, y Silvio Caiozzi aún no daba con la casona en la que filmaría los pasajes en blanco y negro de la vida de los García de los Castaños.

Así es que con la neura viva partió a la playa a relajarse. Y cuando manejaba por el camino a Melipilla reparó en un muro de adobe rojo detrás del cual supuso que podía encontrar algo. Y supuso bien. En medio de un añoso parque, habitado por afónicos queltehues, dio con un minipalacio donde el viento sí que contaba historias.

Caiozzi gritó desde un desvencijado portón. Nada. Volvió a gritar. Se escucharon pasos. La puerta comenzó a chirriar y entonces un sombrío mayordomo lo invitó a entrar. Caiozzi se encontró de pronto en medio de una mansión de más de veinte piezas, frente a un gigantesco *vitraux* bajo el cual destellaban candelabros de polvorienta platería. La sorpresa fue mayúscula. Había cuadros de Pedro Lira, camas a medio hacer, palomas revoloteando y, sobre una mesa, un partido de ajedrez sin concluir.

El resto es historia. La historia de Julito García de los Castaños, un "pingüino" que al cumplir quince años recibe como regalo de su padre –el déspota patriarca de la zona–, una orgiástica fiesta en la que se podrá descartuchar con la grácil María: Schlomyt Baytelman, aún un lirio.

Hoy la casa está exactamente igual. Aunque ya casi no quedan muebles, pues hace un tiempo se vendieron en un remate en el que lo último que se llevaron fue la mesa de billar. Queda, eso sí, la lámpara de lágrimas de la biblioteca, una estantería, un armario y un curvilíneo sofá que está en la gigantesca pieza que perteneció a Antonio Valdés Weber, el verdadero patriarca de un fundo que originalmente tuvo más de cuatrocientas hectáreas y que, post Reforma Agraria, decayó hasta transformarse en un gran loteo donde se terminarían construyendo gran parte de las industrias de la comuna de Cerrillos.

LA CHICA DEL CRILLÓN

Jorge Délano, 1941.

Galería Crillón. Agustinas 1015.

Un guardia de azul dice que sí, que correcto, que donde ahora está la galería Crillón antes estaba el hotel Crillón. Segundos después el mismo hombre inicia un breve aunque excitante tour: "Aquí, por ejemplo –explica, tras dar tres pasos bajo un formidable *vitraux* empotrado en el techo– estaba el salón de té". Se trata de un pequeño y oscuro rincón, flanqueado por gruesas columnas, fácilmente reconocible por una réplica en bronce de *El auriga vencedor*; escultura que hicieron en el Museo del Louvre para la inmobiliaria Crillón (el original está en Delfos), y que en todo Santiago es lo más parecido al niño-escultura que rescataron del Titanic.

Pero el soberbio frontis, posible de observar con un hot-dog del Dominó desde la acera de enfrente, es la imagen más elocuente de la sumergida grandeza del edificio. Y es la misma fachada la que resume la moral de la película *La chica del Crillón*, basada en la novela homónima de Joaquín Edwards Bello, quien, pese a que en un principio colaboró, al final terminó odiando la película, y también su vida, ya que a los 81 años se suicidó.

En el filme, el padre de la aristócrata

Teresa Iturrigorriaga queda en la inopia. Y, condenada a aparentar, la "Tere" sigue asistiendo al Crillón, que como casi todo el mundo sabe tuvo entre sus honorables huéspedes al mismísimo Gary Cooper cuando vino a cazar patos a Chile.

Rincón de pasiones, el hotel también fue en 1941 el inmejorable escenario que encontró la escritora María Luisa Bombal para descargar unos tiros y herir a quien consideraba el amor de su vida. Cuento aparte es el de Carolina Geel (Georgina Jiménez), otra letrada fémina, que en 1955 mató a balazos en el salón de té a su propio galán. "Los dormitorios estaban donde hoy está Falabella", aclara el hombre de azul, mientras un tango retumba desde la radio de una señora que vende bebidas bajo el excelso hotel, hoy relegado a pasiones menores como la compra de calzoncillos y calcetines.

J. M. Pérez

GALERÍA CRILLÓN. Fue un lujoso hotel frecuentado por mujeres de armas tomar.

IMAGEN LATENTE

Pablo Perelman, 1988.
Parque de la Paz de Villa Grimaldi.
José Arrieta 8200, La Reina.

En *Imagen Latente*, la película más célebre de Pablo Perelman, Bastián Bodenhöfer interpreta a Pedro, un fotógrafo que sigue las huellas de su hermano que ha caído en manos de la despiadada DINA. La historia está basada en un incidente de la vida del propio Perelman, quien tras la desaparición de su hermano acostumbraba dar vueltas en auto –tal como lo hace Bodenhöfer en la película– frente al muro de adobe del que fuera el principal centro de detención y de torturas del tristemente célebre aparato represor, denominado por sus engominados agentes el Cuartel Terranova.

En los años en que está ambientada *Imagen Latente*, Villa Grimaldi contaba con el sector denominado "Casas Chile": unas piezas/clósets donde los prisioneros eran mantenidos de pie y a oscuras. Además estaba la llamada Torre, una bizarra sala de torturas en la que se aplicaban los "parrilleos", colgamientos y asfixias por inmersión. Eso más una macabra lista de terroríficos inventos que en la película recrea Gloria Münchmayer –a modo de *flashbacks*– en una desgarradora escena.

En 1990 el lugar fue demolido con las intenciones de levantar en su lugar una villa residencial, pero hubo quienes terciaron para que finalmente se construyera el Parque de la Paz de Villa Grimaldi. Así, del otrora famoso centro de torturas, solo queda a modo de reliquia una caseta ubicada en

MARÍA PALOMA. La casa existe y es mantenida por un obsesivo fanático que guarda sillones y gomeros originales.

el límite sur del recinto y que en los años más duros del imperio sirvió de laboratorio fotográfico. Clic. *Smile*.

Del parque en sí solo se puede decir que tiene poco pasto y que a los niños no les gusta jugar ahí. Es más, dicen que merodean fantasmas.

PALOMITA BLANCA

Raúl Ruiz, 1973.

Pasaje de Palomita Blanca. Chiloé con Sargento Aldea.

"¿Dónde estabas tú?", se preguntaban una y otra vez quienes afanosamente habían buscado el cité de *Palomita Blanca* sin poder encontrarlo. Pero la respuesta es "ahí no más", en pleno centro de la capital.

Efectivamente, aunque el cité que aparece en la novela de Enrique Lafourcade está en el barrio Recoleta, la principal locación de *Palomita Blanca*, la película, corresponde a un pasaje que está en la intersección de las calles Chiloé con Sargento Aldea. Y, con toda precisión, habría que decir que es en el número 858, del mismo pasaje, donde estaba la casa de María Paloma.

Según Celino Hernández, experto "locacionista" y ambientador de películas, luego de que se buscara sin éxito un lugar parecido al cité descrito en el libro, él mismo propuso al productor y director que vieran este pasaje. Y finalmente les gustó. Y aceptaron. Y comenzaron a filmar.

Después del rodaje, Hernández se quedó a vivir ahí mismo. Y actualmente habita en el número 855, correspondiente a una casa que en los tiempos del rodaje servía como camarín de actores y bodega. De hecho todavía se guardan ahí algunos muebles que fueron utilizados en la filmación. Según Hernández, en los años en que se filmó *Palomita Blanca* el pasaje era mucho más colorido ya que las casas estaban pintadas en tonos alegres. "No como ahora que solo se ven tonos apagados", dice Celino nostálgico, fuera del set.

AMELIA LÓPEZ O'NEILL

Valeria Sarmiento, 1989.
Tap Room. Avenida Bulnes 135. Tel. 6725245.

Amelia López O'Neill está ambientada en Valparaíso, y trata sobre una mujer espectral que aparece y desaparece sin dejar rastro. El filme es de Valeria Sarmiento y el protagonista es Franco Nero, quien llegó al país con no poca conmoción.

Pese a que se trata de una película porteña, una de las locaciones fue un gran salón de baile santiaguino ambientado en los años 50: el Tap Room, un cabaret originalmente propiedad de un bohemio empresario de la noche llamado el "Negro" Tobar, quien regentó un elegante salón de espectáculos que alguna vez vio brillar en su escenario a la orquesta de Pérez Prado y a las curvilíneas vedettes Xenia Monty y Nélida Lobato.

En sus años mozos, el Tap Room recibió a ilustres visitas como Salvador Allende, entonces presidente de Chile. Pero, luego de décadas y décadas de decadencia, el lugar terminó convirtiéndose primero en un topless de mala muerte y, finalmente, en una salsoteca de segunda categoría en la que ni siquiera cobran entrada y es, a veces, residencia de sudadas fiestas electrónicas.

El Tap Room cuenta hasta hoy con una insólita colección de molduras rococó, cortinas de terciopelo rojo, espejos y lámparas de lágrimas que podrían hacer llorar a cualquiera.

CALUGA O MENTA

Gonzalo Justiniano, 1990.
Población Santa Olga. Paradero 24, Panamericana Sur.

La cancha de fútbol donde el Niki (Mauricio Vega) y el Nacho (Aldo Parodi) se juntaban a filosofar y tomar sol, sigue siendo un potrero de tierra tal como el que encontró Gonzalo Justiniano cuando filmó *Caluga o menta*.

La población Santa Olga –que limita al oriente con la temida Caro y al sur con la no menos brígida Santa Adriana– se ha quedado pegada en el tiempo y, entre sus basurales repletos de sillones con los resortes saltados, aún circulan emblemáticos autos de los ochenta, como los diminutos Max Cuores y los chatarrientos Charades. Todo, obviamente, coronado por la copa de agua, (la nave del "Feto", el actor marciano) que sigue siendo el centro de un espontáneo set en el que sobran sillas de playa y veinteañeros fumando "angustia".

Los blocks de cuatro pisos, eso sí, fueron pintados por la Municipalidad de Lo Espejo, y ahora hay un remozado parque llamado Violeta Parra. En la cancha, semana a semana, chutean para un lado y otro equipos como los Má y Los Guañaños. ¿Quién gana? Imposible saberlo. Un partido en la Santa Olga es siempre un eterno entretiempo.

LOS AGENTES DE LA KGB TAMBIÉN SE ENAMORAN

Sebastián Alarcón, 1991.
Alameda 151. Deptos. 102-A y 102-B. Tel. 6329376.

El protagonista es el solterón Misha (Sergei Gazarov), un bobalicón agente de la KGB, enviado a Santiago en una extraña misión que él ni siquiera conoce. Misha se aloja entonces en el Crown Plaza, donde un contacto lo invita a conocer un sauna que está "ahí no más", "al frente". Y un primer plano muestra a los rusos echando el ojo desde un ventanal del hotel.

Al menos geográficamente, el lugar debiera ser el Heidi, un sauna que por casi una década estuvo al fondo de una galería que enfrenta precisamente el Crown Plaza. Lo extraño es que Misha y el camarada se suben a un taxi y dan unas vueltas inexplicables, para finalmente llegar al sauna (un sauna set), donde el protagonista conoce a Paola (Lux Croxatto) y también el objetivo de su misión: recuperar el lupanar para el Partido Comunista.

El Heidi ahora se llama Palace, sigue estando en el mismo rincón, y sigue siendo un sauna pese a que semejantes lugares hoy prefieren llamarse eufemísticamente "privados". La única diferencia es que, en vez de pesadas cortinas rojas, hay muros esponciados en colores ocre, sitiales de fierro y espejos en los que unas calcomanías indican las tarjetas de crédito que son bienvenidas. Frente a un cuadro de Marilyn Monroe, en tanto, se presentan unas mujeres gordas, verdaderas focas de la noche, que nada tienen que ver con las sensuales chicas que inmortalizó Alarcón a fines de los ochenta, cuando ya declinaba la humeante "guerra de los saunas".

JONNY CIEN PESOS

Gustavo Graef-Marino, 1993.
Estado 57, piso 8, oficina 803.

En octubre de 1990, Santiago entero deliraba con un violento atraco que fue transmitido en directo por el *broadcasting* local. Entonces, un grupo de delincuentes asaltó la oficina 83, de Estado 57, tomando como rehenes –por más de diez horas– a los empleados de lo que se suponía era una casa de cambios.

Pero la casa no era tal, sino un videoclub clandestino en el que se traficaban películas porno. Pasó el tiempo. Los cinéfilos arrendatarios partieron poco después, y ahora opera en el mismo lugar Landbase International Inc., una empresa de internet cuyos electrónicos *geeks* encuentran envidiable trabajar en el sitio donde nació y murió la leyenda de Jonny Cien Pesos: el escolar –de mochila y zapatos negros– que un buen día decidió convertirse en delincuente, sin tomar otra precaución que llevar una moneda de cien pesos que le serviría para pagar la micro en caso de que las cosas salieran mal. Que de hecho salieron.

Filmada por Gustavo Graef-Marino, la historia encontró su locación natural en el mismo edificio de Estado –un inmueble de pasillos estrechos y oscuros–, aunque todo fue filmado en la oficina 404 y no en la 803, porque entonces no se podía entrar. Pero ahora sí.

LA RUBIA DE KENNEDY

Arnaldo Valsecchi, 1995.
Avenida Kennedy, entre Américo Vespucio y Jerónimo de Alderete.

La noticia acaparó titulares. A fines de 1979, una guapa rubia que vestía un portentoso abrigo de piel hacía dedo en la Kennedy y, a quienes le paraban, les pedía que la llevaran al supermercado que estaba a un costado de la entonces fantasmagórica *highway* capitalina. Segundos después, los vehículos partían raudos, pero la mujer se ponía a gritar y cuando los conductores paraban en seco desaparecía misteriosamente, tanto que no fueron pocas las denuncias presentadas en la comisaría de Las Tranqueras. Curiosamente, en agosto de 1978, una mujer identificada

como Marta Infante había muerto en un choque en la esquina de Kennedy con Jerónimo de Alderete, a causa del exceso de velocidad, después de una romántica cena de reconciliación con su novio.

En todo caso, la historia llevada al cine por Arnaldo Valsecchi nada tiene que ver con el mito construido en torno a la espectral dama. En el autodenominado "thriller mágico" de Valsecchi, la "rubia de Kennedy" es una alemana del siglo pasado que vive en Chiloé, y que muere en un acto de brujería al que ha asistido el propio Trauco. Inexplicablemente, Elke (la alemana-chilota interpretada por la mítica y recordada Carolina Fadic) aparece cien años depués en la mismísima Kennedy. Y, según el guión, cuando explota la noticia (el diario *Las Últimas Noticias* fue usado como locación), un publicista quiere utilizar a la rubia para el comercial de Black Magik, una nueva loción *after shave* cuya ceremonia de lanzamiento fue rodada en el Museo de Historia Natural.

La avenida Kennedy, en todo caso, sigue siendo hasta hoy el epicentro de extraños sucesos. Básicamente por la infinidad de inexplicables choques que allí siempre ocurren; entre ellos el caso del novio Rodrigo Matta González que se estrelló después de asistir a su propia despedida de soltero.

CHILEAN GOTHIC

Ricardo Harrington, 2000.

Alcantarilla del sector Famae. A un costado de la Norte-Sur, en la misma esquina donde estaba la lata gigante de cerveza Escudo. www. chileangothic.cl

El periodista Gabriel Martínez sigue las pistas de Aníbal Neira, un colega que ha muerto en extrañas circunstancias mientras rastrea los pasos que podrían conducirlo a Richard Upton Pickman, artista estadounidense que se dedica en Santiago a pintar monstruos del folclor local, pero también extrañas criaturas que solo figuran en su cabeza.

AVENIDA KENNEDY. Ya no está la "Ronca" ni la "Rubia", pero algunos aseguran que aún deambulan fantasmas.

HOSPITAL SALESIANOS. Nunca operaron a nadie, pero con su construcción no pocos quedaron enfermos.

Gilberto Villarroel, productor y guionista de la película, realizó así su propio homenaje a Lovecraft, por lo que en *Chilean Gothic* hay bizarras escenas grabadas en oscuros lugares. Entre ellos la Laguna Carén (donde pensaban utilizar un muñeco con máscara, pero como no funcionó, al final el propio Villarroel se puso a flotar sobre el légamo); o una casa en el gótico barrio Concha y Toro, donde había orden de pisar con extremo cuidado ya que en cualquier segundo todo se podía derrumbar.

No obstante, una locación inmejorable fue el Santiago subterráneo que Harrington logró filmar dentro de la alcantarilla de Emos que está frente a Famae. Se trata de un colector de aguas lluvias, por lo que para entrar los productores tuvieron que pagar un permiso especial y, finalmente, ser escoltados por funcionarios de Emos premunidos de radios.

El día elegido para filmar fue el 28 de diciembre de 1997, el Día de los Inocentes, pero ese día llovió intensamente en todo Santiago y finalmente tuvieron que evacuar la zona elegida debido a que más arriba, en Macul, había unas compuertas que se podían abrir automáticamente e inundar el maloliente set.

Días después regresaron y, para lograr la ambientación requerida (el director de fotografía fue el camarógrafo de *Tesis* y *Abre los ojos*), se utilizaron ratas de laboratorio teñidas de gris y narcotizadas para que no se movieran, y también osamentas conseguidas en una escuela de medicina. Sin embargo, nuevamente no todo fue miel sobre hojuelas. Fue más bien miel sobre caca, ya que tras el rodaje, un asistente de cámara estuvo enfermo varios días producto de una severa infección.

MI ÚLTIMO HOMBRE

Tatiana Gaviola, 1995.
Hospital a medio construir. Club Hípico con Salesianos.

Puede ser Santiago, pero puede que no. La ciudad se ha convertido en un caos que dejaría chica a la producción más surrealista de Egon Wolf. Todo está envuelto en llamas. Todo es oscuro. Todos hablan como si estuvieran en el teatro. Todo es un horror.

El gobierno se ha peleado con la Armada. Y Claudia di Girolamo interpreta a una reportera de televisión –intensa, llena de buenas intenciones, pero egótica y ambiciosa–, que vive con un Pancho Reyes empresario, que en realidad se gana el sustento exportando armas a la guerrilla. Pero, aun más, Reyes es amante de Carmen, una fotógrafa que es la mejor amiga de Claudia. O sea, todo bien tele, como en la tele. En la película figuran también Willy Semler y su amante, Liliana García, una pareja de terroristas que acepta que Claudia los entreviste mientras ellos lanzan explosivas proclamas al éter.

Semejante apocalipsis se filmó –con apoyo del frustrado proyecto CineChile– en locaciones como el palacio Pereira y la ex Maestranza de San Bernardo. Y, ciertamente, en un lugar aún más reconocible: el hospital a medio construir de Ochagavía, al que antes se podía entrar fácilmente pero ya no. Eso porque planean construir ahí mismo departamentos y un supermercado. Ahora todo está enrejado y unos letreros advierten que hay perros bravos. Claro que, con algo de imaginación, cualquiera podría inventar allí una ciudad terminal devorada por las llamas, tal como lo hizo el colectivo *Las yeguas del apocalipsis*, cuando Pedro Lemebel, uno de sus integrantes, no era tan loca ni escribía tan bien.

En cuanto al filme, no cuesta mucho imaginar que fue un verdadero desastre a raíz del cual la propia Tatiana Gaviola debió hipotecar su casa.

TAKILLEITOR

Daniel de la Vega, 1996.
Camino a Farellones s/n.

Aunque los críticos de cine nunca están de acuerdo en nada, sí lo están en que *Takilleitor*, de Daniel de la Vega –que en realidad se llama *Este mar sabe demasiado, Takilleitor*–, es la película más bizarra que se ha filmado en Chile: lo que no es poca cosa considerando la ecléctica historia de las producciones nacionales.

Cuatro años tardó su director en terminarla. Y el resultado es un *thriller* dadaísta, inconexo y equívoco, que tiene como protagonista a Luis Dimas, estrella de la llamada Nueva Ola, gracias a olvidables temas como "Me recordarás" y "Caprichito". En la cinta, Dimas –interpretándose a sí mismo– es un simpático gordo que siempre sabe sonreír a las desgracias. La película, además, toma pasajes del libro *Paraíso Limitada*, una maníaca autobiografía del propio Dimas.

Aunque en principio Lucho iba a actuar solamente en una escena además de realizar la producción musical, De la Vega tenía tan poco claro lo que quería hacer cuando comenzó a rodar que al final improvisó un filme de sesenta minutos en el que Dimas es un contactado que recibe extraños mensajes de seres del espacio. Sobran, por lo mismo, efectos especiales realizados con papel maché, y personajes-extras, como un par de periodistas que buscan una figura de madera que tiene oculto un mensaje político, más una pareja de policías secretos (Sergio

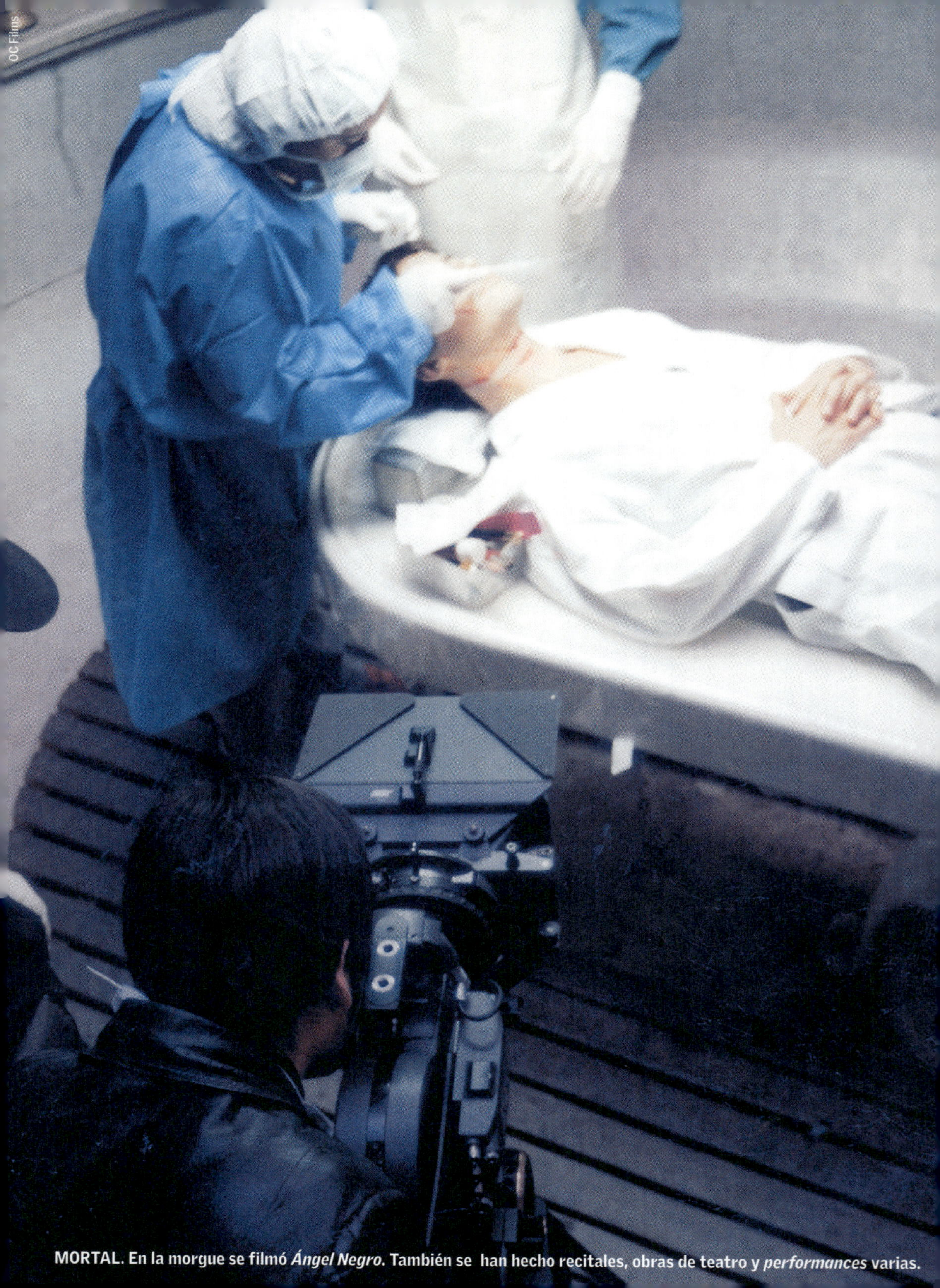

OC Films

MORTAL. En la morgue se filmó *Ángel Negro*. También se han hecho recitales, obras de teatro y *performances* varias.

Hernández y Schlomit Baytelman) que hace lo posible por desperfilar aún más el filme.

Un gran momento es cuando Dimas se interna en la precordillera por la ruta G-21, más conocida como el camino a Farellones, y entonces aparece una nave de cartulina que realmente espanta. "La próxima vez voy a ir en búsqueda del espectador", aseguró De la Vega cuando amenazó con realizar otra película luego del fiasco.

ÁNGEL NEGRO

Jorge Olguín, 2000.

Auditorio Tomás Tobar Pinochet. Servicio Médico Legal. Avenida La Paz 1012. Tel. 7370389.

Hacia 1925, la fría y tétrica Morgue –el lugar donde las bisabuelitas obtenían el famoso aceite humano y la agüita de muerto, que se creía "buena para la salud"– pasó a llamarse Instituto Médico Legal, e inauguró sus dependencias en un edificio cercano a la Escuela de Medicina de la Universidad de Chile. En 1967 cambió nuevamente su nombre a Servicio Médico Legal y, desde entonces, la gran imagen que tenemos de él es el paralizante auditorio en el que se hacen clases de anatomía forense y patológica; el Auditorio Tomás Tobar Pinochet, en cuyo centro hay una mesa de metal y loza, alrededor de la cual caben fácilmente cien observadores de pie.

Tal auditorio se ha transformado en los últimos años en un centro artístico no convencional, escenario de las más alocadas *performances*. Entre ellas un videoclip de los Chancho en Piedra y la puesta en escena de *La mirada oscura*, de Alejandro Goic, obra que realizó ahí mismo su preestreno y estreno.

El punto alto de la serie, en todo caso, fue cuando Jorge Olguín decidió filmar la autopsia de los cuerpos dejados por la vengativa Blanca Lewin en *Ángel Negro*. Para familiarizarse con el asunto, el propio director decidió asistir antes a uno de los cursos de tanatología que se realizan regularmente en el Servicio Médico Legal, encontrándose la primera vez con un cuerpo que lo observaba con los ojos abiertos mientras era desollado desde la nuca.

Ya durante la filmación, que duró varios días, Olguín puso sobre la mesa actores reales, finamente maquillados. Desinfectaron prolijamente el lugar, pero así y todo, algunos actores exigieron yacer sobre un plástico transparente para evitar el contacto con la gélida y mortuoria superficie. Era que no.

EL CHACOTERO SENTIMENTAL

Director, Cristián Galaz. 1999.

Población El Volcán 1. Puente Alto, entre las calles Eyzaguirre, Lagunillas y avenida Juanita.

Es la población más famosa de los últimos años. Y ciertamente de las últimas décadas. Es la población El Volcán 1, donde se filmó la tercera historia –y la única que realmente vale la pena– de *El chacotero sentimental*. Pero es también el lugar donde están las tristemente célebres casas Copeva; aquellas liliputienses viviendas envueltas en mangas de polietileno que se transformaron en todo un ícono pop que ni Christo, el artista, habría podido imitar.

La población El Volcán 1 existe desde hace más de cinco años. Y es Berta Pavez, quien era presidenta de la Junta de Vecinos cuando se inició el rodaje, la que cuenta que se llegó a un acuerdo con la productora para filmar en los blocks y en la cancha de tierra la tercera historia del *Chacotero*, aun cuando el cuento de una pareja que no podía tener sexo por la excesiva promiscuidad nunca ocurrió allí. ¿Dónde ocurrió entonces? Moya. Eso sí, la cancha donde Tamara Acosta y Pablo Macaya consuman finalmente su amor está entre las calles Lagunillas y avenida Juanita.

MOMENTOS BIZARROS EN SANTIAGOLIWOOD

Benjee en el Cajón del Maipo

Juan Chamorro es doble de películas de acción, y por su extraordinario parecido con Sean Connery trabajó junto al actor escocés en las escenas de mayor riesgo de *El curandero de la selva*. Chamorro inició sus personificaciones de Sean Connery en México, cuando encarnó a Velásquez, el duro de *Highlander*, para un comercial de celulares.

EL SEAN CONNERY CHILENO. Su nombre es Chamorro. Juan Chamorro.

Juan Chamorro siempre ha sido un experto en manejar explosivos y preparar "trucos" invisibles para escenas de alto impacto. Así, una vez se lanzó al vacío desde una torre en Buenos Aires. Y, en otra ocasión, se tiró hecho una bola de fuego desde la Torre Santa María en Santiago.

Pero en febrero de 1998 las cosas no salieron como estaban planeadas. Chamorro fue contratado por la empresa que realizó la producción de *Southern Cross* para que se tirara desde el puente sobre el río San Francisco, en el Cajón del Maipo, a unos cincuenta metros del rocoso fondo. Solicitó mayor seguridad para realizar el truco pero, al serle negada por su alto costo, improvisó una alternativa con un cable de acero. En el momento de la filmación, a Chamorro lo atraviesan con la flecha de una ballesta mientras forcejea con Valentina Vargas. Segundos después, Chamorro ve de reojo las rocas y se tira. Crunch. El cable se rompe. Pero Chamorro se salva milagrosamente, aunque termina con varios esguinces y huesos dislocados.

Santiago no es Ha Noi

Autorretrato es una producción chileno-norteamericana que empezó a filmarse en Santiago en 1970. El director de esta película –hablada en inglés–, fue Maurice McEndree, quien subrayaba en su currículo haber colaborado con John Cassavetes en al menos dos películas. El reparto contaba con Joby Baker, un actor que había sido villano en una película Disney. Y también con Pamela Hensley, cuyo gran logro era haber sido extra en una cinta protagonizada por Kirk Douglas. Pese a ello (o por ello), *Autorretrato* fue todo un fracaso, e incluso el productor terminó huyendo del país luego que la policía descubriera que el cinépata tenía deudas con la justicia. En cuanto al filme, Joby interpreta a Allan, un fotógrafo de guerra que regresa a Chile después de haber estado en Vietnam. Claro que el fotógrafo, como todos los veteranos, está totalmente desquiciado y termina viendo en el Santa Lucía ángeles que se columpian en el cielo, cual Teletubbies.

Sufrir en Pudahuel

Ayúdeme usted, compadre, dirigida por German Becker en 1968, fue por décadas la película más vista del cine chileno (350 mil espectadores). Difícil de definir, el filme es como un gran clip del Chile pop de la época. Aparecen, entre otros personajes, Don Francisco, Sergio Livingstone, Los Perlas y Arturo Gatica. El momento más emotivo es cuando los Huasos Quincheros cantan, disfrazados de mecánicos de avión, el tema *Sufrir* en el entonces liliputiense aeropuerto de Pudahuel, que hasta hace no mucho era considerado una auténtica sala de torturas.

EL MAUSOLEO DE LA FAMILIA VICUÑA. ¿O la tumba será de los libres? Exactamente.

GRINGUITO

Director, Sergio Castilla. 1998.

Mausoleo de la familia Vicuña. Cementerio General, esquina de las calles Arriarán y Valdivieso.

Iván –"Mi pobre angelito" criollo–, llega a vivir a la capital, pero en un descuido de su *hot* nana, Tamara Acosta, indefectiblemente se pierde. Obligado a deambular por aquí y por allá, termina haciendo *break dance* sobre el mausoleo arabesco de la familia Vicuña en el Cementerio General, mientras los espectadores escuchan de fondo el célebre "Rap del Gringuito", compuesto especialmente para la película por la Pozze Latina.

El improvisado set corresponde a una reproducción del frontis del palacio de la Alhambra de Santiago, cuyo segundo propietario fue Claudio Vicuña Guerrero, un gran potentado, presidente del Partido Liberal Democrático, que ordenó levantar en 1896 una fastuosa tumba. Esta terminó siendo la réplica de una réplica, bajo la cual hoy descansan treinta y seis cuerpos. Tal mausoleo, construido en piedra y ladrillos –y que estuvo a punto de desplomarse para el terremoto de 1985–, fue concebido por Teobaldo Brugnoli, un arquitecto italiano que antes de morir realizó más de cien obras en el mismo cementerio.

Fue tras ver que una patota de adolescentes rapeaba sobre el mausoleo que miembros de la familia Vicuña presentaron una querella con la que se buscó retirar la película de los cines. Sin embargo, la Tercera Sala de la Corte Suprema desestimó las acusaciones y *Gringuito* fue proyectada sin el corte que se exigía.

El Cementerio General, en todo caso, ha sido utilizado como locación para varias producciones; entre ellas la cinta *La Cruz del Sur* (tumba de Rebecca Matte) y programas de televisión como *Mea Culpa* o *El día menos pensado*, a lo que se suman teleseries como *Marparaíso* y *La niña de la rosa*.

SANTIAGO ES UNA TELESERIE

La Madrastra

Eliodoro Yánez 1040, esquina Román Díaz, Providencia.

En esta casa no hay arañas de rincón simplemente porque es una casa que no tiene rincones. Es absolutamente redonda. Todas sus paredes son curvas y cóncavas.

La "casa redonda" fue concebida por León Prieto Casanova y el sueño de este arquitecto era que siguiera la línea del giro natural de un compás.

Desde los tijerales de la propiedad, vive ahí el matrimonio Tapia-Munizaga. Y, para la grabación de la teleserie *La Madrastra*, a comienzos de los años ochenta, solo permitieron grabaciones exteriores de la vertiginosa estructura.

Las Herederas

Pirque. Concha y Toro 02548, camino a Santa Rita.

Esta descomunal mansión, de veintitrés habitaciones y solo tres baños, fue mandada a construir a fines del siglo pasado por la familia Subercaseaux, a semejanza de un castillo francés. Todo el mobiliario fue importado de Francia, a excepción de dos grandes mesas con filigranas árabes, un *vitraux* y una lámparas de cristal de Baccarat.

Su construcción, ordenada por Julio Subercaseaux, tardó ocho meses, y a cargo de ella estuvo Alberto Cruz Montt, la misma mano detrás de obras no menos monumentales como el Club de la Unión, el Círculo Español y el palacio Ariztía.

El actual dueño del castillo es Antonio Nieto, quien regularmente arrienda el fabuloso parque para matrimonios. Además, al inicio de cada año se realiza allí el Festival de Música Rosita Renard, en honor a una famosa pianista que cuando no estaba en su casa en Pirque estaba en Europa. El castillo fue, por cierto, una inmejorable locación para la teleserie *Las Herederas*.

Marrón Glacé

Casa de la Sra. Claudia Ortiz. Gran Vía esquina Santa Teresita, La Dehesa.

Cuesta distinguirla desde el camino que se empina sobre los cerros de La Dehesa, pero con algo de esfuerzo es posible observar a lo lejos este magnífico caserón que se quedó para siempre en el disco duro de los santiaguinos gracias a *Marrón Glacé*, la teleserie.

El arquitecto fue Pedro Zamudio Marambio, quien terminó de construir el fantástico caserón hace unos trece años. La obra corresponde a una casa híbrida chileno-española, dotada de corredores, tejas, vigas a la vista y, en su parte posterior, grandes arcos en los que crecen tupidas enredaderas. Para su construcción debieron dinamitar parte de un cerro, y luego se recuperaron los mismos pedazotes de piedra para construir algunas paredes exteriores: según la señora Claudia Ortiz Ortúzar, su dueña, "la parte más linda de la casa".

Dotada con una fantástica piscina y un gran jardín exterior, la casa sirvió como locación de innumerables escenas de *Marrón Glacé*. Célebre fue entonces su vecino real, Pablo Huneeus, el sociólogo escritor de chilota profundidad, que alegó hasta lo indecible a causa de la bulla que ofendía sus tímpanos.

Torre 10

Diagonal Paraguay 361.

Dice la leyenda que fue a uno de los integrantes del área dramática de TVN a quien se le ocurrió el nombre de la teleserie -*La Torre 10*- y también la idea de grabar la vida cotidiana en este edificio que se veía desde las oficinas que tenía canal 7.

La torre, eso sí, solo se usó para grabar las entradas y salidas de los actores al edificio. Y el único recuerdo material que queda de la teleserie, dirigida por Vicente Sabatini y protagonizada por Carolina Arregui, está en el hall de acceso y corresponde a una placa de bronce con el nombre y número de la torre.

Eso sí, de los habitantes de esa época solo quedan dos propietarios; el resto son estudiantes, aunque no son pocas las tallas cuando reconocen vivir en "la famosa Torre 10".

La más orgullosa de esta historia es la señora Pina García, ex administradora por más de dieciocho años, quien no solo autorizó las grabaciones, sino que también coordinó la lista de inscripción de extras, a los que se les pagaba quinientos pesos por cada pasada frente a las cámaras. Fue ella, además, quien facilitó su departamento para reproducirlo en los estudios del canal.

STGO. BIZARRO A-Z

A

B

Alex Valdés

C

José Alvújar

CH

D

E

Claudio Bueno

F

J. Alvujar

I

J

K

L

M

José Alvújar

N

O

P

J. E. López

Gonzalo López

AH. GRACIAS

Este engendro no existiría sin la ayuda, soplo, comprensión y soporte de muchísima gente que, directa o indirectamente, ayudó a dar forma a este monstruito. Acéptenlo: todos ustedes son responsables.

Aunque el expediente es largo (zZz), el autor de esta insanidad quiere agradecer primero a mamá: Nora Henríquez (grande mamá). Y a Sandra Gamboa, inmejorable compañera de ruta en dulces noches de insomnio.

Gracias también a Alberto Fuguet: el cómplice. Pero peor que eso, el incitador ("¡tienes que hacerlo!"). Y, cómo no, a los pegotes del barrio: David Guerrero y Marcelo Hernández, from San BK City, todos (como yo) orgullosos de no ser santiaguinos.

Gracias también a quienes desde un principio (¡hace tanto tiempo!) creyeron y desconfiaron de esto. Me refiero a la gente de Bizarro Inc: Marcela Gatica, Antonio Martínez, María Olga Delpiano, Paula Escobar, Marco Gatica y Fernando Pastene (y todos los de fotografía de El Mercurio).

No les debo plata, pero sí les debo una a los medios pollos: Viviana Rodríguez, Pamela Olavarría, Francisco "Cascolito" Madrid, Juan Pablo Meneses, Geraldine, Daniel Villalobos. Y, cómo olvidarlo, Alejandro "Lacaritos" Lecaros.

A la hora de recapitular –y como esta guía es un compendio de no pocos años de esfuerzo– este sabueso quiere agradecer a todos los del *Apsi* (Rafael Otano, Sergio Marras, Roberto Merino), a las chicas *Paula* (Milena Vodanovic, Paula Recart, Alexandra Edwards y, ufff, todas las otras que se me escapan, literalmente). Y, claro, a los feos de *La Noche* (Jaime Piña, Marcelo Mellado).

Gracias (y sorry), a todos los que han sido mis editores. Y hoy, espero, mis amigos. Aunque ellos saben que yo no solo no creo en la amistad hombre/mujer, sino que tampoco en la amistad/amistad: Iván Valenzuela (y Rosario) en revista *Rock & Pop*; Héctor Soto y Chelo Eluchans, en revista *Capital*; Francisco Mouat, Alfredo Sepúlveda, Javier Fuica, Felipe Bianchi y Gonzalo Maza en *El Mercurio*.

Gracias a los de la tele: Mirko Morán, Víctor Aguirre, Marcelo Comparini, Bibiano Castelló, Patricio Polanco y Francisco Henríquez.

Gracias a todos los de virtualia.com y, se me parte el corazón, a los de la *Zona* (Jimena Zúñiga, Mármol, Barry y, claro, a los que se fueron y ahora están mucho mejor, especialmente Iván Villalobos, diseñador de esta "obra").

Gracias a los maestros: Pato Ramírez, saxofonista ("uno no puede tocar lo que no ha vivido") y Hernán y Javier Martínez, muay thai-Chile ("la defensa es el mejor ataque").

Finalmente, gracias a Jessica Atal, no solo un lujo de editora sino también *sparring* y encubridora.

OTROS TÍTULOS

Conversaciones con la libertad
Lucía Santa Cruz

Mis finanzas personales 2002-2003
Juan Jaime Díaz / Manuel Silva

El camino del líder
El espejo del líder
El secreto de las siete semillas
David Fischman

Para leer a Proust. La mirada de Alone
Daniel Swinburn

El amor al desnudo
Eugenia Weinstein

Periodismo en primera persona
Ximena Torres Cautivo

Jardines y huertos orgánicos. Guía práctica paso a paso
Walter Rathgeb Penza

Cocine como un chef
Sofía Jottar / Cecilia Mc Manus / Carmen Safián

De zorros, amores y palomas. Memorias
Fernando Balmaceda del Río

Pinochet. La biografía
Gonzalo Vial

Página 3
Jimmy Scott

Adornos en el espacio vacío
Gustavo Barrera Calderón

Cocina Ya
Varios autores

Lo mínimo indispensable. Reflexiones
Felipe Berríos S.J.

El círculo maldito
Lilian Olivares